Werner Kamp

AV-Mediengestaltung Grundwissen

3. Auflage

VERLAG EUROPA-LEHRMITTEL • Nourney, Vollmer GmbH & Co. KG
Düsselberger Straße 23 • 42781 Haan-Gruiten

Europa-Nr.: 37310

Autor
Dr. Werner Kamp, Köln

Verlagslektorat: Dr. Astrid Grote-Wolff

Der besondere Dank des Autors gilt Ulrich Merschmeier, der einen entscheidenden Anteil am Entstehen des Tonkapitels hatte.

Fotos (Kapitel 3): Guido Adolphs, Remscheid
Illustrationen: Wolfgang Herzig, Essen
Bildbearbeitung (Filmshots): Media Creativ, Hilden

Das vorliegende Buch wurde auf der Grundlage der neuen amtlichen Rechtschreibung erstellt.

3. Auflage 2008
Druck 5 4 3 2 1
Alle Drucke derselben Auflage sind parallel einsetzbar, da bis auf die Behebung von Druckfehlern untereinander unverändert.

ISBN 978-3-8085-3733-6

http://www.europa-lehrmittel.de
Umschlaggestaltung: Taff Stuff Media, 26629 Großefehn
Satz & Layout: Daniela Pfeilsticker, 56457 Westerburg
Druck: B.o.s.s Druck und Medien GmbH, 47574 Goch

Vorwort

Das vorliegende Buch beruht auf den Vorgaben des Rahmenlehrplans und der Lehrpläne der Bundesländer für den Ausbildungsberuf zum/zur **Mediengestalter/-in Bild und Ton**. Schwerpunktmäßig werden die Aspekte der Gestaltung angesprochen, die sich in den Fächern **Bildgestaltung**, **Tongestaltung**, **Dramaturgie** und **Montage** wieder finden. Aus der Bandbreite der angesprochenen Gestaltungsbereiche ergibt sich ein breites Spektrum an weiteren Berufs- und Tätigkeitsfeldern, in denen dieses Buch hilfreich sein kann: zum Beispiel **Mediengestalter Digital und Print**, **Medienassistenten**, Studierende der Fachrichtungen **Mediengestaltung** und **Medientechnik**, **Redakteure**, **Redaktionsvolontäre** und **Videojournalisten**.

Das Lehrbuch vermittelt das Grundwissen aus den verschiedenen Gestaltungsbereichen, die für Film und Fernsehen eine Rolle spielen. Im Einzelnen werden folgende Bereiche angesprochen:

- Grafische Grundlagen der Bildsprache
- Gestaltung mit der Kamera
- Lichtgestaltung
- Tongestaltung
- Dramaturgie
- Schnitt und Montage

Gestaltung ist immer ein strittiges Thema. Wo die Technik auf unumstößliche Regeln verweisen kann, da kann die Gestaltung höchstens auf Konventionen zurückgreifen. Jede Regel in der Gestaltung gilt solange, bis es jemand anders macht und dies auch funktioniert! Deshalb kann es nicht der Ansatz dieses Gestaltungsbuches sein, unumstößliche Regeln zu vermitteln und zu behaupten, es gäbe ein eindeutiges Richtig oder Falsch. Die Vorgehensweise des Buches ist deshalb eher deskriptiv und analytisch: Es wird beschrieben, was üblicherweise gemacht wird und was ratsam ist! Dieser Band will Grundwissen vermitteln und hält sich zunächst an die von Film- und Fernsehproduktionen beachteten Standards. Dass es gerade in den letzten Jahren schwieriger wird, diese Standards zu definieren ist problematisch und findet in der Erwähnung von Gestaltungsvarianten und in alternativen Ansätzen seinen Niederschlag.

Gestaltung ist dann gelungen, wenn die intendierte Wirkung beim Zuschauer auch ankommt. Deshalb wird in allen Kapiteln stets Wert auf die **Verbindung von Inhalt, Technik und Wirkung** gelegt. Anders gesagt, man sollte sich immer fragen: Was zeige ich mit welchen Mitteln und mit welcher Absicht? Wie kommt meine Arbeit beim Zuschauer an?

Um einzelne Aspekte der Gestaltung möglichst nachvollziehbar zu machen, wird im Buch immer wieder auch auf bekannte und besonders gelungene Filmbeispiele zurückgegriffen. Der Grund hierfür liegt im leichteren Zugang und der (meist) besseren Nachvollziehbarkeit von Spielfilmbeispielen. Verweise auf TV-Dokumentationen oder Industriefilme sind weniger nachvollziehbar, da sie oft sehr zeitgebunden und schlecht zugänglich sind.

Die **Aufgaben und Übungen** am Ende jedes Kapitels sollen das Gelernte vertiefen und anregen, in Analysen den Blick und die Sensibilität für die Gestaltung audiovisueller Produktionen zu schärfen. Die Kenntnisse müssen dann natürlich auch in praktischen Arbeiten wirkungsvoll und angemessen umgesetzt werden.

Die Mediengestaltung ist, wie die Medienbranche insgesamt, sehr heterogen beschaffen und es gibt kaum eine einheitliche Fachsprache. Die verwendeten Begriffe, etwa für die Einstellungsgrößen oder für bestimmte Lichtsetzungsverfahren, variieren von Firma zu Firma, von Sender zu Sender. Deshalb dürfen die im Buch verwendeten Fachbegriffe nicht als einzig möglichen Bezeichnungen für bestimmte Phänomene oder Techniken der Gestaltung verstanden werden. Es gibt sprachlich fast immer Alternativen, in bekannt strittigen Fällen werden Begriffsvarianten im Buch erwähnt.

Gestaltung lässt sich aber nicht über Begriffe wie Vokabeln lernen, sondern wichtig ist jeweils, was mit den Begriffen inhaltlich gemeint ist. Im besten Falle leistet das Buch einen Beitrag zur Verständigung und Kommunikation innerhalb der Branche.

Der besseren Lesbarkeit halber wird im Text von „Film" gesprochen, gemeint ist damit aber stets die gesamte Palette audiovisueller Produktionen, vor allem auch des Fernsehens.

Hilfreiche Hinweise und Anregungen unserer Leser wurden in der 3. Auflage berücksichtigt. Darüber hinaus wurde das Buch im Anhang um die Themen Exposee und Treatment erweitert.

April 2008

Autor und Verlag

Die Verwendung nur eines grammatischen Geschlechts bei Berufs- und Gruppenbezeichnungen wurde im Hinblick auf den Lesefluss gewählt. Sie stellt keine Meinungsäußerung zur Geschlechterrolle dar.

Inhalt

1 Grafische Grundlagen der Bildsprache

Jedes Bild wirkt einerseits durch seinen Inhalt (Was wird gezeigt?) und andererseits durch seine formale Gestaltung (Wie wird es gezeigt?) auf den Betrachter. Kameraleute, Grafiker und alle, die sich mit visueller Gestaltung befassen, haben die Aufgabe, Stil- und Gestaltungsmittel zu finden, die auf das Thema des Films, das abgebildete Motiv und die gewünschte Aussage zugeschnitten sind.

Auch wenn das Gestaltungspotential von Bildern im Grunde unendlich groß und variantenreich ist, haben sich in der Praxis der Bildgestaltung Prinzipien herausgebildet und bewährt, mit denen immer wieder erfolgreich gearbeitet wird. Diese Prinzipien lassen sich in allen Bereichen bildlicher Wiedergabe finden: in Malerei, Grafik, Fotografie und Film. Sie lassen sich in einigen **Grundregeln der Bildgestaltung** zusammenfassen und bilden damit die Basis für eine gelungene **Bildsprache**.

Bildsprache

Einerseits stellt ein Bild etwas Konkretes dar, andererseits wirkt es auf das Unterbewusstsein des Betrachters und ruft Assoziationen und Stimmungen hervor. Eine bewusst eingesetzte Bildsprache kann beim Betrachter ebenso Gefühle wecken wie auch Spannung oder Entspannung erzeugen. Bilder kommunizieren mit dem Betrachter also zweifach:

- Sie informieren. Ihre Aussagen werden rational wahrgenommen (**bewusste Rezeption**).
- Sie schaffen Atmosphäre, vermitteln Stimmungen und sprechen damit Gefühle an (oft **unbewusste Rezeption**).

Unter **Rezeption** versteht man die Aufnahme eines Werkes (z. B. Text, Bild oder Film) durch das Publikum (Leser, Betrachter, Zuschauer usw.).

! Bilder informieren und schaffen Atmosphäre. Sie werden vom Betrachter rational und emotional verarbeitet.

Der gezielt eingesetzten Bildsprache kommt eine große Bedeutung zu, unabhängig davon, ob es um die Gestaltung von Bildern mit eher künstlerischem Anspruch geht oder ob reine Sachverhalte visualisiert werden sollen. Grundkenntnisse der Gestaltungselemente sind wichtig, damit nicht unbewusst Inhalte und Symbolwirkungen transportiert werden, die entgegengesetzt zur beabsichtigten Bildaussage stehen.

In diesem Kapitel geht es um die Grundlagen bei der Gestaltung von Bildern:

- Blickrichtung und Blickzentrum: Die Art und Weise, wie der Betrachter ein Bild anschaut und versteht hängt eng mit den grafischen Formen zusammen, aus denen es sich zusammensetzt;
- die Konsequenzen aus diesen Erkenntnissen für die Aufteilung der Bildfläche;
- den Bildstil, der durch die Anwendung der grafischen Grundlagen entsteht;
- die Rolle der Farben bei der Gestaltung von Bildern.

1.1 Blickrichtung und Blickzentrum

Bilderfassung

Oft wird das Betrachten eines Bildes mit dem Lesen eines Textes verglichen. Im europäischen Kulturkreis liest man von links nach rechts und von oben nach unten. Auch bei der **Bilderfassung** wandert der Blick des Betrachters zunächst von links nach rechts und von oben nach unten. Diese Richtungstendenz hat Auswirkungen auf die Bildgestaltung. Entsprechend der Abtastung des Bildes von links nach rechts, wird eine diagonale Linie im Bild als aufsteigend oder absteigend wahrgenommen (Abb. 1 und 2).

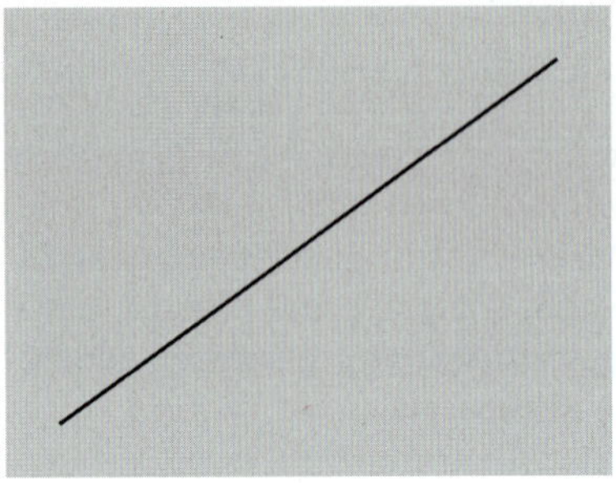

Abb. 1 Aufsteigende Linie

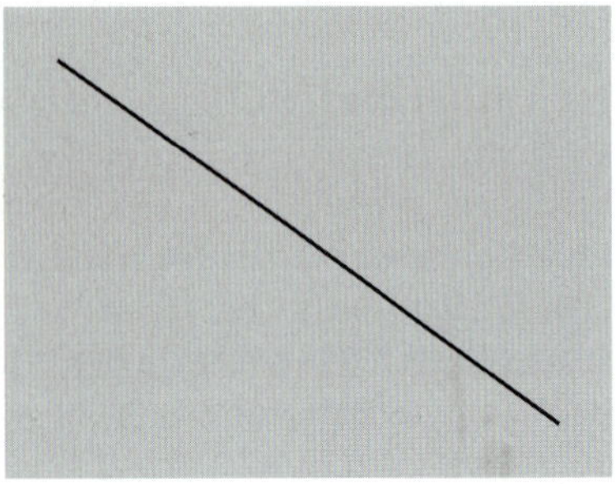

Abb. 2 Absteigende Linie

Bildelemente, denen man eine besondere Wichtigkeit zukommen lassen will, sollten im rechten Bildfeld positioniert werden. Der Blick des Betrachters wird dort, nachdem das Bild von links oben nach rechts unten abgetastet wurde, zur Ruhe kommen.

Die Analogie zum Lesen sollte man allerdings nicht zu weit führen, denn das Anschauen und Verstehen eines Bildes unterscheiden sich doch erheblich vom Erfassen eines Textes. Ein Text ist linear und verlangt dementsprechend die korrekte Reihenfolge der „Abtastung“ beim Lesen, da er sonst unverständlich wäre. Ein Bild dagegen ist nicht linear aufgebaut und es hängt vor allem von seiner Gestaltung ab, wohin der Zuschauer blickt.

Blickzentrum

Bei der Gestaltung eines Bildes bzw. einer Einstellung beim Film sollte man sich immer wieder die Frage nach dem **Blickzentrum** stellen. Werden die Elemente im Bild, die dessen Aussageschwerpunkt bilden sollen, auch tatsächlich hervorgehoben? Die Schaffung eines Blickzentrums und die Lenkung des Zuschauerblicks entscheiden über das Gelingen oder Misslingen einer Aufnahme.

! Unter **Blickzentrum** ist der Bereich bei einer Abbildung zu verstehen, auf den der Blick des Betrachters besonders gelenkt werden soll.

Der Gelegenheitsfotograf im Urlaub will häufig einen besonders intensiv erlebten Moment im Bild festhalten und wundert sich später beim Betrachten seiner Aufnahmen darüber, wie klein oder nebensächlich das als wichtig Empfundene auf der Abbildung erscheint. Die Wirkung des Bildes ist ganz anders als der erlebte Moment. Diese allgemein bekannte und ernüchternde Erfahrung hängt mit der Vernachlässigung der Gestaltung zusammen. Es genügt nicht, einfach eine Kamera zwischen sich und sein Blickfeld zu halten und abzudrücken. Sind für den Amateur solche Bilder immer noch von einem gewissen Erinnerungswert, so müssen sich professionelle Gestalter vor allem mit der Wirkung der Bilder auf andere Betrachter auseinandersetzen. Ein **professioneller Blick** ist deshalb immer auch ein **analytischer Blick**, der über die Wahrnehmung einer Situation hinaus auch deren visuelle Möglichkeiten erfasst. Das Ziel der Arbeit mit Bildern besteht darin, über die Bilder mit dem Betrachter bzw. Zuschauer zu kommunizieren, ihn zu informieren oder zu fesseln, kurz: sein Interesse zu wecken.

! Der professionelle Blick ist immer auch analytisch.

In der Regel konzentriert sich der Blick des Betrachters zuerst auf die Bildteile, die für ihn motivisch von besonderem Interesse sind. Die Beachtung der Grundrichtungen „links – rechts“ und „oben – unten“ können für die Gestaltung von Bildern dennoch sehr hilfreich sein, um die Aufmerksamkeit der Zuschauer auf diese Motive zu lenken. Bei einem unbewegten Bild sind diese Grundrichtungen der Abtastung sicher wichtige Kriterien der Gestaltung. Bei bewegten Bildern müssen allerdings weitere Aspekte der Blickführung beachtet werden, die auch in Konkurrenz zu den genannten Grundregeln stehen können. Bei den hier vorgestellten grafischen Aspekten der Bildgestaltung spricht man auch von **ästhetischen Kräften**, die in einem Bild wirken.

1.2 Grafische Gestaltungselemente

Noch bevor der Betrachter in einem Bild oder einer Grafik einen Gegenstand konkret erkennt, werden schon unbewusst **Linien** und **Flächen** wahrgenommen. Linien und Flächen gehören zu den elementarsten grafischen Gestaltungselementen der Bildsprache. Ihr Gebrauch löst Stimmungen beim Betrachter aus, die jeder Gestalter kennen sollte. Darüber hinaus kommt bei der Gestaltung eines Bildes dem **Kontrast** als Gestaltungsprinzip besondere Bedeutung zu.

1.2.1 Linien

Führungslinien

Linien lenken den Blick des Betrachters. Man spricht daher häufig von **Führungs-** oder **Leitlinien**. Mit einer Führungslinie kann man direkt auf ein Bildelement zielen und es somit zum Blickzentrum der Abbildung werden lassen.

! Eine **Führungslinie** weist direkt auf ein Bildelement hin und setzt es ins Blickzentrum des Betrachters.

Je nach ihrer Charakteristik erzeugen Linien Eindrücke, wie:
- Statik oder Dynamik,
- Spannung oder Ausgeglichenheit,
- Harmonie oder Disharmonie.

Beim Bildaufbau wird zwischen grafischen und virtuellen Linien unterschieden.

Grafische Linien

Grafische Linien sind wirkliche Linien im Bild. Sie existieren als klare Konturen, beispielsweise als Häuserkante, Horizont oder auch als Schatten.

Für die klassische Bildgestaltung, die sich eher am stehenden Bild orientiert, sind vor allem die grafischen Linien von Bedeutung. Durch die flache Perspektive auf einen Seerosenteich in Abbildung 1, werden die horizontalen Linien stark betont. Abbildung 2 zeigt eine Deckenkonstruktion, bei der die grafischen diagonalen Linien sternförmig aufeinander zulaufen.

Abb. 1 Beispiel für horizontale Linien

Abb. 2 Beispiel für diagonale Linien

! **Grafische Linien** entstehen durch die Abbildung von Personen, Objekten oder Räumen.

Virtuelle Linien

Blickvektoren
Bewegungsvektoren

Virtuelle Linien sind nicht direkt im Bild sichtbar. Hierbei handelt es sich um gedachte (imaginäre) Linien, die der Betrachter eher unbewusst aus dem Zusammenhang des Bildaufbaus und des Bildinhalts schließt. Sie spielen bei der Gestaltung von bewegten Bildern als **Blick- oder Bewegungsvektoren** eine wichtige Rolle.

Der Blick des Adlers in Abbildung 3 bildet zusammen mit der Bewegungsrichtung einen steilen diagonalen Vektor von rechts oben nach links unten. Der Gänsemarsch in Abbildung 4 dagegen bildet durch die Bewegungsrichtung eine eher flache, abfallende Diagonale von links nach rechts.

Abb. 3 Steiler diagonaler Bewegungsvektor

Abb. 4 Flacher diagonaler Bewegungsvektor

Virtuelle Linien entstehen durch Bewegungen, Blickrichtungen und Gesten.

Wie die Beispiele zeigen, ist die Wirkung von Linien auf den Betrachter nicht nur abhängig von dem Grad ihrer **Deutlichkeit**, sondern auch von deren **Richtungsorientierung** innerhalb des Bildes. Bei der Orientierung wird zwischen waagerechten, senkrechten und diagonalen Linien unterschieden.

Richtungstendenzen von Linien

Eine **horizontale (waagerechte) Linie** unterteilt ein Bild in eine obere und eine untere Bildhälfte. Dem Betrachter werden dabei Eindrücke wie Ruhe, Gleichgewicht, Stabilität, Dauerhaftigkeit und Zuverlässigkeit suggeriert. Mit einer dominanten waagerechten Linie (z. B. der Horizontlinie in einer Landschaftsaufnahme, Abb. 1) lassen sich beim Betrachter Eindrücke wie Raum, Weite und Großzügigkeit erzeugen.

Abb. 1 Horizontale grafische Linie

Abb. 2 Vertikale grafische Linien

Vertikale (senkrechte) Linien suggerieren ebenfalls Stabilität. Sie stehen oft für Dominanz, Größe und Stärke. Senkrechte Linien wirken spannungsvoller als waagerechte Linien, denn senkrechte scheinen sich immer in einer Art Balance zu halten. Es besteht somit immer die Möglichkeit, dass eine Linie kippen könnte. Die Stämme in Abbildung 2 sind sehr dominant und betonen die Größe der Palmen. Gleichzeitig erscheinen sie aber etwas instabil, was durch die leicht schrägen Bäume am linken Bildrand noch verstärkt wird.

Da Bilder von links nach rechts abgetastet werden, kann besonders eine **dominante senkrechte Linie** im Bild den Blick des Betrachters stoppen. Man sollte daher ein entsprechendes Motivteil, z. B. einen Schatten, als deutliche Senkrechte auf der rechten Bildhälfte anordnen. Dadurch kann verhindert werden, dass der Blick des Betrachters sofort wieder aus dem Bild herauswandert.

Abb. 1 Diagonale grafische Linien

Diagonale Linien können als aufsteigend oder als absteigend empfunden werden. Eine Diagonale drückt immer eine Bewegungstendenz aus. Diese Wirkung resultiert aus der typischen Blickrichtung von links nach rechts. Bei Abbildung 1 bilden die Abgrenzungen der Brücke vom Hintergrund (Geländer und Unterseite) die Linien. Durch die Diagonalen entstehen Eindrücke wie Dynamik, Lebendigkeit und Bewegung. **Aufwärts gerichtete Diagonalen** wirken in der Regel harmonisch. Sie suggerieren einen Fortschritt oder Aufstieg und werden im weitesten Sinne positiv assoziiert. **Abwärts gerichtete Diagonalen** haben hingegen wesentlich negativere Wirkungen auf den Betrachter. Sie werden als Abstieg und möglicherweise als gefährlich empfunden. Laufen zwei Diagonalen im Bild aufeinander zu, so entsteht eine Tiefenwirkung im Bild.

→ S. 25 Bildebenen und Tiefenwirkung

Rahmen

Abb. 2 Rahmenwirkung

Komplexer und interessanter werden Bilder durch unterschiedliche Linien, die miteinander in Beziehung gesetzt werden. Sich schneidende Linien beispielsweise können **Rahmen im Bild** erzeugen, die den so umschlossenen Gegenständen oder Personen eine besondere Bedeutung geben. Der Blick durch Torbögen oder Türen (Abb. 2) richtet die Aufmerksamkeit automatisch auf den umschlossenen Bereich. In diesem Fall wird durch die geöffnete Tür die Weite der dahinter liegenden Landschaft betont.

Ein Bild erhält eine besondere Spannung, wenn **unterschiedliche Richtungsvektoren** darin konkurrieren. Für den Film lässt sich generell feststellen: Bewegungsvektoren haben stets die stärkste Bildwirkung. Sie ziehen den Blick des Zuschauers auf sich und leiten ihn. Für den Film kann man von einer regelrechten Hierarchie der Vektoren sprechen:

1. Bewegungsvektoren
2. Blickvektoren
3. Grafische Linien

- Bewegungsvektoren dominieren ein Bild am stärksten.
- Blickvektoren wirken stärker als grafische Linien.

Die Wirkung der als aufsteigend empfundenen grafische Linie in Abbildung 1, Seite 13, wird in Abbildung 2 durch den Bewegungsvektor deutlich abgeschwächt. Hier dominiert die Bewegungsrichtung.

Abb. 1 Dominante grafische Linie

Abb. 2 Dominanter Bewegungsvektor

Bewegungsvektoren erzeugen die stärkste ästhetische Kraft im Bild.

Liniencharakteristik

Neben den Richtungstendenzen von Linien beeinflusst auch deren generelle Charakteristik die Wirkung eines Bildes. Grundsätzlich gelten folgende Zuordnungen und Assoziationen:

- **Weiche, geschwungene Linien**, z. B. Kurven auf einer Landstraße oder die Tanzbewegungen eines Paares beim Walzer, erzeugen häufig eine harmonische Grundstimmung. Der sich biegende Flusslauf in Abbildung 3 betont die Natürlichkeit der dargestellten Landschaft.

- **Gerade, klare Linien** erzeugen beim Betrachter eher technisch-mechanische Assoziationen, werden aber auch mit Ordnung und Disziplin in Verbindung gebracht. Die starre Anordnung der Sitzreihen in Abbildung 4 erzeugt in Verbindung mit dem Gestänge und den Lampenreihen an der Hallendecke eine kalte, sachliche Atmosphäre.

Abb. 3 Geschwungene Liniencharakteristik

Abb. 4 Gerade, harte Liniencharakteristik

1.2.2 Flächen

Im Gegensatz zu Linien, die den Blick des Betrachters über das Bild wandern lassen, bilden Flächen in sich geschlossene Schwerpunkte, die den Blick stoppen und festhalten können.

Die Fläche ist eine zweidimensionale Ausdehnung, die durch ihre Randlinie begrenzt wird. Die elementarsten Formen von Flächen in der Bildgestaltung sind Kreis, Quadrat, Rechteck und Dreieck. Wie bei Linien muss man auch bei Flächen zwischen wirklichen und imaginären Flächen unterscheiden.

Wirkliche Flächen

Wirkliche Flächen ergeben sich bei der Abbildung von Gegenständen, Räumen oder Landschaften durch die Verbindung grafischer Linien. Durch die Position der Kamera entsteht in Abbildung 1 eine Dreiecksform.

Imaginäre Flächen

Imaginäre Flächen entstehen durch eine gedankliche Anordnung von Bildelementen zu Kreisen, Rechtecken, Dreiecken oder Quadraten. Der Betrachter zieht zumeist unbewusst gedachte Verbindungslinien zwischen den einzelnen abgebildeten Objekten einer Darstellung. Bei der Anordnung von Personen im Raum wie in Abbildung 2 werden vom Betrachter, bewusst oder unbewusst, zwischen den Personen Linien gezogen bzw. „gedacht". Dadurch entsteht in diesem Fall eine Dreiecksform.

Abb. 1 Wirkliche Fläche

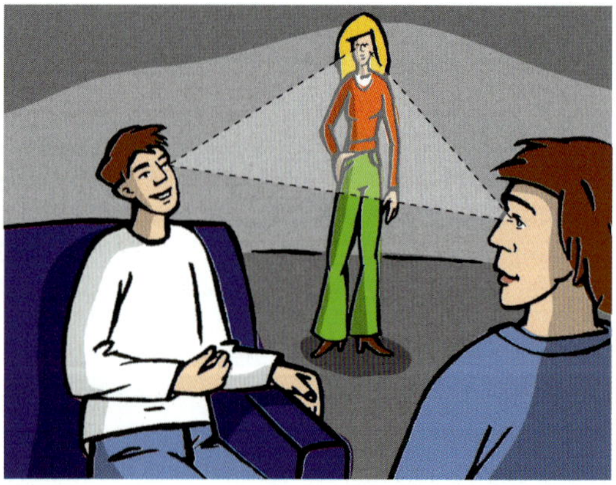

Abb. 2 Imaginäre Fläche

Flächen haben in Abhängigkeit von ihrer Form ganz unterschiedliche Wirkung auf den Betrachter und können bestimmte Assoziationen hervorrufen:

- **Kreis**

Die klarste zweidimensionale Grundform ist der Kreis. Die Kreisform wirkt ruhig und vollkommen. Kulturell hat der Kreis unter anderem Bedeutungen wie Sonne und Mond. Er besitzt daher für den Betrachter einen hohen Aufmerksamkeitswert. Symbolisch steht der Kreis für Unendlichkeit, Stabilität und Ruhe. Zwischen Kreisflächen und dem rechteckigen Bildformat besteht immer ein deutlicher Kontrast.

- **Quadrat**

Vom Quadrat geht eine statische, ausgeglichene und ruhige, oft aber auch eine monotone Wirkung aus. Innerhalb von Bildern eignen sich quadratische Formen dazu, Ruhepunkte für den Blick des Betrachters zu bilden. Wird ein Quadrat auf die Spitze gestellt, so verliert es seine statische Wirkung. Es kann zu beiden Seiten wegkippen und wirkt daher instabil auf den Betrachter.

- **Rechteck**

Das Rechteck ist die Form, die am häufigsten vorkommt, z. B. bei Gebrauchsgegenständen oder in der Architektur. Ein Rechteck kann eine stehende oder liegende Tendenz haben. Weist es eine stehende Form auf, so werden damit Größe, Stärke oder Dominanz verbunden. Bei liegenden Rechtecken sind Ruhe und Stabilität die vorherrschenden Eindrücke.

- **Dreieck**

Dreieckflächen stehen in einem deutlichen Kontrast zum rechteckigen Bildformat. Auf den Betrachter wirken solche Bildkompositionen sehr spannungsgeladen und dynamisch. Ein Dreieck mit nach oben gerichteter Spitze wirkt aufsteigend. Bei einer nach unten gerichteten Spitze wirkt das Dreieck hängend oder fallend. Im ersten Fall wirkt die Form durch seine breite Basis sehr stabil, im zweiten Fall entsprechend instabil.

1.2.3 Kontraste

In der Bildgestaltung spricht man von einem **Kontrast**, wenn sich zwei gegensätzliche Gestaltungselemente gegenüberstehen. Sie können sich hinsichtlich ihrer Helligkeit, ihrer Form, ihrer Größe, ihrer Richtungstendenz oder in ihrer Menge voneinander unterscheiden.

Diese Gegensätzlichkeiten können viel Spannung erzeugen und beim Betrachter zu den unterschiedlichsten Assoziationen führen.

Werden in einem Bild sehr unterschiedliche Elemente miteinander kombiniert, entsteht ein **Kontrast**. Ein Bild mit sehr deutlichen Kontrasten wirkt auf den Betrachter wesentlich spannungsvoller als ein Bild mit nur sehr geringen Kontrasten.

Folgende Arten von Kontrasten werden unterschieden:

- **Hell-Dunkel-Kontrast**

Der Hell-Dunkel-Kontrast eignet sich besonders dazu, den Blick des Betrachters zu beeinflussen. Helle Farbtöne wirken grundsätzlich angenehmer als dunkle Farbtöne. Das Auge des Betrachters wird daher in der Regel auf hellen Bildabschnitten länger verweilen als auf eher dunklen Bildteilen. Die mit Hell-Dunkel-Kontrasten verbundenen Aussagemöglichkeiten sind sehr unterschiedlich. Grundsätzlich gilt: Je größer der Kontrast zwischen hellen und dunklen Bereichen in einem Bild ist, desto größer ist die Spannung im Bild. Bilder mit sehr starken Hell-Dunkel-Kontrasten sind deshalb nur selten langweilig.

Für den Eindruck des Betrachters gilt: Dunkle Partien im Bild wirken schwerer als helle. Ein dunkles Objekt scheint ein höheres Gewicht zu haben als ein helles. Dunkle Farbtöne oder Objekte am oberen Bildrand scheinen nach unten zu drücken, wodurch eine gewisse Dramatik erzeugt wird. Sind die Bildränder abgedunkelt und ist nur die Mitte des Bildes aufgehellt, kann der Blick des Betrachters dort gehalten werden. Ein schneller Austritt des Blicks aus dem Bild wird dadurch verhindert. Dunkle Partien am Bildrand wirken oft auch wie Säulen, die dem Bild den Eindruck von Standfestigkeit verleihen.

Abb. 1 Hell-Dunkel-Kontrast

In Abbildung 1 wird der Blick immer auf dem hellen Bereich im Hintergrund gehalten. Hier entsteht zusätzlich eine Tiefenwirkung durch den Lichtverlauf bis in den Vordergrund der Aufnahme.

- **Form- und Flächenkontrast**

Der Formen- und Flächenkontrast entsteht durch Gegenüberstellungen von runden und eckigen Formen, Linien und Flächen oder symmetrischen und unsymmetrischen Formen. Unterschiedliche Formen oder Flächen erzeugen ein Spannungsverhältnis, wie in Abbildung 2: Die barocke Architektur der Kuppel des Berliner Doms im Vordergrund bildet einen klaren Gegensatz zur schlanken, nüchternen Form des Fernsehturms im Hintergrund.

Abb. 2 Formkontrast

- **Größenkontrast**

Der Größenkontrast ist ein Stilmittel, das die Räumlichkeit eines Bildes verstärken kann. So wirken gleich große Bildelemente, die im Bild entsprechend ihrer Entfernung von der Kamera kleiner bzw. größer dargestellt werden, auf den Betrachter perspektivisch angeordnet. Für ihn entsteht der Eindruck, als wären die kleineren Bildelemente weiter entfernt als die größeren Formen.

Allgemein gilt der Grundsatz, dass große Objekte im Bild kleinere Objekte dominieren und das Blickzentrum bilden (Abb. 1).

Abb.1 Größenkontrast

- **Richtungskontrast**

Der Richtungskontrast bezieht sich auf die Ausrichtung von Linien oder Formen. Linien, die eher parallel zueinander verlaufen, rufen beim Betrachter Eindrücke wie Ruhe und Ausgeglichenheit hervor. Linien, die weniger zielgerichtet verlaufen und sich vielleicht sogar überschneiden, erzeugen beim Betrachter hingegen Spannung und Unruhe.

Abb. 2 Richtungskontrast

Die Skizze rechts zeigt einen sehr klaren Richtungskontrast, die Pfeile streben aneinander vorbei. In Abbildung 2 scheinen die Blätter durch ihre Anordnung voneinander weg zu streben.

- **Mengenkontrast**

Innerhalb eines Bildes lässt sich die Spannung durch eine mengenmäßig ungleiche Anordnung der Bildelemente erhöhen.
Bei einer gleichmaßigen Verteilung der Elemente auf die Bildhälften entsteht ein einheitlicher Bildaufbau. Wird die Verteilung dagegen ungleichmäßig vorgenommen, entsteht ein Mengenkontrast, der dem Bild eine Spannung verleiht. Abbildung 3 zeigt einen Sonderfall des Mengenkontrasts: Ein Element (der Skifahrer) in einer ansonsten leeren Umgebung zieht den Blick des Betrachters auf sich.

Abb. 3 Mengenkontrast

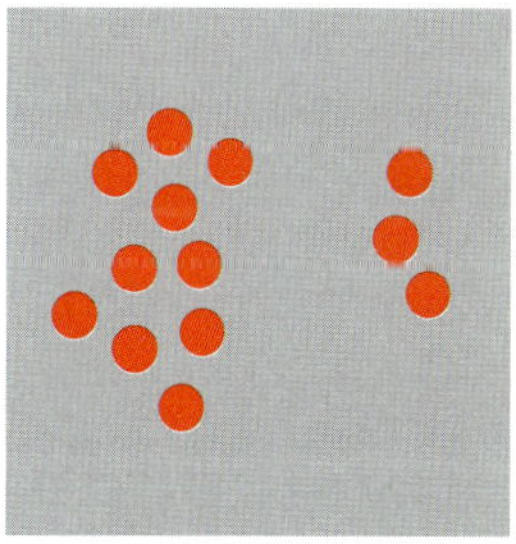

Für die Arbeit mit Kontrasten im Bild gilt unabhängig von der Art des Kontrastes: Das Objekt, das sich am meisten von den anderen unterscheidet, wird die größte Aufmerksamkeit erregen.

Wie stark die hier beschriebenen Wirkungen von Kontrasten und Assoziationen des Betrachters tatsächlich sind, ist individuell sehr unterschiedlich. Daher sollten sie nicht überbewertet werden. Die Beachtung grafischer Grundelemente kann allerdings sehr hilfreich bei der Planung der Bildgestaltung sein. Ein professioneller Gestalter sieht hinter den konkreten Motiven, die abgebildet werden, immer auch deren abstrakte Erscheinungsformen. Er arbeitet mit ihnen, um die beabsichtigte Wirkung beim Betrachter zu erzielen.

1.3 Aufteilung der Bildfläche

Neben den genannten grafischen Grundformen, auf die man eine konkrete Abbildung abstrahieren kann, spielt auch die **Anordnung** der Elemente auf der Bildfläche eine wichtige Rolle.

Ob eine **symmetrische** oder eine **asymmetrische Aufteilung** der Bildfläche entsteht, hängt davon ab, wie die Teile des Motivs oder das Gesamtmotiv innerhalb des Bildes angeordnet werden.

Bildsymmetrie entsteht, wenn sich durch die Anordnung von Objekten oder Personen beiderseits der Mittelachse ein jeweils spiegelgleiches Bild ergibt. Ein asymmetrisches Bild entsteht durch ungleichmäßige Anordnung der Motive.

Symmetrie

Symmetrische Bildaufteilungen führen eher zu ruhigen, statischen und geordneten Bildwirkungen, die für den Betrachter zwar angenehm und beruhigend, gleichzeitig aber auch langweilig erscheinen können (Abb. 1).

Abb. 1 Symmetrische Bildaufteilung

Asymmetrie

Der Betrachter findet in der Regel asymmetrische Aufteilungen ansprechender. Sie gelten als spannender, weil sie mehr Dynamik und Lebendigkeit ausstrahlen.

Abbildung 1 a) betont darüber hinaus durch die kontrastreiche Linienführung eine große Unübersichtlichkeit. Bei Abbildung 1 b) werden die Assoziationen beim Betrachten des Schrottwagens (Unfall, Kontrollverlust) durch den asymmetrischen Bildaufbau noch verstärkt.

Abb. 1 a), b) Asymmetrische Bilder

Um die Bildfläche gezielt zu strukturieren und die Wirkungen der Anordnung von Bildelementen richtig einzuschätzen, gibt es in der Gestaltung einige Prinzipien, an denen man sich orientiert. Sie helfen bei der Gestaltung der Bildfläche und ermöglichen es, die Wirkung der entstehenden Bilder zu beurteilen. Diese Prinzipien sind:

- der **goldene Schnitt** als ein formales Gestaltungsprinzip, das in der bildenden Kunst und in der Architektur seit Jahrhunderten Beachtung findet,
- die **Gestaltgesetze**, die in der Gestaltpsychologie Anfang des 20. Jahrhunderts systematisch erforscht und formuliert wurden.

1.3.1 Der goldene Schnitt

Harmonie und Natürlichkeit einer Darstellung gelten generell als erstrebenswerte Ziele der Bildgestaltung. Eine wichtige Rolle bei der Aufteilung der Bildfläche spielt dabei der **goldene Schnitt**.

Die Definition des goldenen Schnitts besagt, dass die Aufteilung einer Strecke stets so vorgenommen werden sollte, dass eine längere und eine kürzere Teilstrecke entstehen. Dabei soll folgendes Verhältnis der beiden Strecken zueinander gelten: Das Verhältnis der gesamten Strecke zum größeren Abschnitt soll dem Verhältnis des größeren Abschnitts zum kleineren Abschnitt entsprechen. Man spricht hier auch vom **Prinzip der steten Teilung**.

Prinzip der steten Teilung

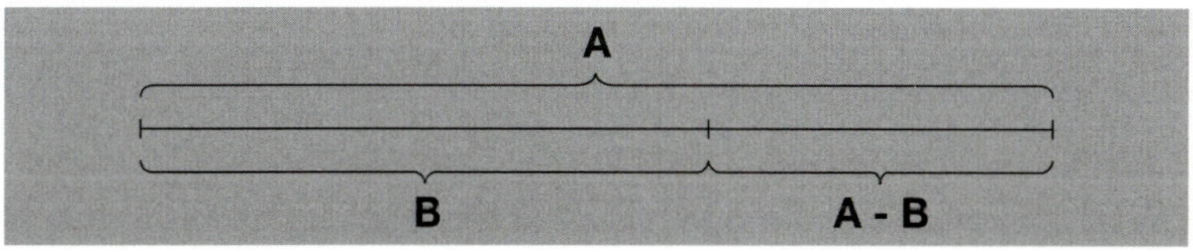

Abb. 2 Stete Teilung einer Strecke

Beschreibt man den goldenen Schnitt mathematisch genau, so ergibt sich ein Verhältnis der Teilstrecken zueinander von 1:1,618. Vereinfacht in ganzen Zahlen ausgedrückt, gelten bei einer steten Teilung die Verhältnisse 5:3, 8:5, 13:8 usw. Solche asymmetrischen Proportionsverhältnisse findet man in der Natur weitaus häufiger wieder als strenge Symmetrien. Sie werden deshalb als besonders harmonisch empfunden.

Unter dem **Goldenen Schnitt** versteht man die Gliederung einer Strecke nach dem Prinzip der steten Teilung. Die Gesamtstrecke (a) verhält sich zu ihrem größeren Teil (b) so, wie sich der größere Teil zum kleineren Teil (a-b) verhält.
a:b = b: (a-b)

Bezogen auf die Fläche eines Bildes wird die Teilung in der Vertikalen und in der Horizontalen vorgenommen. Dadurch entstehen zwei vertikale und zwei horizontale Linien im Bild mit insgesamt vier Schnittpunkten. Die wichtigen Bildobjekte sollten möglichst an diesen Schnittpunkten platziert werden. Je nach Bildformat verändern sich die Positionen der Schnittpunkte und damit auch die jeweils harmonisch wirkende Platzierung wichtiger Objekte.

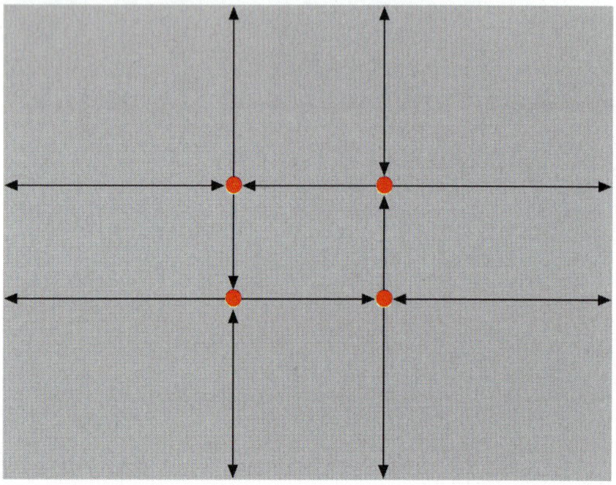

Abb. 1 Unterteilung einer Bildfläche (Bildformat 4:3) nach dem goldenen Schnitt

Wichtige Bildmotive sollten demnach nicht direkt in der Mitte, sondern mehr links bzw. rechts oder leicht oberhalb bzw. leicht unterhalb der Bildmitte liegen. Dadurch wirkt das Bild gefälliger, als wenn das Hauptmotiv direkt in der Bildmitte platziert würde. In diesem Fall wird also bewusst asymmetrisch gestaltet.

Drittelregelung

Zwar kann der goldene Schnitt mathematisch sehr exakt bestimmt werden, für die Praxis der Bildgestaltung, vor allem für die Arbeit mit der Kamera, muss jedoch eine vereinfachte Variante der harmonischen Bildaufteilung genügen: die **Drittelregelung**. Hierzu werden in jeweils gleichem Abstand zwei horizontale und zwei vertikale Linien durch das Bild gezogen, das so in gleiche horizontale und vertikale Bereiche aufgeteilt wird (Abb.1, S. 21). Die horizontalen (gedachten) Hilfslinien können auch als Orientierung bei Landschaftsaufnahmen dienen: Die Horizontlinie sollte entweder eher auf der oberen oder auf der unteren Drittellinie liegen. Der so entstehende Bildeindruck wirkt natürlicher als eine strenge Teilung des Bildes in der Mitte.

Die bildwichtigen Motive sollten dann auf den (gedachten) Linien platziert werden oder auf deren Schnittpunkten liegen. Der Bildausschnitt in

Abbildung 2 ist so gewählt, dass das Blickzentrum, die rote Blume annähernd auf einem der gedachten Schnittpunkte liegt.

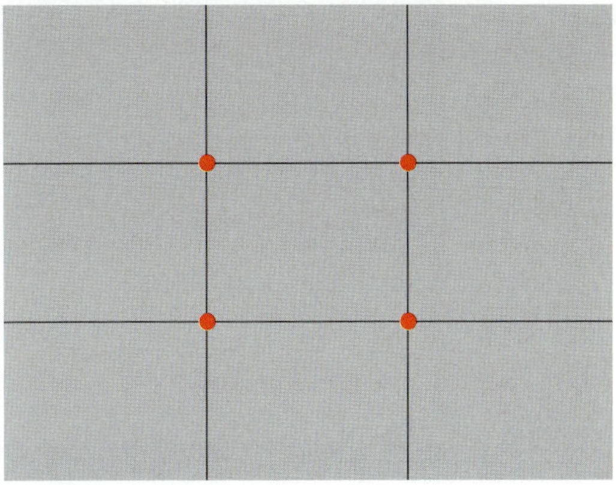

Abb. 1 Drittelregelung

Abb. 2 Beispiel für die Drittelregelung

Eine asymmetrische Bildaufteilung im Film, die sich am goldenen Schnitt orientiert, hängt vom Gespür des Kameramannes ab. Eine mathematisch genau errechnete Platzierung wäre bei der Arbeit mit einer Kamera unmöglich und unsinnig. Mit Hilfe des Rasters, das sich vom goldenen Schnitt ableitet, ist es allerdings möglich, Bilder bewusst attraktiver und lebendiger zu gestalten.

1.3.2 Gestaltgesetze

→ S. 55 Phi-Phänomen

In der **Gestaltpsychologie** werden die Gesetzmäßigkeiten untersucht, die die Organisation von Teilen zu einem Ganzen erklären. Die Wissenschaft beschäftigt sich mit der Wahrnehmung des Betrachters und den Mechanismen, wie er sich Bilder erschließt, wie er Zusammengehörigkeiten entdeckt und Einheiten formiert. Die Anordnung von Linien, Flächen und Kontrasten im Bild steuert das Verständnis des Betrachters und die Führung seiner Aufmerksamkeit auf bestimmte Bildinhalte erheblich. Die Ergebnisse der Untersuchungen der Gestaltpsychologie sind in einigen grundlegenden **Gestaltgesetzen** formuliert:

- **Gesetz der Nähe**
Das Gesetz der Nähe besagt, dass Wahrnehmungselemente in räumlicher Nähe als zusammengehörig erlebt werden. In Abbildung 3 werden die Punkte als senkrecht angeordnete Reihen wahrgenommen, weil sie vertikal näher zusammen liegen als horizontal.

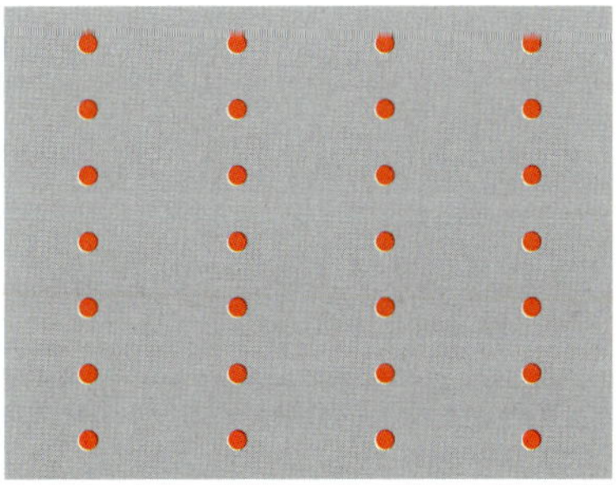

Abb. 3 Gesetz der Nähe

- **Gesetz der Ähnlichkeit**

Einander ähnlich sehende Elemente werden eher als zusammengehörig erlebt als Elemente, die einander nicht ähnlich sehen. Die Ähnlichkeit kann in der Helligkeit, der Farbe, der Orientierung, der Größe oder der Form liegen. In Abbildung 1 haben alle Punkte den gleichen Abstand. Dennoch nimmt man vor allem die waagerechten Punktreihen wahr, die durch ihre Tönung einheitlich erscheinen.

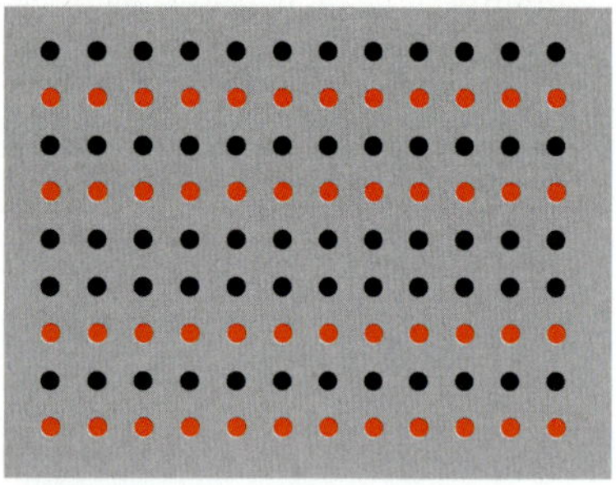

Abb. 1 Gesetz der Ähnlichkeit

- **Gesetz der guten Fortsetzung**

Man neigt dazu, Elemente, die in einer geraden oder sanft geschwungenen Kurve angeordnet sind, in einem Zusammenhang zu sehen. Linien werden an Schnittpunkten bevorzugt im Sinne einer Fortführung ihrer bisherigen Linienführung gesehen. In Abbildung 2 geht der Betrachter automatisch davon aus, dass die Linien dem einfachsten Weg folgen, also von A nach B und von C nach D.

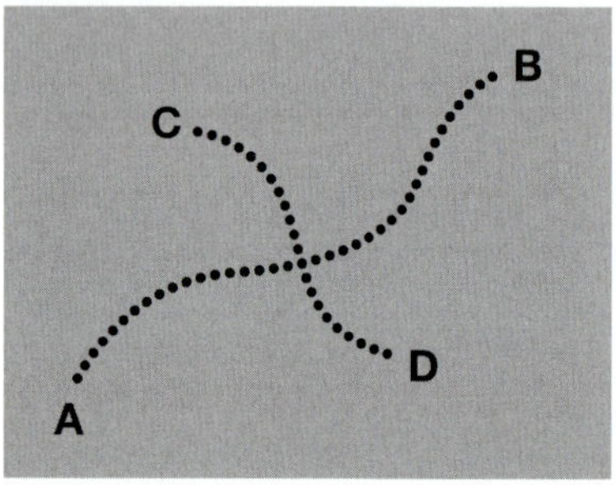

Abb. 2 Gesetz der guten Fortsetzung

- **Gesetz der Geschlossenheit**

In der Wahrnehmung werden nicht vorhandene Teile einer Figur ergänzt. Das Gesetz der Geschlossenheit verweist auf die Tendenz, in geometrischen Gebilden diejenigen Strukturen als Figur wahrzunehmen, die geschlossen wirken. Dieser Eindruck der Geschlossenheit kann durch tatsächlich vorhandene geschlossene Linienzüge bewirkt werden. Man neigt aber auch dazu, offene Figuren durch imaginäre Linien zu schließen. Bei Abbildung 3 fällt es regelrecht schwer, lediglich drei offene Kreise zu sehen. Das bekanntere Muster des Dreiecks wird in der Vorstellung ergänzt und überlagert die Wahrnehmung von drei „unvollständigen Kreisen“.

Abb. 3 Gesetz der Geschlossenheit

- **Gesetz des gemeinsamen Schicksals**

Elemente oder Gegenstände, die sich gleichmäßig bewegen oder verändern, werden als zusammengehörig wahrgenommen. Objekte, die einer Bewegung oder einer kontinuierlichen Veränderung ihrer Form ausgesetzt sind, werden oft sogar als Einheit gesehen.

Ein Beispiel für dieses Phänomen ist ein Vogelschwarm: Die Tiere werden durch ihre gemeinsamen Bewegungen nicht als einzelne Bildelemente, sondern eher als ein Objekt wahrgenommen (Abb. 1).

Abb. 1 Gesetz des gemeinsamen Schicksals

- **Gesetz der guten Gestalt**

Jedes einzelne Muster wird so gesehen, dass die resultierende Struktur so einfach wie möglich ist. Dieser Grundsatz wird auch als Gesetz der Einfachheit oder als **Prägnanzgesetz** bezeichnet.

Prägnanzgesetz

Abb. 2 Beispiel zum Prägnanzgesetz

Lässt sich ein Bild auf wenige einfache geometrische Grundmuster zurückführen, so richtet sich die Wahrnehmung nach dem Prägnanzgesetz. Das Bild wird mit erhöhter Aufmerksamkeit wahrgenommen. Bei der Gestaltung sollte immer beachtet werden, dass die entstehenden Bilder die Kriterien der Klarheit, Eindeutigkeit und damit auch der Einprägsamkeit erfüllen. Die Figur in Abbildung 2 wird als „Kreis mit Balken" wahrgenommen, also vom Betrachter in zwei einfache, bekannte Formen zerlegt. Die komplexere Figur, die sich aus den Umrissen eigentlich ergibt, folgt keinem so leicht einprägsamen Muster.

! Im **Prägnanzgesetz** ist die allen Gestaltgesetzen zugrunde liegende Erkenntnis zusammengefasst: Einfache Dinge können besser wahrgenommen werden als komplizierte.

1.3.3 Offene und geschlossene Bildformen

Den grundsätzlichen Charakter eines Bildes bestimmt der Gestalter auch, indem er den dargestellten Bildraum und dessen Begrenzungen in seine Überlegungen mit einbezieht. Hierbei geht es um die Frage, ob sich die dargestellte Situation tatsächlich innerhalb des Bildes, d. h. innerhalb des Bildrahmens abspielt. Möglicherweise kann der Bildinhalt auch auf Elemente verweisen, die außerhalb des Bildrahmens liegen. Man spricht in diesem Zusammenhang von einer **offenen** bzw. einer **geschlossenen Bildform**.

→ S. 53 Kadrierung

Offene Bildform

Bei der **offenen Bildform** verweisen die Vektoren und Linien im Bild auf den Raum außerhalb des Bildrahmens. Man sieht gewissermaßen nur einen Ausschnitt aus einer komplexeren Situation. Häufig sind Darstellungen mit einer dominanten offenen Bildform eher von dokumentarischem Charakter, weil sie dem Zuschauer immer wieder bewusst machen, dass er nur einen Ausschnitt aus der Wirklichkeit zu sehen bekommt. Zusammenhänge werden nicht unbedingt sofort deutlich. Dabei ist es unwichtig,

Drei Frauen (Three Women, USA 1977, Robert Altman)

ob tatsächlich dokumentarische Bilder vorliegen oder ob eine Art Realismus-Effekt inszeniert wird. Der Regisseur Robert Altman arbeitet häufig mit einem sehr offenen Bildstil, was seinen Filmen einen fast beiläufig erzählten Charakter gibt. Die Abbildungen aus dem Film *Drei Frauen* zeigen die typische Darstellungsweise der offenen Bildform: Bewegungsvektoren und Blickvektoren führen aus dem Bildrahmen heraus, Gegenstände oder Personen erscheinen angeschnitten im Bild (Abb. 1).

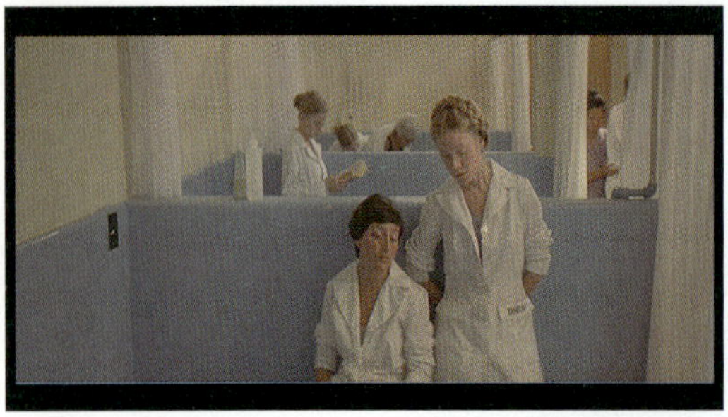

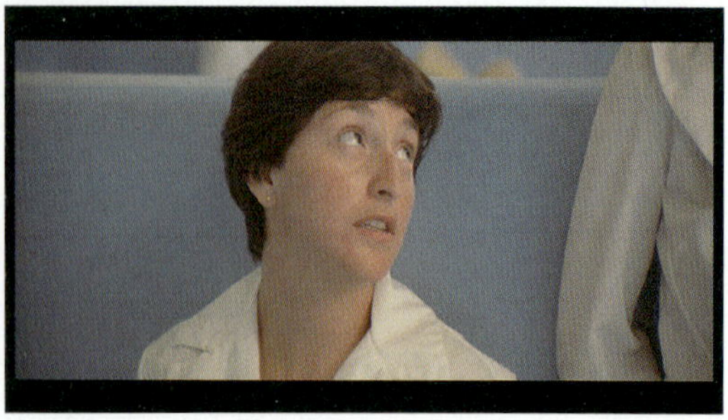

Abb. 1 a), b) Bildbeispiele aus dem Film Drei Frauen

Geschlossene Bildform

Bei der **geschlossenen Bildform** sind Vektoren und Linienführung so gestaltet, dass sie innerhalb des Bildrahmens bleiben und dort ihr Ziel finden. Das Bild besitzt häufig eine klare Aussage, keine wichtigen Fragen bleiben offen. Der Bildcharakter der geschlossenen Form wirkt daher häufig inszeniert oder arrangiert. Im Extremfall hat jedes Element des Bildes seine Funktion innerhalb der Aussage, alles ist aufeinander bezogen und bildet so ein geschlossenes Zeichensystem oder Motiv. Abbildung 2 a) zeigt ein Beispiel aus einem typischen Hollywood-Melodram der fünfziger Jahre. Die Personen werden im Bildrahmen fast wie für ein unbewegtes Foto aufgestellt. Selbst die Spiegelung in Abbildung 2 b) zeigt im Hintergrund Personen, die wiederum auf den Bildvordergrund blicken.

Was der Himmel erlaubt (All That Heaven Allows, USA 1955, Douglas Sirk)

Abb. 2 a), b) Bildbeispiele aus dem Film Was der Himmel erlaubt

Offene Form: Linien und Vektoren verweisen auf den Raum außerhalb des Bildrahmens.

Geschlossene Form: Linien und Vektoren verbleiben innerhalb des Bildrahmens und finden dort ihr Ziel.

In der Praxis der Bildgestaltung werden am häufigsten Mischformen eingesetzt. Die beiden Extreme sollten als Pole auf einer Skala angesehen werden, auf der man sich allerdings bewusst in die eine oder die andere Richtung bewegen sollte.

1.3.4 Bildebenen und Tiefenwirkung

Ein häufig angestrebtes Ziel der Bildgestaltung besteht darin, die zweidimensionale Bildfläche so zu füllen, dass ein dreidimensionaler Eindruck beim Betrachter entsteht. Sowohl mit grafischen als auch mit kameratechnischen Mitteln lassen sich unterschiedliche **Bildebenen** schaffen, die den Eindruck von Tiefe erzeugen. Der Bildraum wird dabei so gestaltet, dass ein deutlich erkennbarer **Bildvordergrund**, ein **Bildmittelgrund** und ein **Bildhintergrund** entstehen.

Bildebenen

Durch die Einbeziehung des Vordergrundes wird ein Bezug zur Tiefe des Raumes hergestellt. Ein paar Äste, die ins Bild ragen oder der Blick durch einen Torbogen lassen für den Betrachter den Raum dahinter erst richtig spürbar werden.

Abb. 1 Bild mit deutlichem Vordergrund

In Abbildung 1 wird durch die Eisformationen im Vordergrund die Weite der dargestellten Landschaft deutlich betont.

Die wichtigsten Inhalte des Bildes müssen sich keinesfalls im Vordergrund befinden. Durch die Schaffung eines Vordergrunds wird der räumliche Bezug zum wichtigsten Teil eines Bildes aber oft erst richtig möglich.

Der Bildmittelgrund stellt die Verbindung von Vorder- und Hintergrund dar, die wichtigsten Bildelemente werden üblicherweise hierhin platziert. Der Hintergrund vervollständigt das Bild, das Hauptmotiv sollte sich davon aber deutlich absetzen. Dadurch wird wiederum der räumliche Eindruck unterstrichen.

Die Unterteilung in verschiedene Bildebenen und die Schaffung eines Eindrucks von **Raumtiefe** kann durch unterschiedliche Gestaltungstechniken erreicht werden:

Raumtiefe

- Durch das **Verdecken** der weiter hinten liegenden Bildobjekte durch im Vordergrund platzierte Gegenstände oder Personen wird die räumliche Anordnung verdeutlicht. Bei Aufnahmen, die sich dieses Prinzips sehr stark bedienen, indem z. B. durch einen Zaun oder ein Fenster-

Verstellter Blick

kreuz gefilmt wird, spricht man von einem **verstellten Blick** auf das Geschehen. Neben der Tiefenwirkung wird so auch eine **voyeuristische Perspektive** erzeugt. Der Betrachter wird zum heimlichen Beobachter des Geschehens. Beim Film werden durch Kamerabewegungen Personen und Objekte im Raum permanent verdeckt oder enthüllt.

Selektive Schärfe

→ S. 49 Bildperspektiven

- Durch die Arbeit mit **selektiver Schärfe** können die Bildebenen herausgearbeitet werden: Beispielsweise liegen nur die Bildobjekte, die im Mittelgrund des Bildes zu sehen sind, im Schärfebereich der Kamera. Vorder- und Hintergrund sind dagegen unscharf. Beim Film kann eine **Verlagerung der Schärfe** z. B. vom Bildvordergrund in den Bildhintergrund die Aufmerksamkeit des Zuschauers durch den Bildraum führen.

Schärfentiefe und Tiefenstaffelung

- Je weiter Gegenstände vom Betrachter entfernt sind, desto kleiner erscheinen sie. Vor allem bei großer Schärfentiefe entsteht durch die Größenanordnung bekannter Objekte eine Tiefenstaffelung im Raum. Objekte, die gleich groß sind, werden mit zunehmender Entfernung scheinbar immer kleiner, z. B. eine Baumreihe am Straßenrand. Aufgrund seiner Erfahrungen ordnet der Betrachter Dingen einer bestimmten Größe eine gewisse Entfernung zu. Auch die Abstände zwischen zwei weit vom Betrachter entfernten Gegenständen scheinen geringer zu sein. Der Bildhintergrund sieht daher sehr viel komprimierter und dichter aus als der Vordergrund. Dieses Phänomen wird als **Texturgradient** bezeichnet. In Abbildung 1 sind die Reflexionen im Wasser am oberen Rand des Bildes näher beieinander als im unteren Teil. Dadurch entsteht ein perspektivischer Eindruck, der obere Teil scheint weiter entfernt zu liegen.

Abb. 1 Texturgradient

Texturgradient

Prinzip der perspektivischen Verkürzung

- Parallele Linien, die in die Tiefe führen, nähern sich optisch mit wachsender Entfernung, bis sie sich scheinbar im Unendlichen treffen. Dieses **Prinzip der perspektivischen Verkürzung** wird in Abbildung 2 verdeutlicht: Die Geländerstreben laufen links und rechts

Abb. 2 Perspektivische Verkürzung

auf einen imaginären Berührungspunkt am Horizont zu. Durch die Position der Kamera entsteht ein streng symmetrischer Bildaufbau. Die Geländer erscheinen als diagonale graphischen Linien, die sich im Unendlichen treffen.

- Objekte, von denen der Betrachter die **Frontal- und Seitenansicht** sieht, rufen den Eindruck einer größeren Tiefenwirkung hervor als nur frontal aufgenommene Motive.

Frontal- und Seitenansicht

Abb. 1 Frontalansicht

Abb. 2 Seitenansicht

- Durch **Licht- und Farbgestaltung** lässt sich die Raumtiefe ebenfalls betonen: Weiter entfernt erscheinende Bereiche werden in bläulichem Licht dargestellt, im Vordergrund herrschen wärmere Farbtöne vor. Bei Dunst, der mehr oder weniger immer vorhanden ist, erscheinen weiter entfernt gelegene Objekte weniger farbintensiv als näher gelegene Dinge.

Licht- und Farbgestaltung

→ S. 90 Lichteffekte

- Indem die verschiedenen **Bildebenen unterschiedlich ausgeleuchtet** werden, bewirkt man eine stärkere Betonung der Ebenen. Ein heller ausgeleuchteter Hintergrund bei dunklem Vordergrund schafft eine interessante Raumwirkung.
- Beim Film dient der **Eisenbahneffekt** ebenfalls zur Verstärkung des Eindrucks von Raumtiefe. Sieht man bei einer Fahrt mit der Eisenbahn (oder dem Auto usw.) aus dem Fenster, so bewegen sich nahe Objekte schneller vorbei als Dinge, die weiter entfernt sind. Aufgrund der **unterschiedlichen Geschwindigkeit**, mit der die Dinge sich vorbei bewegen, ist eine Orientierung in der Tiefe möglich.

Eisenbahneffekt

- **Bewegungsrichtung**: Personen, die sich in Richtung Kamera oder von ihr weg bewegen, erzeugen ein räumlich stärker wirkendes Bild als Personen, die sich quer zur Kameraachse bewegen. Dieser Effekt wird durch kurze Brennweiten besonders verstärkt.

→ S. 49 Brennweite

1.4 Bildstil

Den professionellen Kameramann zeichnet vor allem der analytische Blick auf Motive und Drehorte aus. Der Blick durch die Kamera ist immer eine Erkundung der visuellen Möglichkeiten, die sich aus der Drehsituation ergeben. Auch in einfachen EB-Situationen muss eine zufriedenstellende **Kadrierung** gefunden werden. Das Hauptmotiv muss sich deutlich von seiner Umgebung abheben und der Blick des Zuschauers sollte auf das Wesentliche gelenkt werden. Hierzu ist es nötig, dass von den konkreten Motiven im Sucher der Kamera abstrahiert wird und die grafischen Möglichkeiten, die sich durch Linien, Formen und Kontraste ergeben, genutzt werden.

EB ist die Abkürzung für Elektronische Berichterstattung. Damit sind kleinere Produktionen, vor allem im aktuellen Bereich gemeint.

Unter **Kadrierung** versteht man die Festlegung des Bildrahmens.
→ Kapitel 2 Kamera

Orientiert man sich bei der Bildgestaltung stark an grafischen Merkmalen und eliminiert alle störenden Elemente soweit wie möglich aus seinem Bild, so entsteht eine sehr auffällige bildliche Darstellung. Man spricht in diesem Fall von **Stilisierung**.

Stilisierung

Wenn ein Bild von grafischen Elementen dominiert wird, spricht man von **stilisierter Darstellung**.

Unter einer Stilisierung versteht man eine auf das Wesentliche reduzierte Darstellung, die sich auf wenige Grundmuster und Gestaltungsmittel beschränkt. Eine stilisierte Darstellung wirkt daher immer wenig natürlich bzw. realistisch. Stilisierung ist gewissermaßen das Gegenteil von **Realismus**. Durch den Verzicht, eine Situation möglichst in jedem Detail getreu wiederzugeben entsteht eine Konzentration auf die formalen Elemente eines Bildes.

Mit **Realismus** bezeichnet man im Allgemeinen den Versuch einer wirklichkeitsnahen Darstellung.

Gattaca (USA 1997, Andrew Niccol)

Der Film *Gattaca* beschreibt eine kalte, perfektionistische Zukunftswelt in stark stilisierten Bildern. Symmetrien, klare Linien und große, eintönige Flächen bestimmen das visuelle Konzept (Abb. 1 a) und b). Eine solche extreme Ästhetik wird im kommerziellen Film vor allem im Science-Fiction-Genre verwendet. Gegenwartsfilme, die sich einer stark stilisierten Ästhetik bedienen, sind weitaus seltener.

Abb. 1 a), b) Screenshots aus *Gattaca*

Ein Z und zwei Nullen (A Zed and Two Noughts, Großbritannien 1985)

Die Filme des Regisseurs Peter Greenaway stellen die stilisierte Ästhetik ihrer Bilder zumeist über deren Inhalt. Das Ergebnis beim Zuschauen ist oftmals eine Art Verfremdungs-Effekt, der es erlaubt, altbekannte Sachverhalte neu zu sehen.

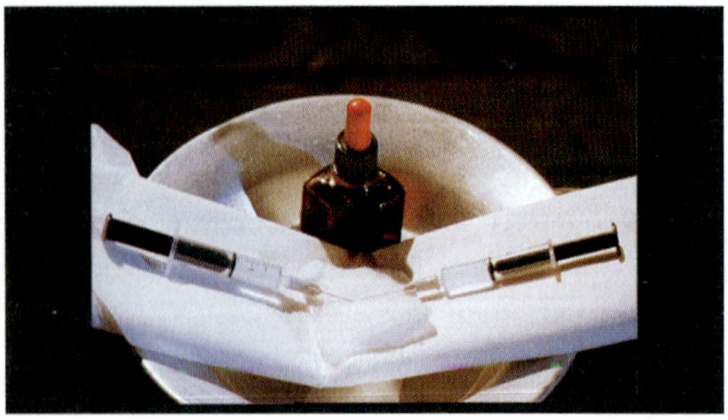

Abb. 2 a), b) Screenshots aus *Ein Z und zwei Nullen* von Peter Greenaway

Mit vergleichbaren Effekten arbeitet auch der Experimentalfilm. Hier fällt häufig eine inhaltlich konkrete Aussage zugunsten der Form komplett weg. Auf eine weniger sperrige Art ist aber auch im Werbefilm und in der Videoclipästhetik eine stilisierte Bildsprache zu finden. Hier macht man sich den großen Reiz zunutze (werbesprachlich: appeal), den stilisierte, d. h. nicht realistische Bilder haben.

➔ S. 192 Aspekte der Clipmontage

1.5 Gestaltung mit Farben

Farbharmonie

Der Einsatz von Farben in der Film- und Videogestaltung scheint oft unbeabsichtigt und zufällig. Bewusst und sinnvoll eingesetzt haben Farben jedoch einen starken Einfluss auf die Aussagekraft einzelner Einstellungen oder Szenen. Die Grundlage der Farbgestaltung ist das Wissen um die grundsätzlichen Wirkungen der einzelnen Farben sowie um deren Zusammenspiel in Farbkombinationen. Als wesentliche Gestaltungsmittel dienen **Farbharmonien** und **Farbkontraste**.

Farbkontrast

Es gibt eine Reihe unterschiedlicher Ordnungssysteme in der Farbenlehre. Sehr gebräuchlich ist der **Farbkreis**, der sich in vielen Bildbearbeitungsprogrammen als Auswahlpalette findet (Abb. 1). Hier ist das gesamte Farbspektrum über einen Winkel von 360 Grad verteilt. Die Primärfarben Rot, Grün und Blau liegen bei 0 Grad, 120 Grad und 240 Grad des Farbkreises. Es sind die Grundfarben für die **additive Farbmischung**.

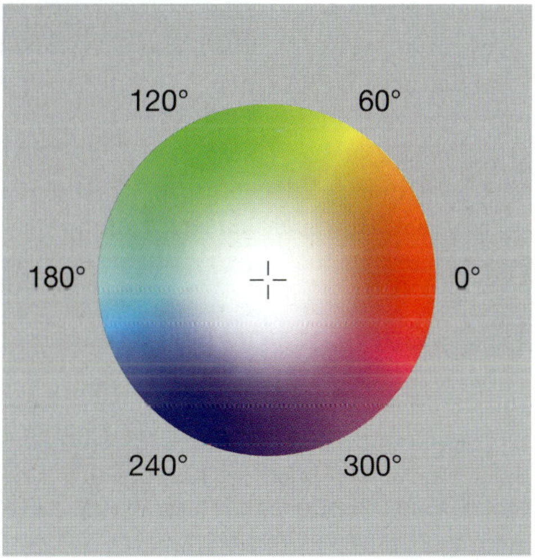

Abb. 1 Farbkreis

Fernseher und Computermonitore arbeiten mit der **additiven Farbmischung**. Jede beliebige Farbe kann durch Mischen entsprechender Anteile der Primärfarben Rot, Grün und Blau (RGB) hervorgerufen werden. Wenn sich farbiges Licht mischt, entstehen beim „Übereinander" der Lichtfarben hellere Farbtöne.

Komplementärfarben

Farben, die sich im Farbkreis gegenüber liegen, werden als **Komplementärfarben** bezeichnet. Beim oben abgebildeten Farbkreis nimmt vom Rand zur Mitte hin die Farbsättigung ab. Ganz in der Mitte, im Zentrum des Fadenkreuzes, ist sie Null. Dort befindet sich Weiß.

Für die Gestaltung mit Farben ist weniger eine genaue Bestimmung von deren Position im Farbkreis von Bedeutung, als vielmehr die Empfindungen, die sie beim Betrachter auslösen können. Von entscheidender Bedeutung ist hierbei die **Farbtemperatur**.

➔ S. 76 Lichtgestaltung

Warme und kalte Farben

Grob klassifiziert ordnet man die Farbe Rot den **warmen Farben** zu, während blaue Farbtöne eher als **kalte Farben** empfunden werden. Diese Einteilungen haben ihre Ursache in den mit den Farben verbundenen **Assoziationen**.

→ S. 34 Farbpsychologie und Symbolik

Die Farbe Rot steht unter anderem für Feuer und Glut und somit auch für Wärme. Blaue Farben dagegen führen zu Assoziationen wie Eis und Schnee, also zu Erscheinungen, die für Kälte stehen. Wenn die Assoziationen allgemein gültige Erfahrungen betreffen, dann spricht man auch von **farbpsychologischen Phänomenen**.

→ S. 90 Lichteffekte

Abb. 1 Tiefenwirkung durch im Hintergrund verblassende Farben

Eng verbunden mit der Farbtemperatur ist auch die **Raumwirkung** von Farben. Durch die Anordnung von eher warmen Farben im Vordergrund und eher bläulichen Farben im Hintergrund wird die Raumillusion von Tiefe unterstützt. Ebenso unterstützt der Einsatz von gesättigten Farben vorne und im Hintergrund weiter verblassenden Farben die Tiefenwirkung durch die sogenannte **Luftperspektive** (Sfumato). Die im Hintergrund gelegenen Partien wirken dadurch trüber, dunstiger und somit weiter entfernt. Abbildung 1 zeigt ein Beispiel für eine so entstehende Tiefenwirkung.

1.5.1 Gewicht von Farben

Helle und dunkle Farben

Dunkle Farben finden sich im Farbkreis eher am Rand, sie weisen wenig Weißanteil auf. **Helle Farben** dagegen tendieren eher zu Weiß. Auf den Betrachter wirken Bildelemente in hellen Farben leichter als Elemente, die überwiegend dunkel gehalten sind. Dunkle Farben werden von Betrachter im Allgemeinen als schwer empfunden.

! Dunkle Farben wirken schwerer als helle.

Die **Farbsättigung** beschreibt die Intensität einer Farbe. Je höher der Grauanteil in einer Farbe ist, desto entsättigter ist die Farbe.

Abb. 2 Helligkeitsunterschied

Durch den gezielten Einsatz von Farbe kann der Blick des Betrachters beeinflusst werden. Ein Bildteil mit hellen oder stark **gesättigten Farben** wird beispielsweise länger betrachtet als ein Bildelement mit sehr dunklen oder nur sehr schwach gesättigten Farben. Bei der Betrachtung von Abbildung 2 wird der Blick zunächst auf den hellsten Bereich, den Hintergrund, gelenkt. Beim längerem Anschauen ziehen die weiteren Lichtpunkte den Blick auf sich, die dunklen Partien des Bildes werden vom Betrachter kaum wahrgenommen.

Helle Farben ziehen den Blick des Betrachters eher an als dunkle.

Signalfarben, etwa ein leuchtendes Rot, lenken den Blick des Betrachters ebenso wie Helligkeitsunterschiede. Von den meisten Menschen werden Objekte in leuchtenden Farben zuerst betrachtet und erscheinen deshalb wichtiger. Abbildung 1 zeigt die auffällige Wirkung eines intensiven Rots besonders deutlich. Das Bild weist durch das Rot einen starken Farbkontrast auf, weil ansonsten kalte Farbtöne den Bildeindruck prägen.

Abb. 1 Signalfarbe

Signalfarben sind Farbstoffe, die ultraviolettes Licht absorbieren und als andersfarbiges Licht (meist rot, gelb oder grün) wieder abstrahlen. Diesen Vorgang bezeichnet man als Fluoreszenz. Die so verstärkte Farbe erscheint besonders leuchtend.

Die stark mit der Leuchtkraft von Farben verbundene Signalwirkung von ungetrübten Farben macht man sich beispielsweise bei Hinweisschildern im öffentlichen Raum, wie z. B. Verkehrzeichen, zu Nutze. Gelb steht hier allgemein für „Achtung“ und Rot für „Halt: Gefahr“, während Grün Sicherheit signalisiert.

1.5.2 Farbkontraste

Das menschliche Auge sieht keine absoluten Farben, sondern Farbeindrücke, die sich immer durch das Zusammenspiel mit anderen Farben ergeben.

Farben beeinflussen sich in ihrer Wirkung gegenseitig.

Dabei gilt auch bei der Arbeit mit Farben, dass Kontraste die Aufmerksamkeit des Zuschauers auf sich ziehen. Farbkontraste erzeugen Spannung und können eine belebende oder frische Wirkung haben, sie können aber auch anspannend oder unangenehm auf den Betrachter wirken.

Die bekannteste **Systematik der Farbkontraste** stammt von Johannes Itten, der sieben Arten von Farbkontrasten unterscheidet. Ittens Ansatz gilt in der Wissenschaft als überholt, weil er nicht auf physikalischen oder chemischen Eigenschaften der Farben basiert, sondern auf subjektiven Wirkungen. Für die Gestaltungslehre ist er aber nach wie vor eine wichtige und einflussreiche Systematik.

Johannes Itten (1888 – 1967), Schweizer Maler und Kunstpädagoge.

Tabelle 1 Farbkontraste nach Itten

Art des Kontrastes	Erklärung	Bildbeispiel
Buntkontrast (Farbe-an-sich-Kontrast)	Farben treffen intensiv als Grundfarben ohne Abtönung aufeinander.	
Hell-Dunkel-Kontrast	Farben unterschiedlicher Helligkeiten werden kombiniert.	
Komplementärkontrast	Hierbei werden Farben verwendet, die sich im Farbkreis gegenüber stehen.	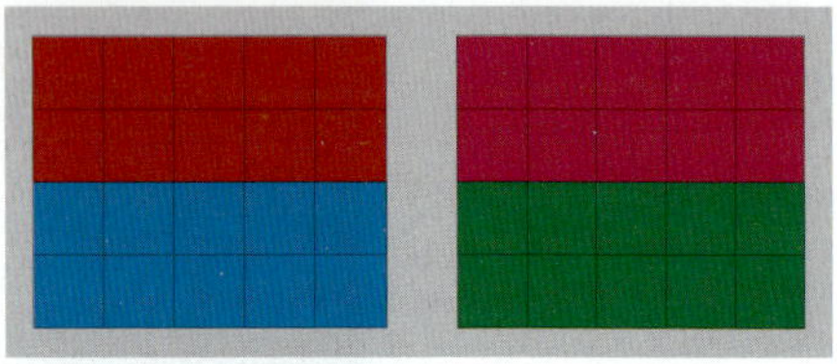
Simultankontrast	Dieselbe Farbe kann vor einem dunklen Hintergrund heller bzw. auf einem hellen Hintergrund dunkler wirken. Farben ändern ihren Charakter abhängig von der Umgebung.	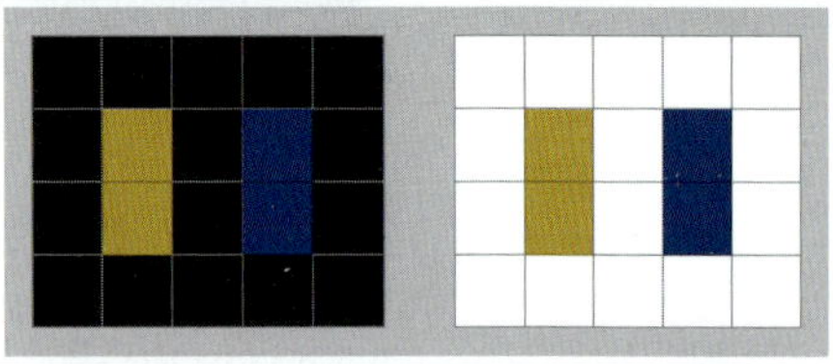
Kalt-Warm-Kontrast	Es werden Farben zusammengestellt, die unterschiedlich kalt oder warm wirken.	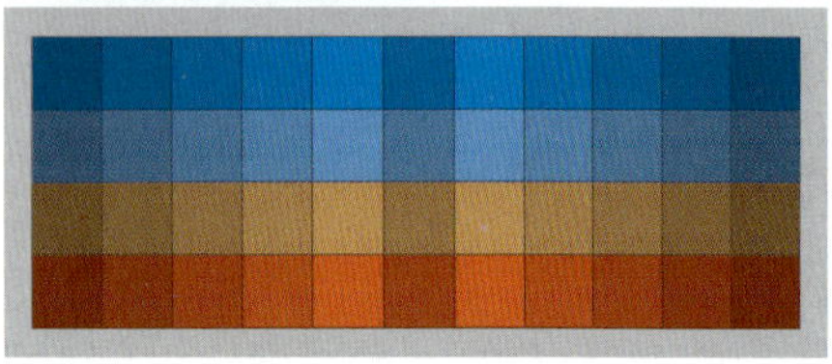
Qualitätskontrast	Hier treffen gesättigte, leuchtende Farben auf stumpfe Farben. Es ergibt sich eine Differenz in der Leuchtkraft, beispielsweise durch die Beimischung von Grau.	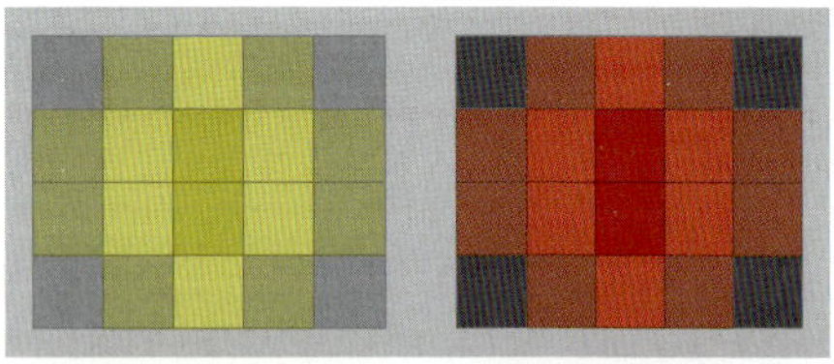
Quantitätskontrast	Man kombiniert verschieden große Farbflächen miteinander. Dabei ist auch die Leuchtkraft (das „Farbgewicht") einer Farbe von Bedeutung. Bei einer flächenmäßig gleichen Kombination von Gelb und Violett beispielsweise ist die gelbe Farbe stark dominierend.	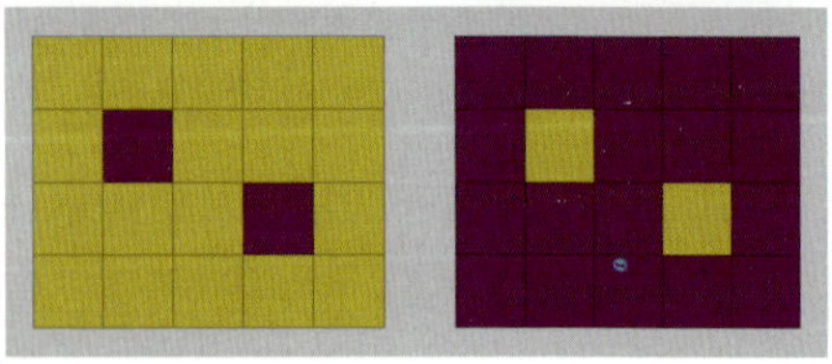

1.5.3 Harmonische Farbgestaltung

Harmonische Farbgestaltung wirkt angenehm auf den Betrachter. Eine Komposition von harmonierenden Farben führt zur Wahrnehmung einer Einheitlichkeit, beim Betrachter entsteht ein positives Gesamtbild.

Eine **harmonische Farbgestaltung** kann erzielt werden durch eine Kombination von:

- benachbarten Farbtönen des Farbkreises,
- warmen Farben,
- kalten Farben,
- aufgehellten Farbtönen mit ihrer Vollfarbe,
- Vollfarben mit den entsprechenden durch Grau entsättigten Farbtönen.

Abb. 1 Harmonische Farbgestaltung

Der Einsatz von harmonischen Farbkombinationen schafft den Eindruck von Ausgeglichenheit und Ordnung. Bei der Bildgestaltung ist allerdings immer zu bedenken, dass allzu harmonische Stimmungen schnell langweilig werden und die Aufmerksamkeit der Betrachter dann deutlich nachlässt!

Bunt-Unbunt-Kontrast

Eine schwer zu klassifizierende Kombination ist die Verbindung von bunten Farben und unbunten Farben, also Schwarz, Weiß oder Grautönen. Der **Bunt-Unbunt-Kontrast** kann sowohl eine harmonische als auch eine kontrastreiche, schrille Wirkung haben. In Abbildung 2 fällt zunächst der starke Hell-Dunkel Kontrast auf; die wenigen erkennbaren Farbtöne harmonieren durch ihre Ähnlichkeit in den hellen Bereichen. Bei Abbildung 3 heben sich die leuchtenden Farben hart vom Hintergrund ab.

Abb. 2

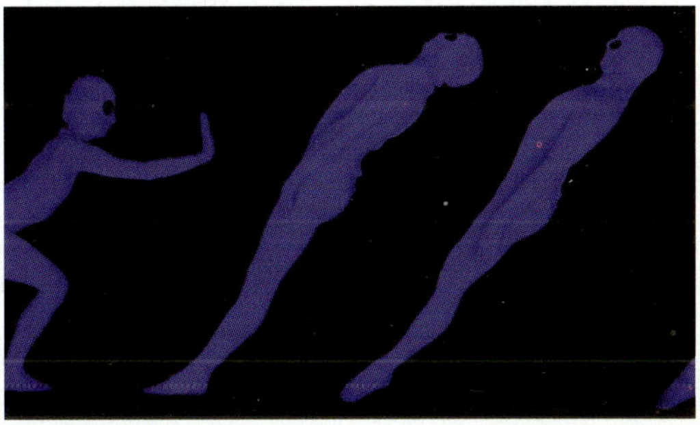

Abb. 3

1.5.4 Farbpsychologie und Symbolik

Farben können die verschiedensten Reaktionen und Assoziationen beim Betrachter auslösen. Dabei sind die Empfindungen nicht nur abhängig von den individuellen Erfahrungen, sondern auch durch Überlieferungen bestimmt. Bei der Gestaltung mit Farbe werden folgende Aspekte unterschieden:

- **Farbempfindung**: Hiermit ist die individuelle Wirkung einer Farbe auf den Betrachter gemeint. Dabei spielen die persönliche Prägung, Erfahrungen, Assoziationen und Geschmacksfragen eine Rolle. Manche Farbempfindung hängt auch einfach von der Tagesstimung des Betrachters ab.
- **Farbpsychologie**: Damit ist der gezielte Einsatz von Farben gemeint, mit dem Ziel die Betrachter in ihrer Wahrnehmung zu beeinflussen. Hier geht es um die allgemein typische Wirkung von Farben.
- **Farbensymbolik**: Damit ist die Bedeutung der Farbe gemeint. Farbsymbolik hängt mit gesellschaftlichen Konventionen zusammen. Manche Farben haben traditionelle Bedeutungen. Nur wenn man den Symbolgehalt einer Farbe oder einer Farbkombination kennt, kann man die Reaktion eines Betrachters darauf nachvollziehen. Beispiele hiefür sind die Verwendung von Nationalfarben oder auch die Bedeutung von Vereinsfarben beim Sport.

Im allgemeinen Sprachgebrauch wird fast immer von **Farbsymbolik** gesprochen, auch wenn häufig eigentlich **Farbpsychologie** gemeint ist.

Sowohl die individuelle Farbempfindung als auch die Farbpsychologie und die Farbsymbolik entscheiden darüber, wie einzelne Farben oder Farbkombinationen vom Betrachter empfunden werden. Die folgende Zuordnungen von Gefühlen, Stimmungen und Bedeutungen in der traditionellen Farbsymbolik dürfen daher nur als Tendenz verstanden werden:

Gelb: Reife, Wärme, Optimismus, Vorwärtsstreben, Heiterkeit, Freundlichkeit, Licht, Veränderung, extrovertiert
Rot: Aktivität, Dynamik, Aggression, Gefahr, Temperament, Zorn, Wärme, Leidenschaft, Eroberungswille, Tatendrang, Luxus, exzentrisch
Orange: Freude, Lebhaftigkeit, Spaß, Lebensbejahung, Ausgelassenheit, fanatisch, aktiv
Blau: Harmonie, Zufriedenheit, Ruhe, Passivität, Unendlichkeit, Sauberkeit, Hoffnung, Räumlichkeit, kalt
Grün: Durchsetzungsvermögen, Frische, Leben, Hoffnung, Beharrlichkeit, Entspannung, Ruhe, Lebensfreude, naturverbunden
Violett: Selbstbezogenheit, Eitelkeit, Einsamkeit, Genügsamkeit, introvertiert, statisch
Braun: Sinnlichkeit, Geborgenheit, Bequemlichkeit, Bildung, Anpassung, Schwere, zurückgezogen
Weiß: Reinheit, Sauberkeit, Ordnung, Leichtigkeit, Vollkommenheit, Unschuld, Sterilität, illusionär
Schwarz: Negation, Auflehnung, Undurchdringlichkeit, Trauer, Einengung, Abgeschlossenheit, Funktionalität, pessimistisch, hoffnungslos, schwer
Grau: Neutralität, Trostlosigkeit, Nüchternheit, Elend, Nachdenklichkeit, Sachlichkeit, Funktionalität, Schlichtheit, unbeteiligt

1.5.5 Farbgestaltung in Film und Fernsehen

In Film- und Fernsehproduktionen wird mit Farbstimmungen und Farbsymbolik unter verschiedenen dramaturgischen Zielsetzungen gearbeitet. Farben können für einen bestimmten Charakter verwendet werden oder sie werden bestimmten Orten oder Zeiten zugeordnet. Rückblenden arbeiten oft mit entsättigten Farben oder mit Sepia-Tönen, die einen vergilbten „Vergangenheits-Look“ assoziieren lassen. Die Filme der Trilogie *Der Pate* rufen mit ihren Sepia-Tönen das Gefühl einer inzwischen historischen Phase der amerikanischen Geschichte hervor (Abb. 1).

Der Pate I-III (The Godfather I-III, USA 1971, 1974, 1990, Francis Ford Coppola)

Abb. 1 a), b) Standbilder aus Der Pate

Auch Unterscheidungen zwischen verschiedenen Realitätsebenen werden in vielen Filmen durch die Verwendung unterschiedlicher Farbcodes verdeutlicht. Traum- oder Phantasiesequenzen werden häufig durch ihre extreme Farbstimmung von Szenen aus der „Wirklichkeit“ abgesetzt.

Die Verwendung von besonders stark gesättigten, klaren Farbtönen kann Szenen einen sehr künstlichen, hypernaturalistischen Anstrich verleihen. Die Eröffnungssequenz von *Blue Velvet* arbeitet mit klaren Formen und stark gesättigten Grundfarben. Dadurch wird die dargestellte „heile Welt“ einer amerikanischen Kleinstadt von Anfang an als trügerische Idylle, gewissermaßen als Kulisse, beschrieben.

Hypernaturalismus oder Hyperrealismus: Bezeichnung für übertrieben genaue und daher wiederum künstlich-verfremdet wirkende Darstellungen.

Darüber hinaus lassen die Farben und Formen in Abb. 2 durchaus Assoziationen zur amerikanischen Flagge aufkommen. Die hier abgebildete 1. Einstellung des Films kann also auch farbsymbolisch verstanden werden.

Blue Velvet (USA 1986, David Lynch)

Abb. 2 Screenshot aus Blue Velvet

Drei Farben: Blau (Trois Couleurs: Bleu, Frankreich/Polen 1993);
Drei Farben: Weiss (Trois Couleurs: Blanc, Frankreich/ Polen/ Schweiz 1993);
Drei Farben: Rot (Trois Couleurs: Rouge, Frankreich/ Schweiz/ Polen 1994, Krzysztof Kieslowski)

Sieben (Seven, USA 1995, David Fincher)

Matrix (USA 1999, Andy und Larry Wachowski)

Produktionen können auch ihre eigenen symbolischen Farbsysteme schaffen. Die Filmtrilogie *Drei Farben* von Krzysztof Kieslowski widmet je einen Film einer Farbe der französischen Nationalflagge. Jede Farbe dominiert konsequent „ihren" Film in den Schauplätzen, den Kostümen und in zahllosen Details.

Die Festlegung auf ein bestimmtes Farbspektrum ist von großer Bedeutung für eine Produktion. Es ist immer auch die Entscheidung für den „Look" eines Films, der eine bestimmte Grundstimmung erzeugt. Mit einem nur sehr begrenzten Farbspektrum arbeiten beispielsweise die Filme *Sieben* und *Matrix*. Beide Filme sind dominiert von trüben, düsteren Farbtönen, die wenig Buntheit in den Bildern zulassen. Bei *Matrix* liegt über den farbentsättigten Bildern ein grünlicher Schleier, der die Trostlosigkeit einer unterjochten wirklichen Welt unterstreicht. Wie ein regelrechter Farbschock wirken die wenigen Momente, die in leuchtenden Farben die schöne Scheinwelt dagegenstellen. Hier wird durch eine sehr bewusst eingesetzte Farbdramaturgie der Konflikt des Films begreiflich gemacht.

Abb. 1 a), b) Matrix

CSI: Miami (TV-Serie USA 2002 ff.)

300 (USA 2006, Zack Snyder)

Sin City (USA 2005, Frank Miller, Robert Rodriguez)

Die Tendenz, die im ursprünglich aufgenommenen Filmmaterial vorhandenen Farben in der Nachbearbeitung zu manipulieren, ist in Musikvideos, Werbung und in Serienproduktionen wie *CSI: Miami* offensichtlich. Viele Produktionen tendieren immer mehr zu einer stilisierten, ganz eigenen Farb- und Bildästhetik, die mit einer „realistischen" Wiedergabe der Wirklichkeit nichts mehr zu tun hat. Ins Extrem steigern Comicadaptionen, wie *300* oder *Sin City*, diese Ästhetik der Stilisierung. Vor allem *Sin City* lebt ganz von den harten Schwarz-Weiß-Kontrasten und der Bunt-Unbunt Kontrastierung in Anlehnung an die Comic-Vorlage (Abb.2 a, b).

Abb. 2 a), b) Sin City

Auch der Fernsehzuschauer wird auf eine ihm nicht bewusste Weise durch die Farbgebung des **Produktionsdesigns** in seiner Wahrnehmung beeinflusst. Ob die Studiodekoration in eher warmen Tönen gehalten ist oder ob es sich um ein nüchternes, sachliches, eher kühles Studio handelt, sagt bereits viel über den Charakter der darin ablaufenden Sendung und das anvisierte Zielpublikum aus.

Produktionsdesign

Kinderprogramme, Boulevard-Magazine oder Unterhaltungsshows signalisieren durch die verwendeten intensiven Farbtöne und Farbkombinationen oft schon einen spielerischen oder schrillen Charakter, während Nachrichtenformate und Politmagazine mit einem eher zurückhaltenden Farbspektrum arbeiten (Abb. 1 und 2).

Abb. 1 ZDF Heute Journal

Abb. 2 RTL Exclusiv

Ein heller Orange-Ton erzeugt die Grundstimmung für ein Morgen- oder Vormittagsmagazin und dunkelblaue Töne schaffen die Atmosphäre eines Nachtmagazins. Beide Produktionen könnten ohne weiteres im gleichen fensterlosen Studio entstehen. Entscheidend ist die jeweils passende Farbgebung (und Kulisse), die die gewünschte Atmosphäre schafft.

In der Werbung oder bei Videoclips ist die Verwendung bestimmter Farben häufig mit den Signalfarben des beworbenen Produkts oder mit der Imagekampagne der Interpreten verbunden. Hier ist die Verwendung bestimmter Farben als ein Teil des **Corporate Designs** zu verstehen, das sich wiederum an den Wirkungsweisen der Farben orientiert.

Das Gestaltungskonzept einer Institution oder eines Unternehmens wird als **Corporate Design** bezeichnet.

Auch mit dem Corporate Design (CD) eines Fernsehsenders soll ein möglichst einheitliches Erscheinungsbild und damit ein hoher Wiedererkennungswert in der Öffentlichkeit erreicht werden. Das CD beinhaltet beispielsweise die Verwendung von bestimmten Farben und Farbkombinationen, Formen und Typographie. Bei Eigenproduktionen der Sender finden sich stets gleiche oder ähnliche Elemente in Studiodesign und Grafiken wieder. Das Publikum soll möglichst auf den ersten Blick erkennen, „wo es ist". Das Senderlogo oder die grafischen Elemente von Trailern und Teasern sind weitere Bereiche, die das Corporate Design eines Senders prägen.

→ S. 193 Trailer, Teaser

1.6 Aufgaben und Übungen

1. Erläutern Sie anhand eines Beispiels, wie Richtungsvektoren im Bild zustande kommen!

2. Welche Vektoren haben die stärkste Wirkung im Bild? Benennen Sie eine Hierarchie von Linien!

3. Welche grundsätzliche Bildwirkung wird horizontalen, vertikalen und diagonalen Linien jeweils zugesprochen?

4. Durch welche grafischen Faktoren wird das Blickzentrum eines Bildes beeinflusst?

5. Was versteht man unter der Drittelregelung?

6. Nennen Sie mindestens vier unterschiedliche Varianten von Kontrasten im Bild!

7. Was besagt das Prägnanzgesetz?

8. Was versteht man unter einer stilisierten Darstellung?

9. Gestalten Sie je drei Bildbeispiele (Foto oder Film), die eine offene bzw. eine geschlossene Bildform aufweisen!

10. Analysieren Sie die Werbeseiten einer Illustrierten oder Tageszeitung hinsichtlich ihrer grafischen Grundmuster! Beschreiben Sie hierbei möglichst genau die Prinzipien, nach denen Linien, Formen, Farben und Bildaufbau eingesetzt werden!

11. Beschreiben Sie die folgenden Abbildungen nach ihren grafischen Gestaltungskriterien! Beachten Sie dabei neben der Verwendung grafischer Stilmittel auch den Bildaufbau, die Blickführung und die Gesamtaussage der Bilder, die sich aus dem Zusammenspiel von Form und Inhalt ergibt!

12. Der Film *Metropolis* arbeitet mit einer besonders stark stilisierten Bildsprache. Analysieren Sie die Elemente dieser Bildsprache anhand der folgenden Bildzitate und beschreiben Sie die grafischen Grundlagen, mit denen hier gearbeitet wurde!

Metropolis (Deutschland 1927, Fritz Lang)

a) – d) Bildzitate aus Metropolis

2 Die Kamera als Ausdrucksmittel

Vereinfacht gesehen ist eine Kamera ein Aufzeichnungsgerät für Photographie, Film oder Fernsehen. Der Kameramann kontrolliert die Technik der Kamera, er ist aber auch für die Gestaltung der entstehenden Bilder verantwortlich. Die technischen Möglichkeiten, die eine Kamera bietet, sind vom gestalterischen Standpunkt aus immer auch als Ausdrucksmittel zu verstehen.

Einstellung

Der englischsprachige Begriff für **Einstellung** ist **Shot**. Dreht man bei der Produktion mehrere ähnliche Versionen einer Einstellung, dann spricht man von **Take**.

Ein Grundbegriff für die Arbeit mit der Kamera ist die **Einstellung**. Darunter versteht man ein kontinuierlich aufgenommenes Stück Film, das durch einen Schnitt begrenzt wird. Bezogen auf die Gestaltung müssen viele Aspekte bedacht werden, die Aussage und Wirkung der entstehenden Einstellung beeinflussen. In diesem Kapitel geht es um die Rolle der Kamera, ihren durchdachten, sinnvollen Einsatz und ihre Ausdrucksmittel:

- Einstellungsgrößen,
- Bildperspektiven und Kameraperspektiven,
- Kamerabewegungen und Kamerastile.

2.1 Einstellungsgrößen

Die **Einstellungsgröße** ist ein grundlegender Faktor in der Bildgestaltung. Sie gibt den Abbildungsmaßstab an, mit dem eine Person im Verhältnis zum Bildrahmen in ihrer Umgebung gezeigt wird. Einstellungsgrößen sind also relative Größen, die sich auf die Proportionen des menschlichen Körpers beziehen. Deshalb werden sie auch am sinnvollsten in Bezug auf im Bild zu sehende Personen angewendet. Bei der Abbildung von Landschaften, Tieren oder Gegenständen orientiert sich die Benennung der jeweiligen Einstellungsgröße auch an den menschlichen Maßen.

Obwohl es unendlich viele Einstellungsgrößen gibt, haben sich im Laufe der Filmgeschichte einige grundsätzlich unterscheidbare Größen herausgebildet. In der Praxis werden diese Begriffe nicht ganz einheitlich verstanden und gebraucht, üblich ist jedoch eine Differenzierung von sechs bis acht typischen Einstellungsgrößen. Die gebräuchlichen Bezeichnungen sind:

- **Panorama**

Panoramaeinstellungen werden auch als **Super-Totale** oder **Weitaufnahme** bezeichnet.

Panoramaeinstellungen bilden einen größtmöglichen Raum ab. Sie schaffen für den Zuschauer einen Überblick über die gesamte Szenerie. Fast immer zeigen Panoramaaufnahmen Landschaften, bei denen betont werden soll, wie weit sie sich erstrecken (Abb. 1). Personen verschwinden in Panoramaaufnahmen fast völlig. Wegen ihrer beabsichtigen **Raumwirkung** sind Panoramaaufnahmen fast nur für Filme geeignet, die im Kino auf einer großen Leinwand zu sehen sind. Hier ergibt sich ein imposanter Eindruck, wenn

Abb. 1 Panoramaaufnahme

beispielsweise eine Gruppe von Reitern durch das Monument Valley unterwegs ist. Für das Fernsehen eignet sich die Panoramaaufnahme nicht. Der gewünschte räumliche Effekt kann wegen der Auflösung des Fernsehbildes selbst bei Großbild-Video-Projektion nicht zufrieden stellen: Das Bild wird unscharf und man sieht kaum die Details der imponierenden Landschaft.

- **Totale**

Totalen sind raumgreifende Einstellungen, die dem Zuschauer einen Überblick über den Ort des Geschehens geben. Sie zeigen weniger großzügige Gesamtansichten und konzentrieren sich schon deutlicher auf einen bestimmten Handlungsort. Totalen sind meistens am Anfang von Szenen oder Sequenzen zu sehen, weil sie eine Orientierung bieten. Bei **Establishing Shots** ist die Totale die übliche Einstellungsgröße (Abb. 1). Typische Beispiele sind etwa die Aufnahmen von Gebäuden im Regierungsviertel von Berlin oder anderswo, die am Beginn von aktuellen Berichten stehen. Werden Personen in einer Totalen abgebildet, so sind diese relativ klein zu sehen. Die Totale informiert vor allem über deren Position im Raum.

Ein **Establishing Shot** ist eine Überblickseinstellung, die am Anfang einer Darstellung steht, um den Handlungsort vorzustellen. Üblich sind auch die Bezeichnungen **Establisher** oder, vor allem in der Werbebranche, **E-Shot**.

Abb. 1 Totale

- **Halbtotale**

Die Halbtotale ist bereits näher am Geschehen als die Totale, hier werden erstmals Personen als wichtige Elemente des Bildes wahrgenommen. Sie werden in der Halbtotale in ihrem **räumlichen Umfeld** gezeigt. Auch die Halbtotale hat meist noch einen einführenden Charakter (Abb. 2). Halbtotalen werden häufig bei Sportaufnahmen verwendet, weil sie eine gute Einschätzung der Bewegung von Sportlern erlauben. Der Zuschauer achtet auf die **Gestik** (Körpersprache) der abgebildeten Personen, die vollständig im Bild zu sehen sind.

Abb. 2 Halbtotale

- **Halbnahe**

Die Halbnahe konzentriert sich meist auf Personen. Die Umgebung, in der diese sich befinden, spielt keine entscheidende Rolle mehr. Die Gestik der Personen wird bei der Halbnahen noch mehr in den Vordergrund gerückt als in der Halbtotalen (Abb. 3).

Abb. 3 Halbnahe

Die Bezeichnungen **halbnah** und **amerikanisch** werden oft auch in genau umgekehrter Definition verwendet, mitunter werden sie auch synonym gebraucht.

- **Amerikanische**

Gemessen an den Proportionen des menschlichen Körpers geht die Amerikanische **vom Kopf bis zur Hüfte**. Der Begriff ist aus dem Bildklischee des amerikanischen Western entstanden, bei dem die Helden beim Duell standardmäßig bis zu ihrem Pistolengurt zu sehen waren. Die Amerikanische erlaubt es dem Zuschauer, sowohl die **Gestik** als auch die **Mimik** des Schauspielers gut und eindeutig zu erkennen (Abb. 1).

Abb. 1 Amerikanische

- **Nahaufnahme**

Die Nahe ist typischerweise eine **Brustbildaufnahme**. Sie schafft eine Konzentration auf die Mimik einer Person. Die gewöhnliche Nahe zeigt **sprechende Köpfe**, also Interviewpartner, Talkshowgäste, Darsteller im Dialog usw. Die Einstellungsgröße signalisiert, dass der Inhalt des Gesprochenen wichtig ist, die äußeren Umstände spielen hier keine große Rolle mehr (Abb. 2). Die Gestik der Personen tritt hinter deren Mimik zurück.

Abb. 2 Nahaufnahme

- **Großaufnahme**

Wenn der Kopf einer abgebildeten Person oben (an der Stirn) oder unten (am Kinn) angeschnitten ist und überlebensgroß im Bild erscheint, spricht man von einer Großaufnahme. Diese Einstellungsgröße sollte für außergewöhnlich wichtige Passagen in einem Text reserviert sein. Bei Gesprächen wird „im Augenblick der Wahrheit" oder bei anderen besonders **emotionalen Momenten** eine Großaufnahme eingesetzt. Sie signalisiert dem Zuschauer immer eine **besondere Wichtigkeit** und hat damit oft eine sehr **dramatische** Wirkung (Abb. 3). Großaufnahmen schaffen eine enge, fast intime Beziehung zwischen dem Zuschauer und der gezeigten Person. Dadurch wird eine Verbundenheit erzeugt, die der Zuschauer in der Wirklichkeit nur zu einer mit ihm sehr eng verbundenen Person hat.

Abb. 3 Groß

- **Detailaufnahme**

Detailaufnahmen signalisieren **besondere Momente**. Entscheidende Augenblicke oder Gesten werden durch Detailaufnahmen unterstrichen und hervorgehoben: ein Augenzucken, nervös auf den Tisch trommelnde Finger, ein entschlossener Blick (Abb. 1). Verbunden mit menschlichen Regungen allerdings sollte die Detailaufnahme sparsam eingesetzt werden, da sie einen enorm hohen **Signalcharakter** besitzt. Detaileinstellungen können anhand von Kleinigkeiten Situationen erläutern und verständlich machen, z. B. eine Aufnahme der Schrift beim Lesen oder Schreiben eines Briefes.

Abb. 1 Detailaufnahme

Weitere übliche Begriffe bei der Festlegung von Einstellungsgrößen sind:

- Die Bezeichnungen **Zweier-** oder **Dreier-Einstellung** beziehen sich auf die Anzahl der abgebildeten Personen. Die Zweier bezeichnet also zwei Personen die formatfüllend im Bild zu sehen sind (Einstellungsgröße entsprechend halbnah bis nah, Abb. 2 und 3). Selten spricht man auch von einer **Einer**. Die Begriffe „Fünfer", „Sechser", „Elfer" (für die Abbildung einer Fußballmannschaft) usw. sind allerdings nicht üblich.

Abb. 2 Zweier

Abb. 3 Dreier

- Bei vielen Produktionen, vor allem im Werbebereich, sind auch englischsprachige Begriffe zur Bezeichnung der Einstellungsgröße gebräuchlich. Hierbei wird allerdings in vereinfachender Weise meistens nur von **Long Shot** (gemeint ist die Totale oder Halbtotale), **Medium Shot** (Amerikanisch – Halbnah), **Close** (Nahe) und **Close-up** (Große) gesprochen. In der Praxis wird in Deutschland zwischen Close und Close-up nur selten genau unterschieden. Üblich ist Close für den gesamten Bereich von nah bis groß. Die Abkürzungen **LS** für Long Shot, **MS** für Medium Shot und **CU** für Close-up sind bei schriftlichen Planungsunterlagen wie Drehbüchern oder **Storyboards** sehr gebräuchlich.

Im **Storyboard** werden die einzelnen Einstellungen eines Drehbuchs wie in einem Comic gezeichnet. Es dient dazu, sich eine visuelle Vorstellung der geplanten Szene zu machen.
→ S. 209

2.2 Perspektive und Bildraum

Die Arbeit mit Perspektiven bildet eine der grundlegenden Ausdruckmöglichkeiten des Films. Das Medium Film ist dadurch gekennzeichnet, dass der Zuschauer seine Perspektive nicht selbst wählen kann. Er wird permanent in eine Wahrnehmungsrolle gedrängt, die ihm mal mehr, mal weniger bewusst wird.

Innerhalb von Sekunden kann die Kamera unterschiedliche Blickwinkel auf ein Geschehen einnehmen. Sowohl durch die Eigenbewegungen der Kamera als auch durch den Schnitt erlebt der Zuschauer das Geschehen auf der Leinwand oder auf dem Bildschirm immer **multiperspektivisch**. Fast immer wird eine Situation (Szene) von verschiedenen Standpunkten aus gesehen.

Der Kameramann kann den Abstand der Kamera vom Objekt verändern und damit die Einstellungsgröße beeinflussen. Gleichzeitig ist aber auch eine Änderung der Kameraposition auf der vertikalen Achse möglich. Die Sicht auf Objekte oder das Geschehen wird dadurch entscheidend verändert. Der Standpunkt, den die Kamera gegenüber dem Objekt einnimmt, wird als **Kameraperspektive** bezeichnet.

Die **Brennweite** bezeichnet (in Millimetern) die Entfernung zwischen der Linse und der Filmebene (bzw. Sensorebene) der Kamera.

Wird hingegen die perspektivische Wahrnehmung des abgebildeten Raums durch die Auswahl der Optik, d. h. die Wahl einer bestimmten Brennweite, beeinflusst, dann spricht man von einem Effekt durch Änderung der **Bildperspektive**.

→ S. 49 Bildperspektiven

! Die **Kameraperspektive** beschreibt den Standpunkt, den die Kamera auf der vertikalen Achse im Verhältnis zum aufgenommenen Objekt einnimmt. Die **Bildperspektive** beschreibt die räumlichen Verhältnisse im Bild, die durch die gewählte Optik beeinflusst werden.

2.2.1 Kameraperspektiven

Durch den Standpunkt, von dem aus die Kamera auf Personen oder Objekte blickt, wird die Bedeutung des Abgebildeten maßgeblich beeinflusst. Grob unterscheidet man bei den Kameraperspektiven (Abb. 1) zwischen:

- **Normalperspektive**
  auch: Normalsicht, c
- **Aufsicht**
  auch: Obersicht, a, b
- **Untersicht**
  d, e

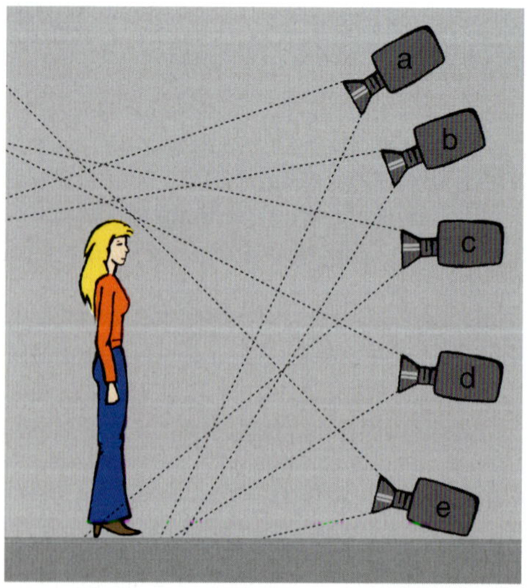

Abb. 1 Kameraperspektiven

Bei einem Fußballspiel kann durch Top Shots z. B. das Stellungsspiel deutlich gemacht werden. Die strategischen Aspekte des Spiels werden dadurch in den Vordergrund gerückt.

! **Top Shots** erzeugen einen schematischen Überblick von einer Situation.

Der Top Shot ist in jedem Fall eine eher ungewöhnliche und deshalb auffällige Kameraperspektive. Im Alltag werden Dinge oder Situationen selten aus einer solchen extremen Position wahrgenommen. Dementsprechend bleibt diese Perspektive auch in Film und Fernsehen eine Ausnahme.

Untersicht

Auch durch eine Kameraperspektive, die von unten auf ein Geschehen oder eine Person nach oben blickt, kann das Abgebildete wertend und verzerrt dargestellt werden. Wie bei der Aufsicht verschieben sich die Proportionen, das entstandene Bild kann einen verfremdenden Charakter haben. Der Grad der Verfremdung bzw. Verzerrung hängt auch hier stark vom Winkel der Perspektive ab. Eine **leichte Untersicht** (Abb. 1) wird oft gar nicht bewusst wahrgenommen. Eine **extreme Untersicht** ist hingegen auffällig und wird vom Zuschauer bewusst registriert (Abb. 2). Mit einer untersichtigen Darstellung assoziiert man häufig Macht, Stärke oder Arroganz.

Abb. 1 Leichte Untersicht

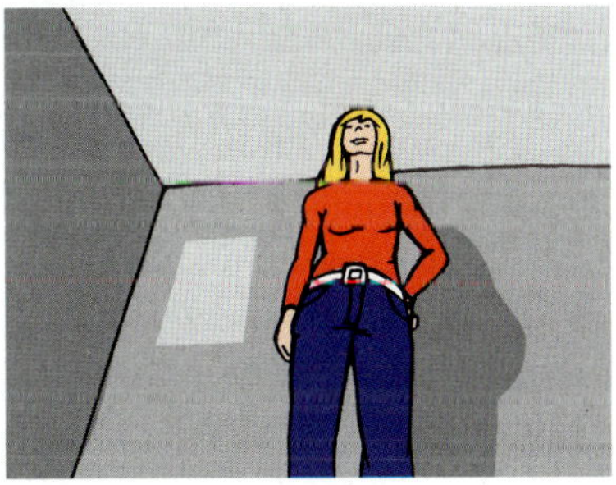

Abb. 2 Extreme Untersicht

Typischerweise werden in Musikvideos, vor allem im Hip-Hop- oder Rap-Bereich, die Interpreten aus einer extrem untersichtigen Perspektive aufgenommen. Die Songtexte, in denen es um soziale Probleme, Macht- und auch Imponiergehabe geht, finden in den Kameraperspektiven eine Entsprechung. Häufig wird das Bild durch weitwinklige Aufnahmen zusätzlich verzerrt. Wendet sich ein Sänger durch den Blick in eine untersichtig platzierte Kamera direkt an das Publikum, wirkt dies besonders arrogant: Nicht selten wird das Publikum auf diese Weise regelrecht „von oben herab“ beschimpft.

→ S. 49 Bildperspektiven

Eine ganz andere Wirkung der untersichtigen Kamera findet sich häufig bei Inszenierungen, in denen eine besondere Spannung erzeugt werden soll. Eine typische Thrillersituation: Die bedrohte Heldin läuft durch ein Haus, weil sie verdächtige Geräusche gehört hat. Während sie in der Dunkelheit von Raum zu Raum flüchtet, wird sie von einer untersichtigen Kamera aufgenommen. In dieser Szene wirkt die Protagonistin nicht besonders heldenhaft, sondern ängstlich oder hilflos. Der Kamerablick von unten erzeugt beim Zuschauer die Assoziation eines heimlichen **Beobachterblicks** auf ein potentielles Opfer. Die Kamera lauert gewissermaßen der Figur auf. Zudem erzeugt diese Untersicht eine eingeschränkte Wahrnehmung der räumlichen Situation. Dieser mangelnde Überblick kann bei Darstellungen, in denen Spannung aufgebaut werden soll, sehr effektiv sein.

! Extreme Kamerastandpunkte lenken die Aufmerksamkeit des Zuschauers auf seine Rolle als Beobachter.

→ S. 192 Clipmontage

Auch bei modischen oder effektbetonten Darstellungen können die alten Formeln „Untersicht = Macht, Größe, Dominanz“ und „Aufsicht = Ohnmacht, Opfer, Bedeutungslosigkeit“ nicht so einfach gelten. Das Spiel mit schnellen Perspektivwechseln und extremen Blickwinkeln wird häufig vor allem dazu eingesetzt, den Bildinhalt zu dynamisieren und für den Zuschauer interessant und rasant erscheinen zu lassen. Welche konkrete Wirkung eine Kameraperspektive erzeugt, hängt somit immer vom **Kontext** ab!

Gekippte Kamera

Abb. 1 Dutch Head

Dutch Head

Eine besondere Form der Perspektive ist die **gekippte Kameraposition**. Sie kann mithilfe eines **Dutch Head** realisiert werden, eines besonderen Stativkopfs, der sich horizontal kippen lässt (Abb. 1). Auch eine einfache Schräghaltung der Kamera führt zu gekippten Bildern, die allerdings weniger präzise realisiert werden können. Durch die schräge Lage der Kamera wird eine ungewohnte und auffällige Blickposition erreicht. Der Horizont bildet keine waagerechte Linie mehr im Bild, sondern ist als Diagonale zu sehen. Unabhängig davon, ob aus einer Normal-, Auf- oder Untersicht gefilmt wird, die gekippte Kamera signalisiert immer eine Besonderheit, sie dynamisiert den Bildinhalt besonders stark und muss deshalb fast immer als Effekteinstellung gelten. Dabei wirken die entstehenden Bilder umso stärker, je mehr klare vertikale oder horizontale Linien des Motivs gekippt werden. Man spricht dann auch von **verkanteten Bildern**.

Gekippte Kamera, engl. Dutch angle

Verkantete Bilder

! Bilder, die mit einer **gekippten Kameraposition** aufgenommen wurden signalisieren immer eine besondere Situation.

Als **Mindscreen** werden Bilder bezeichnet, die deutlich keine äußere Realität wiedergeben, sondern die subjektive Wahrnehmung einer Person oder Figur zeigen.

Die schräge Perspektive hat nicht selten die Funktion einer **Bewusstseinseinstellung (Mindscreen)**. Plötzlich wird einer Figur „der Boden unter den Füssen weggerissen“, die Welt „gerät aus den Fugen“. Das gekippte Bild vermittelt einen Schockzustand, eine plötzliche Erkenntnis oder eine hereinbrechende Katastrophe. Um dies zu signalisieren genügt häufig eine kurze, unbewegte Einstellung. Üblicherweise sind Aufnahmen mit gekippter Kamera auf wichtige Augenblicke der Handlung beschränkt, nur selten wird damit als durchgängiges Stilmittel gearbeitet.

Eine berühmte Ausnahme bildet der Film *Der dritte Mann* (Abb. 1). Um die Ungewissheit und Verwirrung in moralischer und politischer Hinsicht auszudrücken, die im Europa der Nachkriegszeit herrschen, wird hier häufig mit instabilen Bildkompositionen gearbeitet.

Abb. 1 Der dritte Mann

Der dritte Mann (The Third Man, Großbritannien 1949, Carol Reed)

2.2.2 Bildperspektiven

Die Art und Weise, wie die Kamera eine Situation sieht bzw. aufzeichnet ist neben ihrer räumlichen Positionierung auch durch die verwendeten Optik bestimmt. Die Wahl der **Brennweite** ist entscheidend mitverantwortlich für die Gestaltung des **Bildraums**. Die Staffelung des Bildraums in die Tiefe und die Arbeit mit verschiedenen **Bildebenen** (Vorder-, Mittel- und Hintergrund) sind hierbei wichtige Aspekte.

Als **Bildraum** bezeichnet man den im Bild tatsächlich zu sehenden Raum in seiner horizontalen und vertikalen Ausdehnung sowie in seiner Tiefe (x-, y- und z-Achse).

Brennweite

Die **Brennweite** ist die Bezeichnung für die Entfernung zwischen dem Mittelpunkt der Linse und dem Brennpunkt. Sie bezeichnet also die Entfernung, die das Licht im Objektiv zurücklegt. Sie wird in Millimetern angegeben. Bei einem Objektiv mit einer kurzen (oder kleinen) Brennweite ist der Abstand zwischen dem Linsenmittelpunkt und dem Brennpunkt gering. Entsprechend groß ist er bei einem Objektiv mit langer (großer) Brennweite. Für das entstehende Bild ist die Brennweite von entscheidender Bedeutung, denn folgende Faktoren werden dadurch bestimmt.

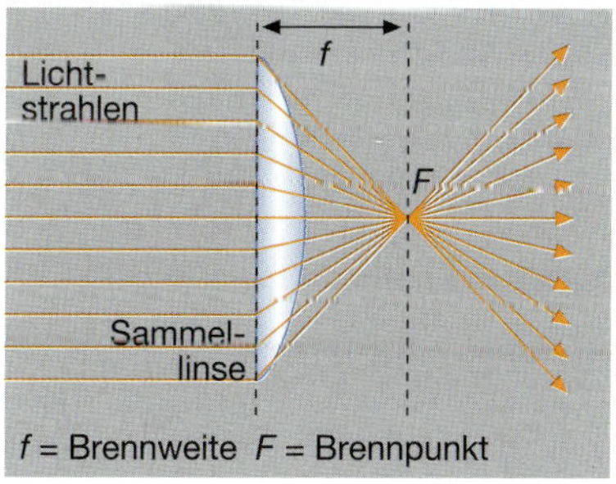

Abb. 2 Strahlengang durch eine Sammellinse

- Einstellungsgröße,
- Bildwinkel,
- Schärfentiefe.

Zwischen **Brennweite** und **Einstellungsgröße** existiert eine proportionale Beziehung. Bei gleichbleibendem Abstand von der Kamera ist eine abgebildete Person oder ein Gegenstand im Bild umso kleiner, je kürzer die Brennweite ist und umgekehrt. Gleichzeitig zeigt das Bild mit der kurzen Brennweite eine größere Ansicht des Raumes, der aufgenommen wird, sowohl in der Breite als auch in der Höhe.

Mit dem Einsatz unterschiedlicher Brennweiten können die räumlichen Verhältnisse im Bild erheblich beeinflusst werden. Durch die Veränderung der Brennweite ergeben sich nämlich unterschiedliche **Bildwinkel**.

Ein als „normal" empfundener Bildwinkel liegt bei etwa 45 bis 50° und erzeugt Bilder, die dem menschlichen Sehen nahe kommen.

Objektive mit extrem kleiner Brennweite heißen **Weitwinkel-Objektive** (über 55°). Solche mit sehr großer Brennweite sind **Tele-Objektive** (kleiner als 40°). Das genaue Verhältnis von Brennweite und Bildwinkel ist vom Kameratyp abhängig.

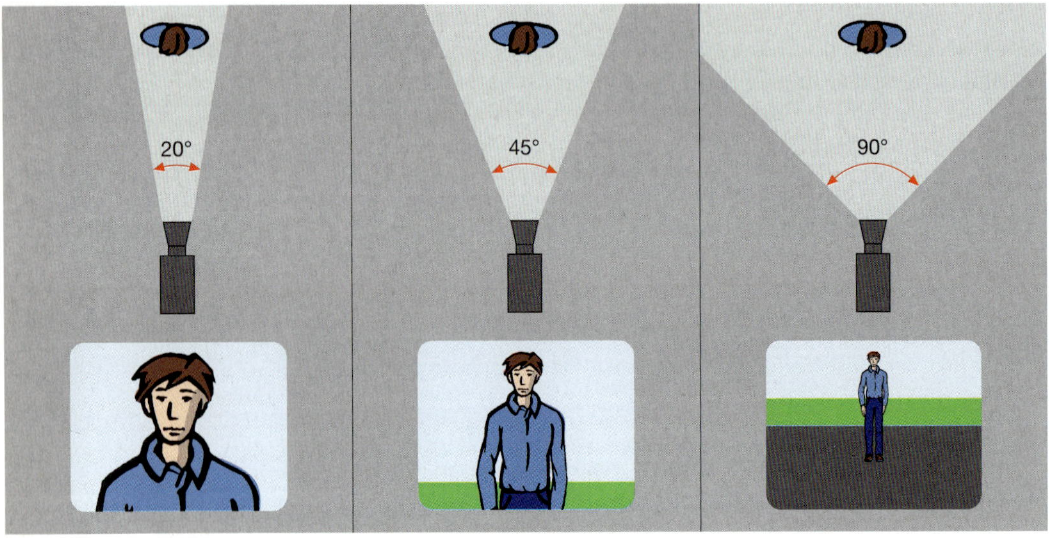

Abb. 1 Aufnahme mit Teleoptik **Abb. 2 Aufnahme mit Normaloptik** **Abb. 3 Aufnahme mit Weitwinkel**

Die unterschiedlichen Qualitäten von extremen Brennweiten können in ganz verschiedenen Bereichen genutzt werden: So verwenden Überwachungskameras, z. B. in Parkhäusern oder auf öffentlichen Plätzen, einen weiten Bildwinkel, weil möglichst viel Raum mit einer Kamera abgedeckt werden soll. Mit einer Tele-Optik dagegen wird nur ein kleiner Bildwinkel erfasst, es können aber weit entfernte Personen oder Gegenstände groß abgebildet werden („Fernglas-Funktion").

In der Bildgestaltung kommen verschiedene Brennweiten sowohl aus praktischen Erwägungen als auch aus kreativen und ästhetischen Gründen zum Einsatz: Filmt man eine szenische Situation mit einer eher kurzen Brennweite, so erhält man dadurch einen entsprechend weiten Bildwinkel. Die entstehende Einstellung wirkt eher distanziert und aus der Position eines entfernten, neutralen Beobachters dargestellt.

Umgekehrt können Szenen, die mit einem engen Bildwinkel gestaltet sind, intim und sehr konzentriert wirken. Die Aufmerksamkeit des Zuschauers wird hier nicht so zersplittert wie bei raumgreifenden Weitwinkelaufnahmen. Es besteht allerdings eine hohe Verwacklungsgefahr: Da eine Großeinstellung mit Tele-Objektiv eine Ausschnittsvergrößerung darstellt, wird auch jede Erschütterung, der die Kamera ausgesetzt ist, in der entstehenden Aufnahme vergrößert. Man spricht in diesem Zusammenhang auch von einer **optischen Hebelwirkung**. Selbst eine leichte Vibration, der eine Stativkamera bei einer Pressekonferenz ausgesetzt ist, kann bei einer entsprechend langen Brennweite eine enorme Erschütterung im Bild zur Folge haben. Es ist klar, dass bei einer von Hand geführten Kamera die Verwacklungsgefahr im Telebereich umso größer ist!

Optische Hebelwirkung

Bei Aufnahmen im Tele-Bereich besteht eine große **Verwacklungsgefahr**. Aufnahmen mit Weitwinkel-Optik sind gegen Verwacklungen unempfindlicher.

Wählt man bei gleichem Aufnahmeabstand unterschiedliche Brennweiten, so ändern sich Bildwinkel und Einstellungsgrößen im Bild. Die Tele-Aufnahme entspricht einer Ausschnittsvergrößerung der Weitwinkel-Aufnahme (Abb. 1). Variiert man den Aufnahmeabstand, möchte aber die Einstellungsgröße (z. B. einer Person vor einer Stadtkulisse) beibehalten, so ändert sich mit den Brennweiten neben dem Bildwinkel auch das perspektivische Verhältnis zwischen Vorder- und Hintergrund (Abb. 2).

→ S.62 Zoom

Abb. 1 a) – c) Ausschnittvergrößerung durch Veränderung der Brennweite

Abb. 2 a) – c) Gleiche Einstellungsgröße mit unterschiedlichen Brennweiten

Schärfentiefe

Mit **Schärfentiefe** bezeichnet man den Bereich im Bild, bei dem die abgebildeten Personen und Gegenstände scharf abgebildet sind Die Schärfentiefe wird durch die Brennweite, die Entfernung zwischen der Kamera und dem aufgenommenen Objekt sowie durch die Blende bestimmt. Je kürzer die Brennweite ist, desto größer ist die Schärfentiefe. Mit dem Teleobjektiv aufgenommene Bilder weisen entsprechend eine geringe Schärfentiefe auf.

Weitwinkel bedeutet:
Kurze Brennweite → großer Bildwinkel → große Schärfentiefe
Tele-Optik bedeutet:
Lange Brennweite → kleiner Bildwinkel → geringe Schärfentiefe

In der Optik bezeichnet man mit **Blende** eine regulierbare Öffnung im Objektiv der Kamera, mit der Bildhelligkeit und Schärfentiefe gesteuert werden können. Im Schnitt bezeichnet der Begriff Blende unterschiedliche Möglichkeiten, Einstellungs- oder Szenenübergänge zu gestalten.(→ Kapitel 6.3)

Die Schärfentiefe ist ebenfalls von der Entfernung zwischen der Kamera und dem Aufnahmeobjekt abhängig. Der Schärfebereich verringert sich, wenn sich die Entfernung des Aufnahmeobjekts zum Objektiv verringert.

Auch die **Blende**, die regelt, welche Lichtmenge ins Objektiv gelangt, beeinflusst die Schärfentiefe. Hier gelten folgende Relationen: Je besser die **Lichtverhältnisse** sind, desto kleiner kann die Blende gewählt werden (desto größer ist die Blendenzahl). Je kleiner die Blende ist, desto größer ist die Schärfentiefe. Umgekehrt gilt entsprechend: je weiter die Blende geöffnet ist (entspricht einer kleinen Blendenzahl), desto geringer ist die Schärfentiefe.

Die Schärfefahrt

Ein Schärfewechsel innerhalb eines Bildmotivs wird durch eine **Schärfefahrt** realisiert. Wenn sich z. B. verschiedene Personen und Objekte im gleichen Bildausschnitt befinden, aber in unterschiedlichem Abstand zur Kamera positioniert sind, muss man sich entscheiden, worauf die Schärfe gelegt werden soll. In der Regel kann man die Schärfe nicht auf alle Objekte gleichzeitig legen. Durch die Entscheidung, auf welche Person oder auf welches Objekt die Schärfe gerichtet wird, kann man die Aufmerksamkeit des Zuschauers erheblich beeinflussen. Der Zuschauer wird immer die scharfen Partien im Bild als die Wichtigen ansehen. Somit ist die Schärfeverteilung im Bild ein wichtiges Mittel, um die Aufmerksamkeit zu lenken.

Schärfeverlagerung

Durch die Veränderung des Schärfebereiches innerhalb einer Einstellung, kann das Blickzentrum vom Vorder- zum Hintergrund des Bildes verschoben werden oder umgekehrt. Die **Schärfeverlagerung** kann die Wahrnehmung des Bildraums deutlich verändern und dem Betrachter innerhalb nur einer Einstellung neue Aspekte eröffnen. Ein extremes Beispiel für eine Schärfeverlagerung findet sich in dem Film *Tokyo Olympiad*: Die Kamera vollzieht den Blick eines Schützen nach, indem die Schärfe zwischen seinem Ziel und dem Visier gezogen wird (Abb. 1).

Tokyo Olympiad (Japan 1965, Kon Ichikawa)

Abb. 1 a), b) Schärfeverlagerung in *Tokyo Olympiad*

Bei einer Schärfeverlagerung vom Vordergrund zum Hintergrund sollte mit einer großen Blende und einer längeren Brennweite gearbeitet werden. Vorder- und Hintergrundmotiv sollten möglichst weit voneinander entfernt liegen, damit immer nur eine Ebene deutlich scharf gestellt werden kann.

2.2.3 Kadrierung

Bei der Arbeit mit der Kamera spricht man von **Kadrierung**, wenn die Positionierung der Objekte und Personen innerhalb des **Bildrahmens** für die Abbildung festlegt werden. Ein Ziel der Kadrierung besteht immer darin, einen definierten Bildraum zu schaffen. Hauptbildgegenstände sollten deshalb klar voneinander abgegrenzt werden. Den wichtigen Objekten sollte ein entsprechend großer Raum im Bildrahmen zugestanden werden. Für die Bildbegrenzung gilt: Keinerlei Gegenstände oder Personen sollten abgeschnitten werden. Erkennbare Objekte sollten immer vollständig zu sehen sein.

Unabhängig vom Inhalt oder vom Aufwand der Dreharbeiten gelten für die Kadrierung einige Grundregeln. Am Beispiel einer typischen Intervieweinstellung in einem EB-Beitrag können die **wichtigsten Gestaltungsgrundsätze** verdeutlicht werden:

Abb. 1 a) – d) Korrekte und falsche Kadrierungen

- Der Interviewpartner sollte, angelehnt an den goldenen Schnitt, nicht einfach mittig ins Bild gestellt werden, sondern eher im rechten oder linken Drittel des Bildes platziert werden. Durch diese Positionierung erhält die Person hinreichend Freiraum im Bild (Abb. 1 a).
- Die typische Einstellungsgröße für Interviewsituationen ist eine Nahaufnahme (Close).
- Der Interviewpartner sollte leicht seitlich zur Kamera platziert werden, so dass er seinen Kopf leicht zur Kamera drehen muss. Dadurch ergibt sich eine dynamischere Körperhaltung als bei frontaler Stellung zur Kamera.
- Der Kopf sollte weder zu tief (Abb. 1 b) noch zu hoch (Abb. 1 c) im Bild positioniert sein. Eine ausgeglichene Kadrierung lässt dem Sprecher etwas **Kopfraum** (headroom) nach oben (Abb. 1 d).
- Die Kamera befindet sich in Augenhöhe.
- Der Interviewer (Reporter, Fragesteller) ist seitlich von der Kamera (im Off) positioniert und bietet damit dem Interviewpartner den Fixpunkt, wohin er schauen soll.
- Der Hintergrund der Interviewsituation sollte typisch für die Umgebung des Befragten sein und so seine Funktion auch bildlich unterstreichen: der Wirt in seiner Gaststätte, die Geschäftsfrau in ihrem Büro, der Arzt in einem seiner Behandlungsräume, die Professorin vor einem Regal mit Fachbüchern usw.
- Abgebildete Objekte sollten deutlich voneinander abgesetzt werden: Farbkontraste und Helligkeitskontraste machen die Einstellung interessanter.
- Größenverhältnisse innerhalb des Bildes sollten nie zweideutig sein. Die räumliche Tiefe sollte bewusst (z. B. durch Schärfenunterschiede) gestaltet sein.

- Vertikale oder horizontale grafische Linien im Bild, die sich am Bildrand befinden, sollten gerade verlaufen und die Bildbegrenzung nicht schneiden.
- Ablenkungen im Bild sind zu vermeiden: Zwar soll die Umgebung eindeutig und typisch sein, alles was von dem Interviewpartner und seinen Aussagen ablenkt, schwächt allerdings die Wirkung der Einstellung innerhalb des geplanten Beitrags erheblich.
  Besonders störend für ein konzentriertes Bild sind deutlich lesbare Schriften (Bücherregale mit entsprechender Unschärfe ins Bild bringen!). Auch alle Arten von Bewegung im Bild, vor allem wenn sie einen konkreten Vorgang betreffen (wenn z. B. eine Politesse auf der Straße interviewt wird und im Hintergrund ist ein Einparkmanöver zu beobachten) lenken den Zuschauer unnötig ab. Spielende Kinder oder auch Tiere sind typische Blickfänge, die die Aufmerksamkeit fast aller Zuschauer auf sich lenken. Deshalb sollte man sowohl auf Kinderspielplätze als Hintergrundmotive als auch auf Papageienkäfige, Aquarien oder Ähnliches verzichten. Solche Motive wirken dem eigentlich angestrebten Informationsgehalt fast immer entgegen.

Bauchbinde ist ein branchenüblicher Ausdruck für die Schrifteinblendung am unteren Rand des Bildes, in der üblicherweise Name und Funktion des Sprechenden mitgeteilt werden. Wenn die Bauchbinde eingeblendet wird, spricht man auch davon, dass die gezeigte Person **getauft** wird.

Wenn klar ist, für welche Sendung der Beitrag gedreht wird, sollte man bedenken, dass bei der Ausstrahlung üblicherweise eine **Bauchbinde** mit dem Namen und der Funktion des Interviewten eingeblendet wird und dass am oberen linken oder rechten Bildrand das Senderlogo erscheinen wird. An diesen Bildstellen sollte das Bild möglichst neutral sein. Starke Kontraste oder optische Unruhe (Bewegung, z. B. auch eine stark spiegelnde Wasseroberfläche o. ä.) an der Bauchbinden-Linie verhindern eine gute Lesbarkeit.

Feste Einstellungen

Für alle unbewegten Einstellungen gilt: Es sollte vom **Stativ** gedreht werden! Gerade bei EB-Drehs kommt es häufig vor, dass auf die Mitnahme oder den Gebrauch eines Stativs aus Gründen der Bequemlichkeit oder der angeblichen Zeitersparnis verzichtet wird. Zwar arbeitet man nicht immer in Situationen, die den Gebrauch eines Stativs erlauben. Wenn es die Umstände aber zulassen, dann sollten Aufnahmen ohne Kamerabewegungen (sogenannte **feste Einstellungen**) mit Hilfe eines Stativs realisiert werden. Damit sind präzisere Bilder möglich, die keine unnötigen Wackler oder Schwankungen aufweisen.

> ! Feste Einstellungen sollten vom Stativ gedreht werden. Dadurch ist eine präzise Kadrierung am besten möglich.

2.3 Bewegung im Film

Frame: Einzelbild

Durch die Wiedergabe von 24 Frames einer Bewegungsphase pro Sekunde entsteht für den Zuschauer eines Films der Eindruck von Bewegung. Im Videobereich wird mit einer Frequenz von 25 Bildern in der Sekunde gearbeitet.

Dieser Bewegungseindruck, der bereits ab einer Bildfrequenz von 16 f/sec ruckelfrei erscheint, wird mit zwei grundsätzlichen Phänomen des menschlichen Wahrnehmungsapparates erklärt, mit dem Phi-Phänomen und dem Nachbild-Effekt.

2.3.1 Phi-Phänomen

Der Begriff **Phi-Phänomen** stammt aus der experimentellen **Gestaltpsychologie**, als deren Begründer Max Wertheimer (1880-1943) gilt. In seinen Untersuchungen zum Sehen und Wahrnehmen von Bewegungen beschreibt er Reize, die, wenn sie in schneller Folge hintereinander dargeboten werden, als Bewegung erscheinen (Scheinbewegungen). Ist das Zeitintervall sehr kurz, werden die Reize als simultan auftauchend erlebt. Ist es zu lang, entsteht der Eindruck der getrennten Einzelphänomene.

! Das **Phi-Phänomen** ist eine Bewegungstäuschung: Das menschliche Gehirn interpretiert aufeinander folgende, ähnlich arrangierte Situationen oder Bilder als Bewegung.

Beispiele für **Bewegungstäuschungen** sind:

- In einem abgedunkelten Raum leuchten zwei fixierte, in nicht zu großem Abstand angebrachte Punkte abwechselnd auf. Der Beobachter gewinnt den Eindruck, dass ein aufleuchtender Punkt hin und her springt.
- Auf Jahrmärkten und in Festbeleuchtungen finden sich große Flächen von Glühbirnen, auf denen Figuren oder Objekte „hin- und herspringen". Natürlich bewegen sie sich nicht wirklich, sondern es handelt sich um hintereinander ablaufende Kombinationen von aktivierten und unterbrochenen Schaltkreisen. Trotzdem hat der Betrachter den Eindruck von bewegten Bildern.
- Prinzip Daumenkino: Auch hier handelt es sich um den Eindruck von bewegten Bildern. Man weiß zwar, dass es sich um nacheinander erscheinende Einzelbilder handelt, dennoch wirkt deren Abfolge als Bewegung.

Das Prinzip des Daumenkinos macht sich der **Animationsfilm** zu Nutze. Aus Einzelbildern, die jeweils eine Bewegungsphase zeigen, wird durch eine schnelle Abfolge ein Bewegungseindruck erzeugt. Beim Realfilm ist es genau umgekehrt: Eine Bewegung wird durch die Aufnahme in Einzelbilder zerlegt.

2.3.2 Nachbild-Effekt

Neben dem Phi-Phänomen, das eine vom Gehirn erzeugte, also geistige Tätigkeit bezeichnet, ist der **Nachbild-Effekt** (engl. **persistence of vision**) ein Prinzip für die Entstehung der Bewegungsvortäuschung beim Film.

Hierbei handelt es sich um ein eher physisches Phänomen. Ein Bild bleibt auf der Netzhaut des Auges um eine kurze Zeit länger eingebrannt, als es tatsächlich vorhanden ist. Aufeinander folgende Bilder werden so miteinander zu einer Einheit bzw. zu einer Bewegung verschmolzen, obwohl sie beim Film durch eine kurze Unterbrechung voneinander getrennt sind.

! Beim **Nachbild-Effekt** bleibt aufgrund der Trägheit des Auges ein Bild länger auf der Netzhaut abgebildet, als es in der Realität vorhanden ist. Es verschmilzt mit dem nächsten Bild.

Werden dem Auge mehr als 16 Einzelbilder pro Sekunde angeboten, so verschmelzen sie zu einem flüssigen Bewegungseindruck. Erst durch diese Bewegungstäuschung sind somit Film und Fernsehen möglich. Generell gilt: Je höher die **Framerate** gewählt wird, um so flüssiger wirken die Bewegungen. Weniger als 16 Frames pro Sekunde erzeugen bei der Wieder-

Die **Framerate** (auch: **Bildwiederholungsrate**) gibt an, wie viele Einzelbilder pro Sekunde gezeigt werden.

gabe auf Video einen Ruckeleffekt; bei der Filmprojektion äußert sich eine zu geringe Framerate im Flackern des projizierten Bildes.

Bewegungen im Film entstehen einerseits dadurch, dass sich die handelnden Personen oder die aufgenommenen Objekte bewegen. Andererseits kann auch die Kamera ihre Position während der Aufnahme verändern. Bei der Beschreibung einer Einstellung bezeichnet man diese Bewegungsvarianten als Bewegungen 1. und 2. Art.

2.3.3 Bewegungen 1. Art

Unter **Bewegungen 1. Art** sind alle Bewegungen vor der Kamera zu verstehen, also Objekt- und Personenbewegungen im Filmbild.

In den Anfangsjahren des Films genügte die Bewegung vor der Kamera als Attraktion, um das Publikum zu fesseln. Die ersten, knapp einminütigen Filme der **Gebrüder Lumière** (ab 1895) beispielsweise zeigten mit unbewegter Kamera Einstellungen vom Meer, Straßenszenen oder die Einfahrt eines Zuges in den Bahnhof (Abb. 1). Die Faszination an der bewegten Fotografie begründete das Interesse am Film.

Neben solchen dokumentarischen Aufnahmen wurden seit dem Anfang der Filmgeschichte ebenso Filme mit einer szenischen Spielhandlung gedreht. Auch diese Filme, die oft berühmte Szenen aus Theaterstücken nachstellten (als „lebende Bilder"), waren von kurzer Laufzeit und wurden mit unbewegter Kamera in einer Einstellung aufgenommen.

Abb. 1 a) – c) Die Einfahrt des Zuges

Die Einfahrt des Zuges (L'arrivé d'un train en gare, Frankreich 1895, Auguste und Louis Lumière)

! **Bewegungen 1. Art** sind Objekt- oder Personenbewegungen im Bild.

2.4 Kamerabewegungen

Bewegungen 2. Art sind alle Bewegungen im Film, die durch die Arbeit mit der Kamera entstehen. Filmbilder sind in vielen Fällen Kombinationen von Bewegungen 1. und 2. Art. Einerseits bewegen sich die abgebildeten Personen oder Objekte, andererseits wird die Position der Kamera bei der Aufnahme verändert. Daraus ergeben sich schnell komplexere Beziehungen zwischen den aufgenommenen Situationen und der Art und Weise, wie diese Bewegungen durch die Kamera vermittelt werden. Durch jede Kombination von Objekt- und Kamerabewegung wird eine andere Bildwirkung erzeugt und damit auch die jeweilige Bedeutung der Bildaussage für den Zuschauer verändert.

Abbildung 1 zeigt die unterschiedlichen Kombinationsmöglichkeiten der Bewegungen auf der Horizontalachse.

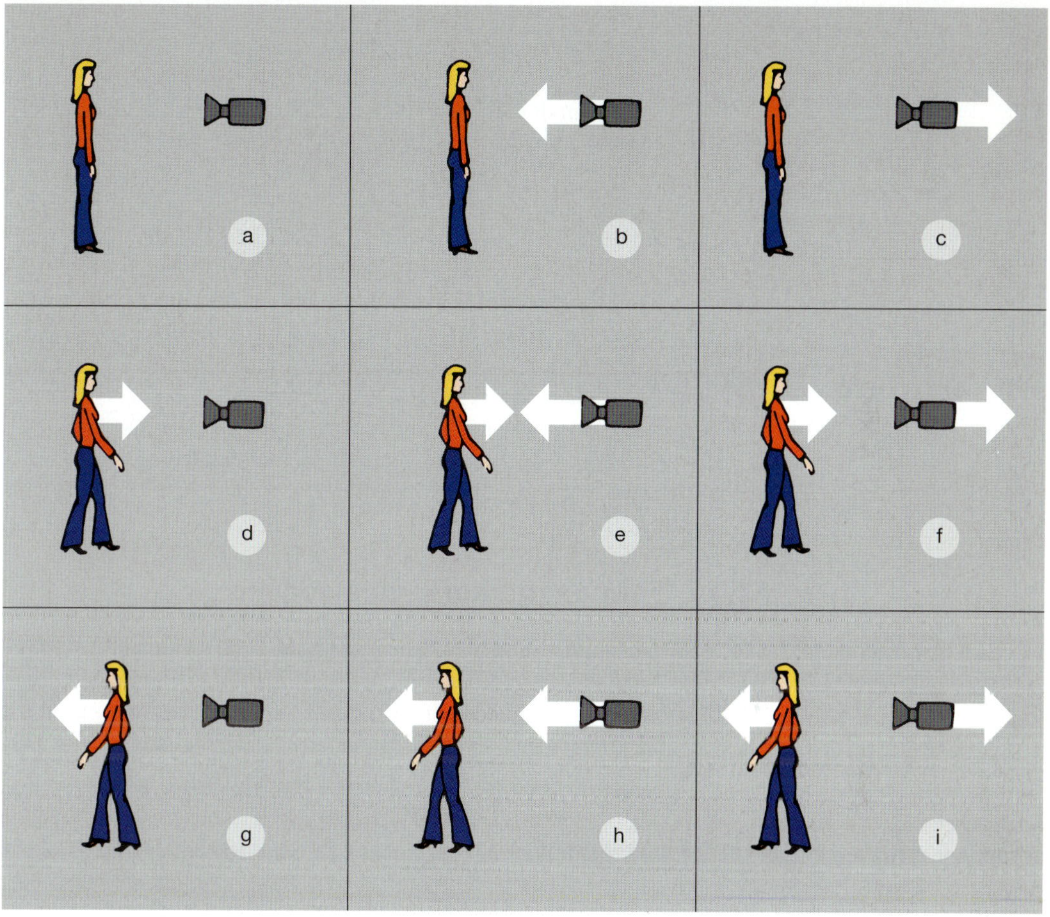

Abb. 1 Beispiele für mögliche kombinierte Bewegungen 1. und 2. Art

Um diese Wirkungsweisen zwischen Bewegungen 1. und 2. Art genauer zu verstehen und gezielt anwenden zu können, müssen zunächst die typischen Formen der Kamerabewegung definiert werden. **Kamerabewegungen** können nach verschiedenen Gesichtspunkten beschrieben werden: nach der Motivation, Form und Stil der Kamerabewegung.

2.4.1 Motivation der Kamerabewegung

Jede Kamerabewegung sollte einen Grund haben. Dem Zuschauer sollte klar sein, warum sich die Kamera bewegt. In welchem Verhältnis steht sie zu den aufgenommenen Situationen? Wenn sie die Objekte oder Personen verfolgt, die sich selbst in Bewegung befinden, so handelt es sich um eine **motivierte Kamerabewegung**. Die Kamera dient der möglichst genauen Wiedergabe eines Sachverhalts der, so „neutral" wie möglich, beobachtet wird. Dieser Aufgabe folgt die Kameraarbeit gewöhnlich bei Nachrichtenfilmen und den meisten dokumentarischen Programmen.

Motivierte Kamerabewegung

Eigenständige Kamerabewegung

Ganz anders ist die **eigenständige Kameraarbeit** in Ihrer Motivation einzuschätzen. Bewegt sich der Blick der Kamera durch den Raum einer szenischen Situation ohne sich von den Ereignissen (üblicherweise Bewegungen 1. Art, Blicke oder Gesten) direkt leiten zu lassen, so übernimmt sie eine selbstständige Rolle: Sie führt den Zuschauer als eine Art „**Erzähler**“ durch ein Geschehen und setzt durch ihre Arbeit eigene Schwerpunkte. Ein einfaches Beispiel: Durch die konstante Bewegung auf einen Gegenstand hin, wird dieser dem Publikum als wichtig und besonders vorgestellt. Man stelle sich einen belebten Konferenzraum vor, den die Kamera zu Beginn einer Szene in der Totalen einfängt. Nähert sie sich nun allmählich einer Ledertasche, die auf dem Tisch liegt, so wird dem Zuschauer klar signalisiert: Diese Tasche spielt eine besondere Rolle, sie wird für den weiteren Verlauf des Geschehens wichtig werden. Eigenständige Bewegungen der Kamera finden sich häufiger in fiktionalen Formaten als im nicht-fiktionalen Bereich.

! **Motivierte Kamerabewegungen** folgen Impulsen im Bildinhalt wie Bewegungen, Blicken oder Gesten. Sie versuchen stets, das Geschehen im Bild optimal wiederzugeben. **Eigenständige Kamerabewegungen** setzen durch ihre Bewegung selbst Schwerpunkte und leiten so die Aufmerksamkeit des Zuschauers.

2.4.2 Formen der Kamerabewegung

Die Möglichkeiten der Kamerabewegung haben seit Beginn der Filmgeschichte erheblich zugenommen. Dennoch lassen sich zunächst zwei Grundformen unterscheiden, die, in vielen Varianten, immer wieder zu finden sind und die sich somit als praktikabel erwiesen haben. Dies sind die Formen des **Kameraschwenks** und der **Kamerafahrt**.

Der Kameraschwenk

Schwenk

Wenn sich die Kamera an einem festen Standpunkt befindet und von dort aus Bewegungen um ihre eigene Achse ausführt, so entspricht dies üblicherweise der Position eines (neutralen) Beobachters des Geschehens. Die Kamera „schaut sich um“ und registriert ihre Umgebung. Derartige Bewegungen werden **Schwenk** genannt. Ausgehend von der Motivation der Kamerabewegung wird folgende Unterscheidung bei Schwenks getroffen:

Geleitender Schwenk, auch: Verfolgender Schwenk

Beschreibender Schwenk, auch: Eigenständiger Schwenk

- **Geleitende** oder **verfolgende Schwenks** werden durch Bewegung 1. Art motiviert.
- Mit **beschreibenden** (oder **eigenständigen**) **Schwenks** setzten der Kameramann oder der Regisseur selbst Schwerpunkte durch die Bewegung der Kamera.

Folgende Bewegungen der Kamera um ihre eigene Achse werden unterschieden:

- Horizontalschwenk,
- Vertikalschwenk (Neigen der Kamera),
- Rollen der Kamera.

Die häufigste Schwenkbewegung ist die Bewegung der Kamera um ihre Horizontalachse, der **Horizontalschwenk**. Der Schwenk kann mit Hilfe eines Schwenkstativs oder auch als Handkamera-Bewegung realisiert werden. Am Anfang und Ende eines Schwenks steht üblicherweise ein statisches Bild.

Horizontalschwenk: engl. pan

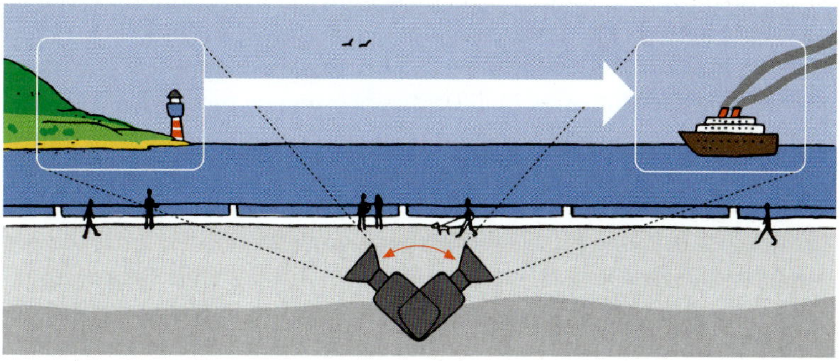

Abb. 1 Horizontalschwenk

Die Bewegung zwischen Ausgangs- und Endbild kann mit unterschiedlichen Geschwindigkeiten realisiert werden. Ein langsamer Horizontalschwenk, etwa ein **Panoramaschwenk** über eine Landschaft, hat häufig einleitenden Charakter, der beispielsweise zu Beginn eines Films räumlichen Überblick bietet (als Establishing Shot). Schnelle Schwenks dagegen können dem Zuschauer einen plötzlichen Handlungsumschwung signalisieren. Die Aufmerksamkeit wird von einem Handlungselement zum anderen verlagert. Im Extremfall kann bei hoher Geschwindigkeit der Kamerabewegung ein **Reißschwenk** entstehen, bei dem nur noch Anfangs- und Endposition als deutliches Bild zu erkennen sind, alles andere ist nur verschwommen zu sehen. Reißschwenks werden oft dazu genutzt, um während der Unschärfephase in eine andere Szene zu schneiden und dort die Bewegung zu beenden.

Ein **Panoramaschwenk** ist ein langsamer Schwenk über eine Landschaft.

Ein **Reißschwenk** (seltener auch **Wischer** genannt) ist ein schneller Schwenk.

Wird die Kamera auf der vertikalen Achse geschwenkt, spricht man von der **Neigung** der Kamera, je nach Bewegungsrichtung auch von **Aufwärts-** oder **Abwärtsschwenk**. Durch diese Bewegung werden häufig Größenverhältnisse beschrieben. Dadurch dass die Kamera von oben nach unten eine Person, ein Gebäude oder einen Gegenstand abschwenkt, werden zugleich unterschiedliche Perspektiven in der Einstellung gezeigt. Ein typischer Vertikalschwenk ist der Blick des Kameramannes entlang eines großen Gebäudes hoch bis zum Dach. Die Höhe des Gebäudes wird betont, der Blick aus der Augenhöhe eines Menschen nach oben lässt die Dimensionen deutlich werden (Abb. 2).

Neigen: engl. tilt

Abb. 2 Vertikalschwenk (Neigung)

Horizontal- und Vertikalschwenks haben meist beobachtende und beschreibende Funktionen.

Rollen: engl. roll

Eine Sonderform der Bewegungen ist das **Rollen der Kamera**. Diese Drehung um die innere Achse der Kamera kommt äußerst selten vor und findet fast ausschließlich als Effekteinstellung Verwendung. Beim Rollen verändert sich nicht der Bildinhalt (wie etwa beim Panoramaschwenk), sondern nur die Lage der Motive im Bild. Da diese Bewegung menschlichen Seherfahrungen nicht entspricht, lenkt eine rollende Kamerabewegung immer die Aufmerksamkeit stark auf sich selbst und damit vom Inhalt ab.

Carlito's Way (USA 1993, Brian de Palma)

Ein Beispiel für eine effektvolle Rollbewegung findet sich am Ende des Films *Carlito's Way*. Der sterbende Protagonist wird auf einer Bahre weggetragen. Zunächst sieht man aus seiner Sicht, was um ihn herum geschieht. Die Kamera beginnt dann eine Rollbewegung, bis schließlich das Bild auf dem Kopf steht (Abb. 1). Mit einer Neigung der Kamera auf den Sterbenden endet die Bewegung. In diesem Fall wird die auffällige Kamerabewegung dazu genutzt, das Sterben des Protagonisten zu suggerieren: Seine Seele verlässt den Körper und er kann sich selbst sehen.

Abb. 1 a) – c) Rollbewegung in *Carlito's Way*

Kamerafahrt

Wenn die Kamera während einer Einstellung ihren Ausgangspunkt verlässt und sich durch den Raum bewegt, dann spricht man von einer **Kamerafahrt**. Hierbei ist die Bewegungsrichtung der Kamera für das entstehende Bild entscheidend. Kamerafahrten schaffen stets ein hohes Maß an Raumillusion.

Jede Bewegung der Kamera durch den Raum wird als **Kamerafahrt** bezeichnet.

Es gibt potentiell unendlich viele Bewegungsmöglichkeiten der Kamera. Die grundlegenden und am häufigsten eingesetzten Formen sind:

Vorwärtsfahrt der Kamera: vom Allgemeinen zum Besonderen

- Die **Vorwärtsfahrt** (auch Ranfahrt, Zu- oder Hinfahrt): Durch die Bewegung auf ein Objekt oder eine Person zu verengt sich der filmische Raum. Gleichzeitig nimmt das Objekt mehr und mehr Raum ein. Man spricht davon, dass die Einstellungsgröße **verdichtet** wird, sich etwa von einer Halbtotalen zu einer Nahen verändert. Der Zuschauer wird von einer allgemeinen Beschreibung (z. B. ein Raum in einer Totalen) immer mehr auf eine Person, einen Gegenstand oder eine Situation hingeführt. Die Aufmerksamkeit wird somit gezielt gelenkt. Vorwärtsbewegungen haben häufig einführenden und erzählenden Charakter, indem sie vom Allgemeinen zum Besonderen führen (Abb. 1).

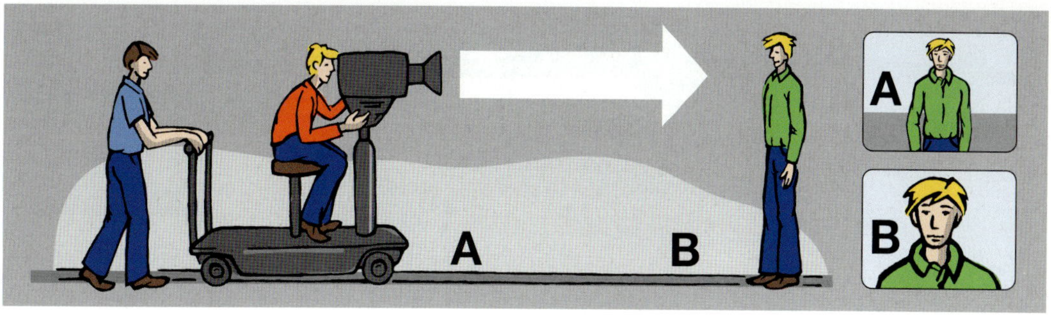

Abb. 1 Vorwärtsfahrt

Rückwärtsfahrt der Kamera: vom Besonderen zum Allgemeinen

- Bei der **Rückfahrt** (oder Rückwärtsfahrt) gilt die umgekehrte Beobachtung. Der filmische Raum wird geöffnet und der Zuschauer sieht nach und nach das Umfeld einer anfänglichen Großaufnahme, die dadurch in ihren Gesamtzusammenhang gesetzt wird. Die Rückwärtsfahrt führt den Zuschauer somit vom **Besonderen zum Allgemeinen**.
  Rückfahrten können das Publikum vom Geschehen distanzieren. Derartige Einstellungen stehen häufig am Ende einer Szene oder eines Films. Die Kamera verlässt den Schauplatz gewissermaßen und signalisiert damit den Abschluss einer Geschichte.
  Eine andere Möglichkeit der Rückfahrt ist im Bereich der motivierten Kamerabewegung sehr häufig. Eine Person kommt auf die Kamera zu und im gleichen Abstand bewegt sich diese vor ihr weg. Durch die permanente Bewegung bei gleichzeitiger Fixierung auf die Person, etwa einem Reporter, der durch die Straßen einer historischen Altstadt läuft, kommt ein hohes Maß an Dynamik und Raumwirkung zustande, das die Aufmerksamkeit des Zuschauers steigert. Während die Einstellungsgröße gleich bleibt, ändert sich die Umgebung des Reporters kontinuierlich.

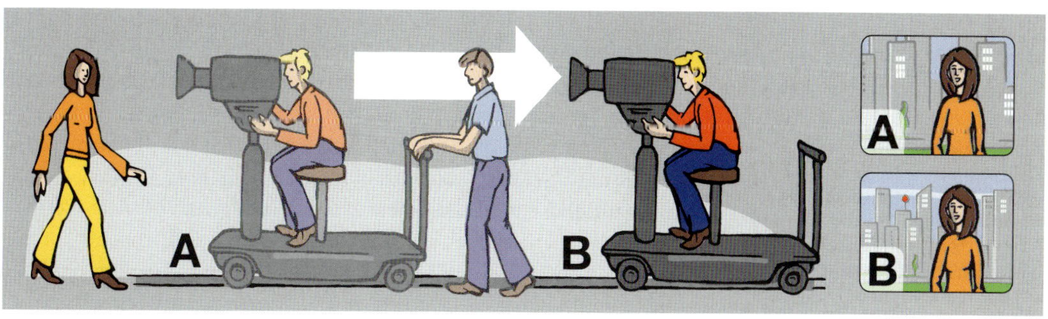

Abb. 2 Rückfahrt

- Bei der **Parallelfahrt** bewegt sich die Kamera parallel zum bewegten Objekt, wodurch sich die Einstellungsgrößen in der Regel nicht verändern. Nur der filmische Raum, d. h. die Umgebung, in der die Person erscheint, ändert sich permanent. Parallelfahrten sind typisch bei Sportübertragungen, etwa bei Laufwettbewerben. Die Kamera bewegt sich parallel neben den Läufern, um sie im Bildmittelpunkt zu halten.

Abb. 1 Parallelfahrt

360°-Fahrt, Umfahrt

- Bei der **360°-Fahrt** oder Umfahrt beschreibt die Kamera eine Kreisbewegung durch den Raum, indem sie ein Objekt oder eine Person von allen Seiten aufnimmt. Es handelt sich meistens um eine Kombination von Schwenk- und Fahrtaufnahmen, bei der sich die Bildebenen stark gegeneinander verschieben. Der Effekt im Bild ist üblicherweise sehr dynamisch (natürlich wieder abhängig von der Geschwindigkeit). 360°-Fahrten schaffen eine besonders starke Raumillusion (Abb. 2).

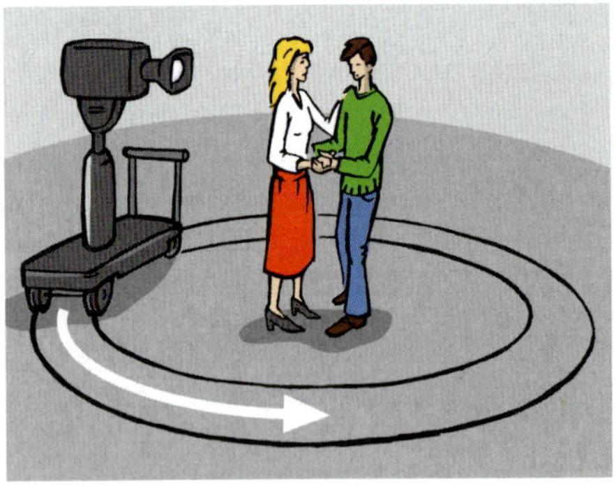

Abb. 2 Umfahrt

Zoom

Zoom-Objektiv, auch Vario-Objektiv oder (veraltet) Gummilinse

Als **Aufzieher** wird eine Zoomfahrt von einer relativ großen Einstellung (Detail, Groß, Nah) zu einer offeneren Einstellungsgröße (Halbtotal, Total) bezeichnet.

Die Brennweite kann mit einem **Zoom-Objektiv** sehr variabel beeinflusst werden. Vor allem im EB-Bereich ist die Arbeit mit einem Zoom-Objektiv üblich und oft auch gar nicht anders möglich. Ohne den Aufwand, den längere Kamerafahrten verursachen können, lassen sich variable Einstellungen realisieren. Typisch ist etwa ein **Aufzieher** von einem Detail (z. B. Firmenlogo an einer Hauswand) zu einer totalen Aufnahme (des ganzen Gebäudes). Objekte können im Bild herangeholt oder in den Hintergrund gerückt werden. In überraschenden Situationen kann der Kameramann sich schnell auf ein wichtiges Detail konzentrieren und flexibel auf veränderte Situationen reagieren. In der aktuellen Berichterstattung ist ein Zoomobjektiv deshalb unverzichtbar, es ermöglicht dem guten Kameramann, vom Geschehen immer die geeigneten Bildausschnitte zu liefern und je nach Erfordernis der Situation einen Überblick zu zeigen oder sich auf einen Aspekt (z. B. das Verhalten einer Person) zu konzentrieren. Ohne großen Aufwand können unterschiedliche Ansichten, Perspektiven und Einstellungsgrößen realisiert werden.

Solche Bewegungen im Bild werden durch die Veränderung der Brennweite erreicht, nicht durch die Bewegung der Kamera selbst.

Zooms sind optisch erzeugte Bewegungen im Bild.

→ S. 49 Bildperspektiven

Die Arbeit mit dem Zoom ist allerdings nicht ohne Weiteres zu empfehlen. Verändert man die Brennweite von lang (Tele-Einstellung) auf kurz (Weitwinkel-Einstellung), so ändert man zwar die Einstellungsgröße von z. B. Nahe auf Halbtotale, es findet allerdings auch eine **Veränderung** in Bezug auf den abgebildeten Raum statt. Während Aufnahmen mit langer Brennweite die Bildebenen eher zusammenpressen und diese damit in ihren räumlichen Dimensionen schwer einschätzbar machen, verzerren weitwinklige Aufnahmen den Raum in anderer Weise, indem sie ihn nämlich größer erscheinen lassen.

Das hat auch Konsequenzen für Bewegungen im Bild. Eine herannahende Person ist bei extremer Tele-Einstellung schon ziemlich groß im Bild, wenn sie in Wirklichkeit noch sehr weit von der Kamera entfernt ist. Nach dem Eindruck und der Erfahrung des Zuschauers müsste die Person bald den eigenen Standort erreicht haben, aber der Bildraum ist so sehr gestaucht, dass es viel länger dauert als erwartet. Die Person scheint auf der Stelle zu gehen. Der umgekehrte Effekt findet sich bei einer entsprechenden Weitwinkelaufnahme: Eine Bewegung auf die Kamera zu erscheint rasant und beschleunigt. Mit beiden **Geschwindigkeitseffekten** kann man in der Gestaltung spielen. Es gilt aber zu bedenken, dass beide die abgebildete Situation verzerren.

Tabelle 1 Eigenschaften der unterschiedlichen Brennweiten

Einflussfaktor	Lange Brennweite	Weitwinkel
Räumliche Perspektive	Erscheint verflacht; Verhältnis der Bildebenen zueinander schwer einzuschätzen, d. h. flache Perspektive	Erscheint ausgedehnt; Objekte erscheinen weit entfernt; Vordergrund erscheint oft extrem groß (geräumig); Hintergrund wird verkleinert, d. h. gestreckte Perspektive
Bewegungen in Richtung der Kamera	Erscheinen verlangsamt	Erscheinen beschleunigt
Kamerabewegungen allgemein	Große Verwacklungsgefahr	Gleichmäßig; Unempfindlich
Umfahrt eines Objekts mit der Kamera	Räumliche Umgebung ändert sich schnell	Räumliche Umgebung ändert sich langsam
Schwenk mit der Kamera	Bewegung wirkt beschleunigt	Bewegung wirkt verlangsamt
Schärfentiefe	Gering: Schärfe nur punktuell	Groß: Schärfe erstreckt sich über die ganze Tiefe
Wirkung auf Betrachter	Isoliert einzelne Objekte von ihrer Umgebung; Löst Objekte vom Hintergrund; Unmittelbarkeit; Konzentration auf einzelne Bildteile	Aufmerksamkeit des Zuschauers wird zersplittert; Schafft Distanz zum Geschehen; Zuschauer ist in einer Beobachterposition; Erhöht den Überblick des Zuschauers

Zoomfahrt

Im Gegensatz zur Kamerafahrt bewegt sich die Kamera bei der **Zoomfahrt** nicht durch den Raum. Beim Zoomen werden Gegenstände oder Personen im Bild durch Variation der Brennweite herangeholt (vergrößert) oder weggeschoben (verkleinert). Diese Vorgehensweise verursacht immer einen leicht irrealen Eindruck beim Zuschauer. Das menschliche Auge kann nicht zoomen, deshalb gilt für die Gestaltung von Einstellungen mit Zoomobjektiven generell: Nur verwenden, wenn man sich des Effekts bewusst ist! Eine Kamerafahrt erscheint dem Zuschauer in jedem Fall realistischer.

! Durch eine **Zoomfahrt** verändert sich der abgebildete Raum in seinen Dimensionen. Eine solche Einstellung wirkt auf den Zuschauer immer leicht irreal.

Vertigo-Effekt

Vertigo – Aus dem Reich der Toten (Vertigo, USA 1958, Alfred Hitchcock)

Ein selten verwendeter Begriff, der den Vertigo-Effekt beschreibt, lautet **Slipzoom**. Für die unterschiedlichen Kombinationsmöglichkeiten (Hinfahrt und Rückzoom bzw. Vorwärtszoom und Rückfahrt) gibt es keine separaten Bezeichnungen.

Der weiße Hai (Jaws, USA 1975, Steven Spielberg)

Eine Besonderheit im Umgang mit den Möglichkeiten der Brennweitenveränderung innerhalb einer Einstellung bietet der **Vertigo-Effekt**. (Nach dem Film *Vertigo* von Alfred Hitchcock, bei dem er erstmals angewendet wurde.) Hier wird eine Kamerabewegung mit der ihr entgegengesetzten Zoomrichtung kombiniert. Eine Kamerazufahrt auf eine Person oder ein Objekt wird mit einem gleichzeitigen Rückzoom kombiniert oder eine Rückfahrt wird mit einem gleichzeitigen Vorwärtszoom durchgeführt. Diese Bewegungskombinationen wirken auffällig irreal: Während die fixierte Person im Vordergrund gleich groß bleibt, scheint sich der Hintergrund auszudehnen oder gestaucht zu werden. Das Ergebnis ist tatsächlich ein Schwindelgefühl („Vertigo"), das beim Zuschauer ausgelöst werden kann. Es entsteht der Eindruck, als ob der Boden unter den Füßen zu schwanken beginnt. Genau um dieses Empfinden auszudrücken wird der Vertigo-Effekt auch meistens angewendet. Abbildung 1 zeigt Ausgangs- und Endpunkt einer Vertigo-Bewegung im Film *Der weiße Hai*. Der Protagonist, der damit beauftragt ist, für die Sicherheit am Strand zu sorgen, erkennt, dass das Titelmonstrum wieder zugebissen hat. Dieser Moment der schockartigen Erkenntnis wird im Bild sichtbar gemacht. In diesem Fall wird eine Kamerafahrt auf den Protagonisten zu mit einem Rückwärtszoom kombiniert, wie man an dem sich vergrößernden Bildwinkel von Abbildung 1 a) zu 1 b) erkennen kann.

Abb. 1 a), b) Vertigo-Effekt im Film *Der weiße Hai*

Ähnlich wie bei der gekippten Kamera wird hier nicht die äußere Realität abgebildet, sondern das Bild drückt die Empfindung eines so abgebildeten Protagonisten aus und will Entsprechendes auch beim Zuschauer auslösen: Überraschung, Schock, Angst. Folgerichtig ist der Vertigo-Effekt häufig in Thrillern oder Horrorfilmen zu entdecken. Aber auch die Werbung und Musikclips spielen häufig mit solchen irrealen Effekten; beides sind Formate, die mit besonders starken Reizbildern die Aufmerksamkeit auf sich lenken wollen.

! Der **Vertigo-Effekt** entsteht durch die Kombination von gegenläufigen Fahrt- und Zoombewegungen. Es wird ein irrealer Bildeindruck erzeugt.

Mitunter sind unbeabsichtigt gegenläufige Kamerafahrt- und Zoombewegungen zu sehen, etwa bei Übertragungen von Radrennen: Der Kamerawagen fährt hinter den Radfahrern her (Vorwärtsfahrt) und gleichzeitig zoomt die Kamera zurück auf eine weitwinkligere Einstellung. Dem so entstehenden Schwindeleffekt sollte allerdings keine inhaltliche Bedeutung zugesprochen werden. Vielmehr liegt hier eine Unachtsamkeit der Bildregie vor, die unbeabsichtigt das Einrichten einer neuen Kameraeinstellung zeigt.

2.4.3 Kamerastil

Natürlich kommen alle bisher aufgeführten Bewegungen im Film auch in Kombinationen vor. Allein durch das Zusammenwirken von Bewegungen vor und mit der Kamera können viele unterschiedliche Wirkungen und Aussagen erzeugt werden. Entsprechend komplexer werden die Aussagemöglichkeiten, wenn Schwenks, Fahrten und Zooms miteinander kombiniert werden.

Um die Kamerabewegung genauer zu beschreiben, ist immer eine weitere Differenzierung nötig:

- Mit welcher **Geschwindigkeit** wird die Kamera bewegt?
- Mit welchen **Mitteln** wird die Kamera bewegt bzw. um welches **Kamerasystem** handelt es sich?

Jedes Mittel, mit dem die Kamera geführt wird, hat wiederum Auswirkungen auf den **Stil** des entstehenden Films. Die unterschiedlichen Möglichkeiten, die Kamera zu führen, ergeben wiederum unterschiedliche **Kamerastile**.

Unter **Kamerastil** versteht man die Eigenheiten der Darstellungsweise, die durch die Anwendung einer Kameratechnik zustande kommen.

Die Wahl der Kamera und des Kamerasystems hängt zunächst von den Umständen ab, unter denen man arbeitet. Ein EB-Kameramann wird nicht mit einem komplizierten Dolly- oder Steadicam System am Drehort erscheinen, wenn es um die Berichterstattung von einer Gewerkschaftskonferenz geht. Eine Kamera mit Stativ und Schwenkkopf garantiert den flexiblen Einsatz vor Ort. Die EB-Kamera kann bei hektischen Situationen geschultert werden und aus der Hand geführt werden, beim Abschwenken des Tagungsortes kommt das Stativ zum Einsatz, um saubere Bilder zu erzielen. Für die aktuelle Berichterstattung ist aus Gründen des Aufwands und vor allem wegen der Kosten kaum an ambitionierteren Technikeinsatz zu denken.

Für aufwendigere Produktionen aber, denen eine intensive Planungsphase vorausgeht und in denen man sich der eingesetzten Gestaltungsmittel zielgerichtet bedient, spielt der Kamerastil eine wichtige Rolle für den Look der Produktion.

Beispielhaft werden im Folgenden drei unterschiedliche Möglichkeiten der Technik der Kameraführung mit ihren gestalterischen Konsequenzen gegenübergestellt: die Kamera auf einem **Dolly**, die **Steadicam** und die **Handkamera**.

Dolly

Dolly: Kamerawagen

Dolly ist die Kurzbezeichnung für jede Art von Fahrstativ, das dem Kameramann, und oft auch dem Kameraassistenten, Platz bietet. Die Bewegung kann auf Rädern bzw. auf Reifen erfolgen oder auf einem System von Schienen ausgeführt werden (Abb. 1).

Ein Dollysystem ist ein Fahrstativ oder Kamerawagen, mit dem man sich auf Rädern frei im Raum oder auf Schienen bewegt.

Wesentliche Vorteile von Dolly-Aufnahmen sind:

Abb. 1 Dolly

- Es entstehen sehr saubere, d. h. **nicht verwackelte Bilder**. Auch auf unebenem Gelände kann die Kamera, die auf Schienen bewegt wird, erschütterungsfrei arbeiten.
- Die bewegten Aufnahmen können sehr **präzise** festgelegt werden. Ein auf einem Schienensystem fahrender Kamerawagen legt bei jeder Wiederholung (Take) exakt den gleichen Weg zurück. Die Aufnahmen mit einem Dolly erlauben daher ein sehr genaues Arbeiten.
- Ein genaues **Timing** der Aufnahme ist möglich. Da der Kamerawagen nicht von Kameramann selber, sondern von Assistenten oder von einer Mechanik durch den Raum bewegt wird, können bei den Fahrtaufnahmen unterschiedlichste Geschwindigkeiten realisiert werden, ohne dass die Präzision der Bilder leidet. Der Kameramann konzentriert sich auf den Bildausschnitt. Somit eignet sich ein Dolly-System auch zu rasanten, unnatürlich schnellen Fahrten.
- Dolly-Systeme können sehr **komplexe Bewegungen** ausführen, besonders wenn sie durch ausfahrbare Stativarme (Jib) oder ähnliche Ausleger erweitert werden.

Jib

Der festgelegte Weg auf Schienen durch den Raum kann auch von Nachteil sein. Die Kamera kann nicht flexibel auf Ereignisse reagieren. Dolly-Aufnahmen sind immer das Ergebnis genauer Planung und Inszenierung. Sie ermöglichen durch ihre Bewegungen dynamische, attraktive Bilder, die aber nicht das Ergebnis von Spontaneität sein können.

Aufnahmen von einem **Dollysystem** erlauben eine genaue Festlegung der Kamerabewegung bei gleichzeitig präziser Kadrierung der Bilder.

Durch **Motion-Control** Systeme ist eine absolut genaue Wiederholbarkeit von Kamerabewegungen bis hin zu kleineren Kranfahrten möglich. Es handelt sich im Prinzip um Kamera-Roboter, die durch **Computersteuerung** bewegt werden.

Ähnlich wie ein Dolly wird auch der **Kamerakran** eingesetzt, um dem Raum Tiefe zu verleihen und die räumliche Wirkung des Bildes zu betonen oder zu erweitern. Der Kameramann und der Assistent befinden sich entweder auf dem Kran mit der Kamera oder man arbeitet mit ferngesteuerten Kränen. So können spektakuläre Effekte erreicht werden. Die Kamera wird unter Monitorkontrolle beliebig bedient, die Bewegungsabläufe sind speicherbar und damit beliebig wiederholbar. In Fernsehstudios werden beispielsweise die „Flüge“ über die Zuschauerreihen mit dem Kamerakran realisiert.

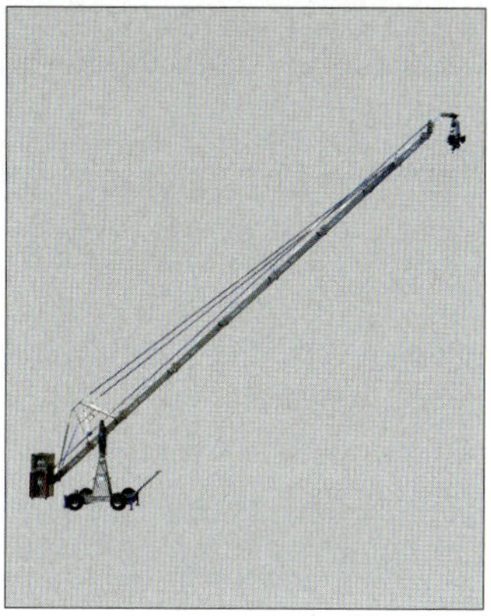

Abb. 1 Kamerakran

Steadicam

Steadicam ist ein mechanisches Bildstabilisationssystem, mit dem weitgehend verwacklungsfreie Bilder entstehen. Der Kameramann führt die Kamera mithilfe eines an einer Weste befestigten Tragegerüsts (engl. rig), das er sich umschnallt (Abb. 1). Ein abgefederter Stativarm dämpft sämtliche Bewegungen soweit ab, dass – bei einiger Übung! – ruhige und dennoch sehr bewegte Bilder entstehen. Über einen Kontrollmonitor kann der Kameramann die Aufnahme kontrollieren.

Abb. 2 Steadicam

Steadicam oder Steadycam?

Mit i geschrieben handelt es sich um ein eingetragenes Warenzeichen der Firma Cinema Products.
Mit y geschrieben ist allgemein ein Stabilisierungssystem zum Ausgleich von Erschütterungen gemeint.
Beide Schreibweisen sind also richtig. Die Schreibweise mit i hat sich allerdings weitgehend durchgesetzt.

Wesentliche Aspekte bei der Arbeit mit einer Steadicam sind:

- Das System weist eine **hohe Flexibilität** auf. Der Kameramann kann weitaus schneller und besser auf das Geschehen vor der Kamera reagieren als bei einer Stativ- oder Dollyaufnahme.
- Die Steadicam lässt sich auch durch enge Räumlichkeiten und über ungewöhnliche Wegstrecken bewegen. Trotzdem liefert sie verwacklungsfreie Bilder.

Die Aufnahmen, die mit einer Steadicam entstehen wirken dynamisch, attraktiv und oftmals regelrecht elegant. Sie bieten nicht selten einen „schwebenden“ Bildeindruck mit leicht irrealer Wirkung. Der Horizont erscheint oft nicht als feste waagerechte Linie im Bild.

Steadicam-Aufnahmen ermöglichen dynamische, verwacklungsfreie Bilder, die mitunter einen schwebenden, leicht irrealen Charakter haben.

→ S. 71 Plansequenz

Ein Steadicam-System ist schwierig zu handhaben. Allein aufgrund des hohen Gewichts benötigt man Training und Ausdauer, um die Arbeit ohne körperliche Schäden durchzustehen. Lange, komplexe Einstellungen wie Plansequenzen verlangen vom Kameramann großes **gestalterisches Geschick** und Konzentration, aber mindestens ebenso große **physische Höchstleistungen**!

Handkamera

Die ersten Handkameras wurden im 2. Weltkrieg für die Kriegsberichterstattung eingesetzt. Steven Spielberg imitiert diese ersten Handkamera-Aufnahmen sehr effektiv in der Anfangssequenz von *Der Soldat James Ryan*.

Die Handkamera wird mit der Hand oder auf der Schulter ruhend geführt. Dies ist die unkomplizierteste Möglichkeit überhaupt, mit der Kamera zu arbeiten. Mit einer **Handkamera** lässt sich schnell und mühelos an (fast) jedem Ort filmen. Sie ist schnell einsetzbar und die Führung verlangt wenig technisches Zusatzgerät. Die Arbeit mit einer Handkamera erlaubt große Flexibilität im Einsatz, denn der Kameramann kann auf das Geschehen um ihn herum unmittelbar und schnell reagieren.

Der Soldat James Ryan (Saving Private Ryan, (USA 1998, Steven Spielberg).

Im Gegensatz zu Dolly- oder Steadicam-Fahrten sind mit einer Handkamera aufgenommene Bilder in ihrem Charakter allerdings oft sehr unruhig und verwackelt. Solche unperfekt wirkenden Bilder werden oft als dokumentarisch empfunden. Wenn ein EB-Team bei einem aktuellen Ereignis dreht, z. B. am Ort einer Massenkarambolage auf der Autobahn oder bei einer politischen Demonstration, dann geht es nicht in erster Linie um schöne Bilder, sondern um das Vermitteln von Informationen. Der Kameramann versucht seine Motive einzufangen, so gut es unter den gegebenen Umständen möglich ist. Wackler lassen sich dann nicht vermeiden und es wäre falsch, sie als Fehler anzusehen.

Realismus-Effekt

Zuschauer bringen aufgrund ihrer Seherfahrungen Aufnahmen einer Handkamera häufig mit wahren Ereignissen in Verbindung. Aber auch im fiktionalen Bereich finden sie ihre gezielte Anwendung. Der **Realismus-Effekt** des Handkamerastils lässt Darstellungen authentisch wirken. Situationen, wie die szenische Nachstellung eines Unfalls (bei Reality-Programmen) oder einer Schlägerei, werden durch den entsprechenden nervösen Kamerastil in passende Bilder umgesetzt. Dadurch entsteht eine Unmittelbarkeit und Direktheit der Szene, die für den Zuschauer die Echtheit des dargestellten Sachverhalts unterstreicht.

! Die Bilder einer **Handkamera** erzeugen durch ihre Unruhe einen dokumentarischen Bildstil, der auch bei szenischen Produktionen für einen Realismus-Effekt sorgt.

Der Einsatz der Handkamera als stilistisches Mittel und nicht aus Notwendigkeit spielt in der Filmästhetik seit Ende der fünfziger Jahre immer wieder eine bedeutende Rolle. Ein Schlüsselfilm, bei dem unter anderem der Gebrauch der Handkamera für einen neuen Bildstil im Film sorgte ist *Außer Atem* (Abb. 1). Der

Abb. 1 Außer Atem

Außer Atem (A bout de souffle, Frankreich 1959, Jean-Luc Godard)

direkte, ungekünstelte Stil des Films, der ausschließlich an Originalschauplätzen, d. h. auf der Straße, gedreht wurde, durchbrach die sterile und oft weltfremd erscheinende Atmosphäre des traditionellen Studiofilms, der nicht nur in Frankreich vorherrschend war. Seither haben sich immer wieder Filmemacher dazu entschlossen, gegen den filmischen Perfektionismus und die damit oft verbundene Lebensferne (das sogenannte Illusionskino, vor allem aus Hollywood) vorzugehen. Bei dem Kampf gegen den inhaltlich oft seichten Perfektionismus spielt die rohe, ungeschliffene Handkameraarbeit als stilistisches Mittel eine wichtige Rolle.

Ein aufsehenerregendes Beispiel für diese andere Art der Ästhetik sind die „zehn Gebote", die von vier dänischen Regisseuren im Jahr 1995 aufgestellt worden sind und die unter der Überschrift **Dogma 95** bekannt wurden.

Dogma 95

1. Es muss ausschließlich an Originalschauplätzen gedreht werden. Es dürfen keine zusätzlichen Gegenstände oder Sets verwendet werden. (Wenn ein bestimmter Gegenstand für die Geschichte benötigt wird, muss ein Ort gewählt werden, an dem dieser Gegenstand zu finden ist.)

2. Der Ton darf nur zeitgleich mit dem Bild produziert werden und umgekehrt Musik darf nur verwendet werden, wenn sie in der Szene auftaucht.

3. Nur die Handkamera darf zum Einsatz kommen. Jede Bewegung oder Stabilisierung, die von Hand erzeugt werden kann, ist erlaubt. (Nicht die Kamera, sondern das Geschehen bestimmt die Dreharbeiten.)

4. Der Film muss in Farbe gedreht werden. Zusätzliches Licht kann nicht akzeptiert werden. (Wenn das Licht nicht ausreicht, muss die Szene gestrichen werden. In Ausnahmefällen kann an der Kamera eine einzelne Lampe montiert werden.)

5. Optische Tricks und Filter sind verboten.

6. Filme dürfen keine oberflächliche Handlung enthalten. (Morde, Waffen usw. dürfen nicht auftauchen.)

7. Zeitliche oder geografische Verfremdungen sind verboten. (Das heißt, der Film hat hier und heute zu spielen.)

8. Genre-Filme können nicht akzeptiert werden.

9. Das Filmformat muss 35 mm Academy betragen.

10. Der Regisseur darf nicht genannt werden.

Hierbei handelt es sich um einen Auszug aus dem Manifest „Dogma 95". Die zehn Thesen werden von den Autoren Jan Vinterberg und Lars von Trier auch als „Schwur der Keuschheit" bezeichnet.

Beispiele für Dogma 95 Filme:

Das Fest (Festen, Dänemark 1998, Thomas Vinterberg)
Mifune (Mifune sidste sang, Dänemark/ Schweden 1988, Sören Kragh-Jacobsen)
Italienisch für Anfänger (Italiensk for Begyndere, Dänemark 2000, Lone Scherfig)

Wie ernst diese Gebote tatsächlich gemeint sind, lässt sich schwer beurteilen. Die Dogma-Begründer vergeben sogar Zertifikate, die entsprechenden Werken die Übereinstimmung mit den bestehenden Regeln attestieren.

Viele dieser Regeln, die als eine Art filmisches Reinheitsgebot verstanden werden, haben zum Ergebnis, dass die so entstandenen Filme auf den ersten Blick einem Amateurvideo ähnlich sehen (Abb. 1). Vor allem die Vorgaben bezüglich der Licht- und Kameraarbeit sorgen für einen oft unprofessionell wirkenden Eindruck im Vergleich zum technischen Standard konventionell produzierter Filme. Wackler, Unschärfen und unterbelichtete Bilder sind keine Seltenheit. Bei der Produktion derartiger Filme richtet sich die Technik nach den Schauspielern und nicht umgekehrt. Daraus können sich im Kontext einer überzeugenden Geschichte intensive und spontane szenische Situationen ergeben.

Abb. 1 Das Fest

Die Dogma-Bewegung lässt sich nicht einfach als schlechter Scherz abtun. Der Erfolg einiger Dogma-Filme ist sogar auf deren Stil zurückzuführen: Für den aufmerksamen Zuschauer, der sich auf die **eigenwillige Ästhetik** einlässt, ergeben sich oft intensivere Seherlebnisse als bei üblichen Filmen.

Entfesselte Kamera

Entfesselte Kamera ist ein filmhistorischer Begriff. Er bezieht sich auf die Arbeit von Kameramännern und Regisseuren in der Stummfilmära, denen die damals üblichen starren, vom Stativ aus gedrehten Einstellungen nicht mehr genügten. Vor allem im deutschen und französischen Film der zwanziger Jahre wurde mit Bewegungsmöglichkeiten der Kamera experimentiert. Der Kameramann Karl Freund beispielsweise schuf völlig neue Bewegungseindrücke für den Film *Der letzte Mann*. Er montierte die Kamera auf ein Fahrrad, auf eine Wippe oder er schnallte sie sich um den Bauch, um neuartige, dynamische Bilder zu erzeugen.

Der letzte Mann (Deutschland 1924, Friedrich Wilhelm Murnau)

Mit dem Aufkommen leichter Handkameras wurde die vom Stativ befreite Kamera immer häufiger vor allem für Dokumentaraufnahmen und realistisch wirkende Szenen eingesetzt. Die Handkamera war nichts Besonderes mehr.

Heute wird der Begriff entfesselte Kamera gelegentlich benutzt, um Aufnahmen zu bezeichnen, bei denen die Kamera überhaupt keiner Kontrolle ausgesetzt ist, z. B. wenn sie an einem Bungee-Seil befestigt ist, das sich unkontrolliert bewegt und auspendelt. Mit den heute existierenden Minikameras, Helm- oder Fingerkameras lassen sich extreme und experimentelle Bilder beinahe jeder Art erzeugen, so dass die einstige Sensation einer entfesselten Kamera zu etwas Alltäglichem geworden ist.

Sonderfall 1: Die Plansequenz

Eine überdurchschnittlich lange und komplexe Einstellung, bei der räumliche und inhaltliche Zusammenhänge durch die Kameraarbeit verdeutlicht werden, nennt man **Plansequenz**. Bei Plansequenzen werden Inhalte, die üblicherweise in mehrere Einstellungen aufgelöst werden, mit oft großem Aufwand ungeschnitten realisiert.

Der Begriff Plansequenz ist von dem französischen Begriff **plan-séquence** (Einstellungs-Sequenz) entlehnt. Die englische Bezeichnung lautet **sequence shot**.

! Eine überdurchschnittlich lang andauernde und kameratechnisch aufwändige Einstellung wird **Plansequenz** genannt.

Technisch und gestalterisch sind Plansequenzen äußerst anspruchsvoll und schwer zu realisieren. In deren Verlauf können sich Bildinhalte ständig verändern, Bewegungen 1. und 2. Art müssen über einen langen Zeitraum hin genau aufeinander abgestimmt werden. Deshalb ist die **Inszenierung** der Bilder ein bestimmendes Element der Plansequenz. Das Geschehen vor und mit der Kamera muss genau choreographiert werden.

Eine einfache, überlange Einstellung ist deshalb noch keine Plansequenz (sonst würde jede Überwachungskamera ununterbrochen Plansequenzen produzieren!). Erst durch den Grad an Komplexität, der aus dem Zusammenspiel von Bewegungen vor und mit der Kamera entsteht, ergibt sich eine besondere Dichte an Informationen.

Ohne Schnitte werden einzelne Aspekte des Geschehens (Räume, Personen, Handlungen) als miteinander verbunden gezeigt und in ihrem Verhältnis zueinander verdeutlicht. Dabei werden nicht selten alle Möglichkeiten der Kameratechnik ausgenutzt, d. h. Schärfentiefe, Brennweitenveränderungen, Schwenks und Fahrten mit verschiedenen Hilfsmitteln. Plansequenzen können somit einen Überblick schaffen und Orientierung bieten. Sie entwickeln häufig eine Art Sogwirkung, die den Zuschauer nicht loslässt, weil er kaum eine Chance hat, aus dem laufenden, nicht durch Schnitte unterbrochenen Bild auszusteigen. Auch aus diesem Grund werden sie häufig am Anfang von Filmen oder Programmen eingesetzt. Der Zuschauer soll gefesselt werden und in das Thema oder die erzählte Geschichte hineingezogen werden.

Bazin und der „Realismus" der Plansequenz

Der französische Filmtheoretiker André Bazin (1919-1958) vertrat die Ansicht, dass Plansequenzen, vor allem solche, die mit extremer Schärfentiefe arbeiten, einen größeren Realismus aufweisen als montierte Sequenzen. Der Zuschauer werde dadurch weniger manipuliert und werde dazu veranlasst, sich in der dargestellten Welt zurechtzufinden, indem er selber Bezüge herstellt und erkennt.

Aus heutiger Sicht kann die Argumentation Bazins nicht mehr überzeugen. Zwar erscheint das Filmerlebnis kontinuierlicher als eine vielfach durch Schnitte aufgelöste Sequenz. Die Meinung, Plansequenzen seien deshalb auch authentischer, kann allerdings bestritten werden, denn heute gibt es eine Vielzahl von digitalen Manipulationsmöglichkeiten an Bildern. Bekannte Beispiele für ungeschnittene, lange Sequenzen, die alles andere als realistisch sind, finden sich zum Beispiel in den Filmen:

Forrest Gump (USA 1993, Robert Zemeckis)

Forrest Gump: Die Anfangssequenz zeigt über mehrere Minuten hin den Flug einer Feder über die Dächer einer Kleinstadt. Gegen Ende der Sequenz landet die Feder zu Füßen des Protagonisten, der sie aufhebt und in ein Buch legt.

Notting Hill (USA, Großbritannien 1999, Roger Mitchell)

Notting Hill: Während einer endlosen Parallelfahrt, die den Helden auf seinem Weg durch das Stadtviertel verfolgt, vergehen die Jahreszeiten ohne einen sichtbaren Schnitt oder eine Blende.

Cocktail für eine Leiche (Rope, USA 1948, Alfred Hitchcock)

Ein formales Experiment hat Alfred Hitchcock in dem Film *Cocktail für eine Leiche* gewagt: Das Kriminalstück hält sich an die klassische Einheit von Zeit und Ort. Um das zu unterstreichen, drehte Hitchcock in langen acht bis zehnminütigen Takes und verband die einzelnen Einstellungen durch kurzes Abdecken der Kamera: Ein Darsteller steht für einen kurzen Moment vor der Kamera oder die Kamera fährt sehr nah an einem Hindernis vorbei. Dieser Versuch, eine Geschichte ohne sichtbare Schnitte in Echtzeit zu erzählen, blieb eine Ausnahme in der Filmgeschichte.

Russian Ark (Russland, Deutschland 2002, Alexander Sokurow)

Russian Ark ist der erste tatsächlich als Plansequenz realisierte Langfilm in der Filmgeschichte. Mit enormen Aufwand an Statisten und Ausstattung wurde das Werk über die russische Geschichte in nur einer Einstellung über knapp hundert Minuten in der Eremitage von St. Petersburg gedreht. Dabei handelt es sich sicherlich um eine technische Höchstleistung des Regisseurs und seines (Steadicam-) Kameramanns Tilman Büttner. Der Streifzug durch dreihundert Jahre russischer Geschichte entspricht allerdings überhaupt nicht der realistischen Darstellungsweise, die Bazin einer Plansequenz zusprach.

Aufgrund ihres hohen Aufwands an Vorbereitung werden Plansequenzen in erster Linie bei aufwändigen, teuren Produktionen eingesetzt. Sie finden sich aber auch in ambitionierten Reportagen. Plansequenzen sind in jedem Fall technisch-handwerkliche Kabinettstücke.

Sonderfall 2: Die subjektive Kamera

Die subjektive Kamera ist der Versuch, die filmische Handlung aus der Sicht eines Protagonisten darzustellen. Die Kamera nimmt dabei die Position der handelnden Figur ein, das Bild, das der Zuschauer sieht, soll das zeigen, was der Protagonist sieht. Die subjektive Kamera wird häufig im Handkamerastil realisiert.

Diese Art der Kameraführung wird oft als filmische Entsprechung zum Ich-Erzähler in der Literatur bezeichnet. Dabei kann die subjektive Kamera allerdings weitaus weniger leisten. Vor allem fehlt ihr jede Möglichkeit der Reflektion: sie ist lediglich eine Aufzeichnung des Geschehens aus der Augenhöhe einer Filmfigur. Die subjektive Kamera kann nicht von sich selbst berichten und damit ist eines der wichtigsten Ziele des kommerziellen Films und Fernsehens nur schwer zu erreichen: die Identifikation mit der handelnden Figur. Niemand kann sich wirklich mit dem Blick einer Filmfigur identifizieren. Wenn mit der subjektiven Kamera beispielsweise dargestellt wird, wie jemand zum Zahnarzt geht, dann können die Bilder allein nicht den Gemütszustand der Person ausdrücken (ohne auf eine Voice Over zurückzugreifen).

➔ S. 126 Bauformen der Dramaturgie

Voice Over ist eine kommentierende Stimme, die die Bilder des Films erläutert.

Eine „objektive" (auktoriale) Darstellung würde dagegen die Möglichkeit bieten, die Angst oder Unruhe durch den Darsteller ausdrücken zu lassen. Vor allem die mangelnde Identifikationsmöglichkeit mit der subjektiven Kamera gilt als Grund dafür, dass dieses Darstellungsprinzip bis heute immer eine auffällige Ausnahme geblieben ist.

➔ S. 111 Dramaturgische Aspekte der Sprache

Weitere Aspekte, die bei der Gestaltung mit subjektiver Kamera beachtet werden müssen, sind:

- Sehen ist nicht gleich Wahrnehmen: Aufmerksamkeit, Unkonzentriertheit usw. können nicht durch die subjektive Kamera allein dargestellt werden (oft sieht man zwar etwas - die Augen sind offen - allerdings nimmt man es gar nicht wahr, weil die Gedanken woanders sind). Eine solche Situation würde durch die Kamera nie dargestellt werden können.
- Der Blickwinkel der subjektiven Kamera ist problematisch: Während der Mensch in einem Gesamtblickwinkel von über 180° sieht, gleichzeitig davon aber nur etwa 1,5° wirklich scharf wahrgenommen werden, weisen Film- bzw. Fernsehbilder üblicherweise einen viel kleineren Radius auf (immer abhängig von der Optik und vom Bildformat). Außerdem sind gute Filmbilder natürlich scharf (hier kann durch Schärfentiefe und Schärfenfahrten die Räumlichkeit betont werden).
- Das Auge sieht anders als eine Kamera: Die von einem Kameraschwenk gelieferten Bilder unterscheiden sich deutlich vom sich in ruckartigen **Sakkaden** ändernden Blickfeld einer Person. Der Mensch kann mit seinen Augen nicht schwenken, der Schnitt kommt daher der menschlichen Wahrnehmung näher als die Schwenks, die bei Darstellungen in subjektiver Kamera häufig zu sehen sind.
- Fast alle Darstellungen von körperlichen Aspekten des „sehenden Protagonisten" wirken in Darstellungen mit subjektiver Kamera seltsam deformiert und damit wenig überzeugend. Je länger die Hände oder Arme ins Bild reichen, desto mehr fallen diese Unstimmigkeiten in der Wahrnehmung des „eigenen" Körpers auf. Durch Minikameras, die als Helmkameras getragen werden können, wird heute ein realistischerer Effekt ermöglicht. Trotzdem bleibt das grundsätzliche Problem der Wahrnehmung auch in diesem Fall: Der Zuschauer nimmt ein Filmbild anders wahr als seinen eigenen Blick und damit seinen eigenen Körper.
- Dialoge aus der Subjektiven lassen den Gesprächspartner zwangsläufig direkt in die Kamera schauen. Das ist für die Zuschauer immer ein ungewohnter Vorgang, der die konventionellen Sehgewohnheiten unterläuft und das Publikum häufig eher verwirrt als tatsächlich in das Geschehen einbindet. Der Zuschauer ist es gewohnt, für die Charaktere unsichtbar zu sein.

Die Augen führen beim Sehen eine Reihe von ruckartigen Bewegungen aus, die als **Sakkaden** bezeichnet werden.

Die **subjektive Kamera** kann den Blick und die Wahrnehmung des Menschen nicht überzeugend imitieren. Sie existiert nur als Konvention.

Die subjektive Kamera findet sich typischerweise nur in kurzen Sequenzen, wenn es dramaturgisch sinnvoll ist, das beengte Blickfeld eines Protagonisten zu zeigen. Man kann den subjektiven Blick nutzen, um den Zuschauern eine bedrückende Situation näher zu bringen, etwa in Horrorfilmen oder Thrillern. Eine Identifikation wird so allerdings eher mit einer Situation, nicht aber mit einer Figur, erreicht.

Subjektive Kamera: Filmbeispiele

Die Dame im See (The Lady in the Lake, USA 1946, Robert Montgomery)

Die Dame im See ist bis heute der einzige kommerzielle Film geblieben, der versucht, über fast die gesamte Länge von 90 Minuten seine Geschichte mit subjektiver Kamera zu zeigen bzw. zu erzählen. Das Ergebnis war kein Publikumserfolg und ist auch wenig überzeugend. Um den Zuschauern wenigstens annährend eine Orientierung und Identifikationsmöglichkeit zu geben, war der Held des Kriminalfilms immer wieder im Spiegel zu sehen (Abb. 1) und er wendet sich in kurzen Passagen auch direkt an die Zuschauer des Films.

Abb. 1 Die Dame im See

Strange Days (USA 1995, Kathryn Bigelow)

In *Strange Days* spielt die subjektive Kameraperspektive in mehreren minutenlangen Sequenzen eine wichtige Rolle. Durch die weitaus verbesserte Kameratechnik und eine zum Teil extrem dynamische Bildsprache wirken diese subjektiven Seherfahrungen, die im Film wie eine Droge als „Trips“ verkauft werden, weitaus überzeugender als in dem Experiment aus den vierziger Jahren. Sie funktionieren aber auch vor allem deshalb besser, weil sie nur relativ kurz sind und als Teil einer Science-Fiction-Geschichte inhaltlich thematisiert werden.

The Blair Witch Project (USA 1999, Daniel Myrick und Eduardo Sanchez)

Blair Witch Project wird häufig als Beispiel für einen vollständig mit subjektiver Kamera gedrehten Film zitiert. Dies ist jedoch nur bedingt richtig. Der Film zeigt (fiktives) Kameramaterial, das während der Recherche und Dreharbeiten für ein Filmprojekt über einen Hexenmythos gedreht wurde. Formal ähnelt es über weite Passagen der Ästhetik der subjektiven (wackeligen Hand-)Kamera. Der Film gibt aber nie vor, den subjektiven Blick seiner Protagonisten wiederzugeben, sondern lediglich das von ihnen gedrehte Material.

Abb. 2 Blair Witch Project

2.5 Aufgaben und Übungen

1. Was versteht man unter einer „Zweier"?

2. Welche Einstellungsgröße wird bei einem typischen Establishing Shot verwendet? Warum wird sie gewählt?

3. Wie ist die Kamera bei einer leichten Untersicht positioniert? Wie wirkt sich diese Position auf den Charakter der abgebildeten Person aus?

4. Für welche Situationen eignet sich ein Top Shot?

5. Eine Einstellung zeigt eine Person in der Nahen. Welche Wirkung auf den Zuschauer hat eine Kamerarückfahrt, bis die Person noch in der Halbtotalen zu sehen ist?

6. Welche Wirkung kann mit einer 360°-Fahrt erzielt werden?

7. Sie haben den Auftrag, eine einfache Situation aufzunehmen: Eine Person geht eine lange Straße entlang. Sie sollen mit der Kamera vom Straßenrand die Bewegung der Person einfangen. Drehen Sie zwei Versionen:
   a) Platzieren Sie die Kamera an der Mitte der Wegstrecke und verfolgen Sie die vorbeigehende Person mit einem Schwenk.
   b) Filmen sie den Weg der Person mit einer Parallelfahrt.
   Worin unterscheiden sich die beiden Einstellungen bezüglich ihrer Wirkung und Aussage?

8. Mit welcher Brennweite sollte nach Möglichkeit bei Handkameraaufnahmen gedreht werden? Begründen Sie Ihre Antwort!

9. Wie wirkt sich eine lange Brennweite auf den Bildausschnitt aus?

10. Warum heißt es allgemein: „Zoomfahrten sollte man möglichst selten einsetzen"?

11. Erläutern Sie den Begriff Schärfentiefe und erklären Sie, welchen Einfluss Brennweite und Blende darauf ausüben!

12. Was versteht man unter einer Schärfefahrt?

13. Für welche Art der Darstellung eignet sich der Einsatz:
    a) einer Handkamera,
    b) einer Steadicam?
    Geben Sie jeweils Gründe an und nennen Sie konkrete Situationen!

14. Nennen Sie Vor- und Nachteile der subjektiven Kamera!

3 Lichtgestaltung

Die Gestaltung des Lichts hat großen Einfluss auf die Wahrnehmung eines Bildes. Die Funktionen von Licht gehen weit über die bloße Schaffung von ausreichender Helligkeit für das Erkennen der Handlung hinaus. Mit Licht setzt man **Akzente**, schafft **Stimmungen** und **manipuliert den Zuschauer** auf eine ihm oft unbewusste Weise. Ein einfacher Grundsatz bei der Lichtgestaltung besagt, dass der Zuschauer besondere Aufmerksamkeit auf die hellsten Bereiche im Bild richtet. Durch eine entsprechende Ausleuchtung kann der Zuschauerblick daher auf zentrale Bildmotive gerichtet werden.

! **Helle Bereiche** im Bild lenken die Aufmerksamkeit des Zuschauers auf sich.

Für die Arbeit und Gestaltung mit Licht gilt in besonderem Maße, dass es einen enormen Unterschied zwischen der Wahrnehmung einer natürlichen Alltagssituation und der Abbildung von dieser Situation gibt. In alltäglichen Situationen nimmt man die vorhandene Lichtsituation meist nicht bewusst wahr.

In der Praxis bezeichnet man vorhandenes Licht häufig mit dem englischen Begriff **available light**.

Die am Drehort vorgefundene Lichtsituation reicht selten aus, um mit der Kamera zu arbeiten. Das **vorhandene Licht** muss häufig durch ergänzende Maßnahmen manipuliert werden, damit ein zufrieden stellendes Bild produziert wird. Das gilt selbst für die Abbildung von Situationen, die keinen dramatischen Effekt zum Ziel haben. Der Kameramann muss entsprechend der vorhandenen Lichtintensität die **Blende** öffnen (bei wenig vorhandenem Licht) oder schließen (bei starkem Licht). Auch die Verwendung von **Filtern** zählt häufig zu den Maßnahmen, mit denen das vorhandene Licht manipuliert wird.

Blende

ND-Filter (von engl. „neutral density", auch neutraldichte Filter oder Graufilter genannt) werden zur gleichmäßigen Abschwächung des einfallenden Lichts eingesetzt.

Die Diskrepanz zwischen menschlichem Sehen und dem „Sehen der Kamera" betrifft auch die **Farbwiedergabe**. Verschiedene Lichtquellen strahlen unterschiedlich temperiertes Licht aus. Die verschiedenen **Farbtemperaturen** manifestieren sich als unterschiedlich gefärbtes Licht (Abb. 1).

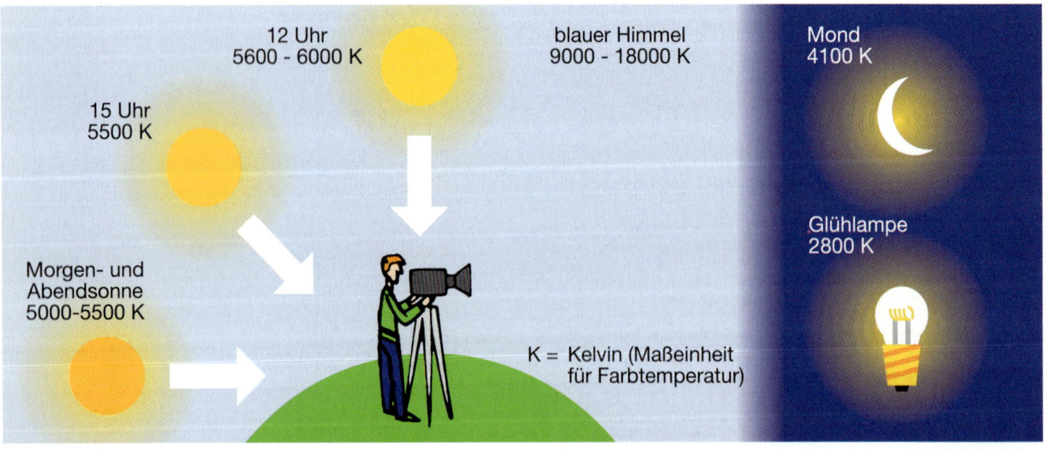

Abb. 1 Beispiele für Farbtemperaturen bei verschiedenen Lichtsituationen

Während die menschliche Wahrnehmung diese Farbverschiebungen ausgleicht und sie damit kaum registriert, muss an der Videokamera immer ein **Weißabgleich** ausgeführt werden. Hierdurch erhält die Kamera einen Referenzwert für die Farbe Weiß bei den Lichtbedingungen am Drehort, damit ausgehend davon alle Farben richtig dargestellt werden. Wenn die Kamera auf eine andere Farbtemperatur geeicht ist, verschiebt sich das gesamte Farbenspektrum in den Aufnahmen. Dreht man beispielsweise mit dem Weißwert von einer Innenaufnahme bei Glühlampenlicht am sonnigen Tag draußen, dann erscheint die Aufnahme stark bläulich eingefärbt.

Der Weißabgleich geschieht entweder automatisch oder manuell. Hierbei wird beispielsweise die Kamera auf eine weiße Fläche gerichtet (Blatt Papier o. Ä.). Per Knopfdruck (entsprechende Funktion **White Balance**) wird der Kamera der aufgenommene Referenzwert als „Weiß" mitgeteilt und die entsprechenden Farbkorrekturwerte abgespeichert.

Bei **Mischlicht-Situationen** findet sich unterschiedlich temperiertes Licht: Hier können sowohl künstliche Lichtquellen (beispielsweise eine Reihe von Neonröhren an der Raumdecke) als auch natürliches Licht (Einfall vom Fenster) zusammen vorkommen. Solche Situationen sollten, wenn möglich, beim Drehen gemieden werden.

! Bei **Mischlicht-Situationen** sind Lichtquellen unterschiedlicher Farbtemperatur vorhanden.

Mischlicht

Bei Mischlicht-Situationen (Abb. 1) entstehen leicht farbstichige Bilder. Ein Schwenk vom Fenster zur gegenüberliegenden Ecke des Raumes, der vor allem durch künstliche Lichtquellen erhellt wird, würde ein Umkippen der Färbung bewirken. Zur Korrektur der Lichtsituation können Konversionsfilter eingesetzt werden. Auch der Schattenwurf ist in solchen Lichtsituationen oft wirr, denn von einem Objekt oder einer Person können unterschiedliche, sich in ihrer Richtung widersprechende Schatten ausgehen. Nimmt man mit einer Kamera einige Bilder in einer solchen chaotischen Lichtsituation auf, dann entsteht ein Bild, das sowohl nach ästhetischen Kriterien misslungen ist, als auch das eigene Empfinden der erlebten Situation nicht wirklich wiedergibt.

Um Tageslicht an die Kunstlichtsituation anzupassen, kann eine Folie als Konversionsfilter eingesetzt werden: **CTO** (**c**orrection **t**o **o**range). Für die umgekehrte Anpassung verwendet man CTB-Folie (**c**orrection **t**o **b**lue).

Abb. 1 Beispiel für eine Mischlicht-Situation

→ S. 84 Lichtrichtung

Auch eine **Gegenlicht-Situation**, zum Beispiel die Aufnahme einer Person vor einem Fenster, verlangt Maßnahmen, um eine akzeptable Abbildung zu erreichen. Im ungünstigsten Fall überstrahlt die aufgenommene Fensterfront alle davor stehenden Personen oder Objekte, die sich dadurch im Dunkeln verlieren würden. In der realen Situation wird Gegenlicht nicht so extrem wahrgenommen, denn das Auge passt sich daran an. Im Bild erscheint die Gegenlicht-Situation jedoch störend (Abb. 1). Wenn der Drehort nicht gewechselt werden kann, sollte entweder das Fenster verdeckt werden (Jalousien runterziehen, Fenster mit Folie abkleben) oder die Person muss wie in Abb. 2, mit einem entsprechend starken Licht von vorne vom Hintergrund abgehoben werden.

Abb. 1 Gegenlicht-Situation

Abb. 2 Aufgehellte Gegenlicht-Situation

! Zwischen der menschlichen Wahrnehmung einer realen Lichtsituation und den Bildern, die eine Kamera davon aufnimmt, besteht ein großer Unterschied. Bilder müssen bezüglich der **Lichtintensität** und der **Farbe des Lichts** fast immer gestaltet werden.

3.1 Drei-Punkt-Ausleuchtung

Drei-Punkt-Ausleuchtung, Standardausleuchtung

Um gelungene Bilder zu erhalten, gelten für die Lichtgestaltung einige einfache Grundsätze. Die Regeln der **Drei-Punkt-Ausleuchtung** (auch: **Standardausleuchtung)**, deren Grundzüge aus der Fotografie stammen, sind eine wichtige Basis für die Arbeit. Es gilt, das Zusammenspiel von **Führung, Aufhellung** und **Spitze** zu beachten:

- **Führung (Key Light)**
  Der entscheidende Schritt bei der Lichtführung ist die Festsetzung des **Führungslichtes**. Dabei handelt es sich um die **Hauptlichtquelle**, in der Natur ist dies die Sonne, bei Innenaufnahmen ist es häufig ein Fenster. Dementsprechend sollte die Führung seitlich zur Kameraachse positioniert sein. Das Führungslicht muss in der Regel stärkste Lichtquelle sein.

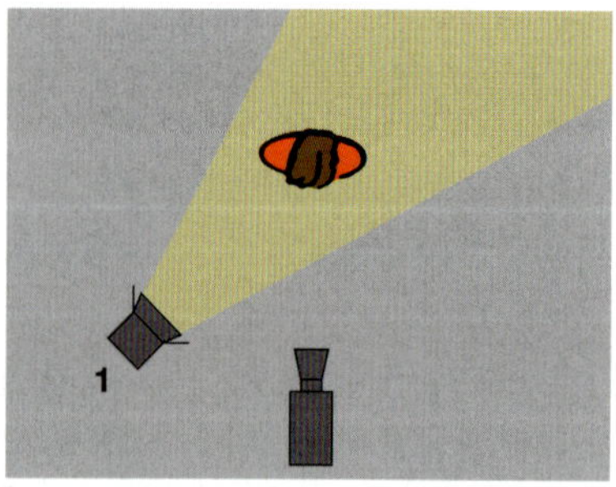

Abb. 3 Position des Führungslichts

  Durch die Führung wird auch die Richtung der Schatten definiert. Ein einzelner Schatten wird als besonders natürlich empfunden.

Für die Ausleuchtung von Personen gilt: Die Führung sollte über der Kopfhöhe platziert sein, damit die Schatten nach unten fallen. Diese Schattenrichtung entspricht am ehesten der natürlichen menschlichen Seherfahrung. Bei Brillenträgern können so allerdings auch lange Schatten über das Gesicht geworfen werden, in diesem Fall muss man die Führung etwas absenken.

Abb. 1 Ausleuchtung nur mit Führungslicht

Bei der Einrichtung des Lichts wird immer zuerst die Führung bestimmt und gesetzt. Die Führung sollte eine im Bild sichtbare oder eine vom Betrachter angenommene Lichtquelle imitieren. Ist die Lichtsituation, die durch das Führungslicht erzeugt wird, weitgehend nachvollziehbar, dann spricht man von **natürlichem Licht**. Abbildung 1 zeigt eine Portraitaufnahme, die nur mit der Führung beleuchtet wird. Um ein befriedigendes Gesamtbild zu gestalten, muss die Ausleuchtung ergänzt werden.

→ S. 83 Lichtlogik und Lichtquellen

Natürliches Licht

! Das **Führungslicht** ist die **Hauptlichtquelle**. Die Festlegung des Führungslichts ist der erste Schritt bei der Lichtsetzung.

- **Aufhellung (Fill)**
  Die **Aufhellung** ist die zweite Lichtquelle der Standardausleuchtung. Sie hat die Aufgabe, die durch das Führungslicht entstandenen Schatten abzuschwächen. Die Aufhellung muss deshalb von der anderen Seite der Kameraachse kommen (Abb. 2).

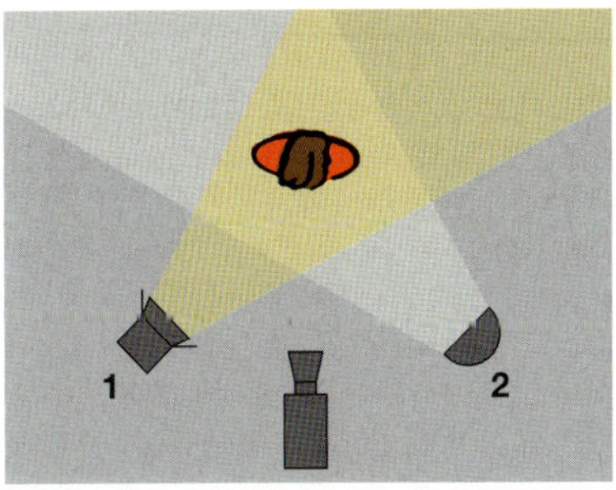

Abb. 2 Aufhellung im Verhältnis zur Führung

Abb. 3 Ausleuchtung mit Führung und Aufhellung

Im Gegensatz zur Führung muss die Lichtquelle der Aufhellung nicht unbedingt logisch nachvollziehbar sein. Der Zweck der Aufhellung besteht darin, dass der Gesamteindruck des entstehenden Bildes für den Betrachter als „normal" empfunden wird. Es darf keine übermäßigen Kontraste aufweisen.

Die Aufhellung muss in jedem Fall schwächer sein als die Führung. Sie darf die entstehenden Schatten der Führung nicht aufheben, sondern soll sie lediglich verringern. Je nach Verhältnis der Lichtstärken von Führung und Aufhellung können starke oder schwache Kontraste erzeugt werden. Mit einem starken Kontrast, wenn also die Führung um ein Vielfaches intensiver ist als die Aufhellung, wird ein dramatischer Effekt erzielt. Ein schwacher Kontrast wirkt hingegen weniger spektakulär. Die Abbildungen 1 und 2 zeigen die unterschiedlichen Kontraste.

Abb. 1 Starker Kontrast zwischen Führung und Aufhellung

Abb. 2 Schwacher Kontrast zwischen Führung und Aufhellung

→ S. 89 Lichtqualität

In der Regel liefert die Aufhellung ein **weicheres Licht** als die Führung. Sie muss nicht unbedingt durch eine Lampe oder einen Scheinwerfer entstehen. Häufig wird sie durch reflektiertes, also indirektes Licht erzeugt. Zu diesem Zweck kann z. B. mit Styroporplatten (Bounceboards) gearbeitet werden, die durch ihre großflächige Beschaffenheit für die nötige Streuung des einfallenden Lichts sorgen.

> ! Die **Aufhellung** befindet sich auf der anderen Seite der Kameraachse als das Führungslicht. Es muss schwächer sein und ist in der Regel auch weicher als das Hauptlicht.

- **Spitzlicht (Back Light)**
  Das **Spitzlicht** (kurz: Spitze) hat die Aufgabe, die ausgeleuchtete Person vom Hintergrund abzuheben und damit für Plastizität im Bild zu sorgen. Es wird schräg oben, hinter die abgebildete Person gesetzt (Abb. 3).

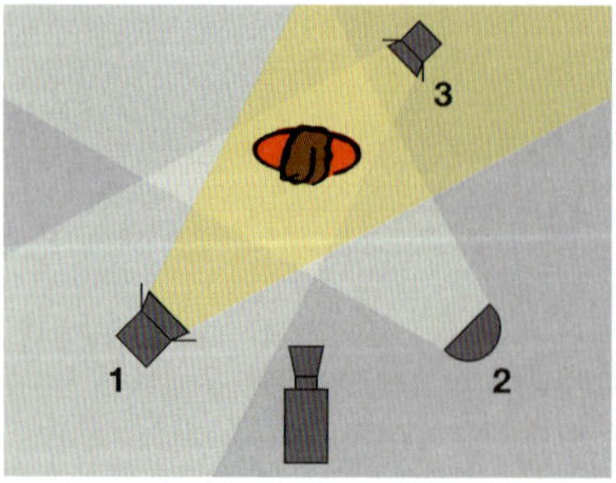

Abb. 3 Positionen von Führung, Aufhellung und Spitze

Abb. 4 Portraitausleuchtung mit Führung, Aufhellung und Spitze

Kante

Durch die Spitze entsteht eine Art Lichtsaum am Kopf oder je nach Positionierung auch eine **Kante**, die eine Seite des Abgebildeten, seinen Kopf und die Schulter hervorhebt (Abb. 4, Seite 80). Wegen seiner Positionierung wird die Spitze auch als **Hinterlicht** oder **Gegenlicht** bezeichnet. Sie liegt meist gegenüber der Führung.

Das **Spitzlicht** scheint von hinten auf den Kopf der ausgeleuchteten Person. Dadurch wird die Person deutlich vom Hintergrund getrennt und es entsteht mehr Tiefe im Bild.

Wenn die Spitze übermäßig stark ist, kann sie einen leuchtenden Lichtsaum um die beschienene Person erzeugen, der wie eine Art Heiligenschein wirkt. Dieser Lichtkranz wird auch **Gloriole** genannt. Ein solcher Lichteffekt lässt die abgebildete Person als jemand Besonderes erscheinen (Abb. 1): abgehoben von der Wirklichkeit, überirdisch oder sogar göttlich. Eine Filmdiva wie Marlene Dietrich wurde durch den Glorolen-Effekt als unerreichbares Idol dargestellt.

Gloriole

Abb. 1 A. I. - Künstliche Intelligenz

Regisseur Steven Spielberg und sein Kameramann Janusz Kaminski bedienen sich häufig des Glorolen-Effekts, um eine märchenhafte, staunenswerte, ungewöhnliche Situation auszuleuchten. Abbildung 1 zeigt ein Beispiel aus dem Film *A.I. – Künstliche Intelligenz*.

A. I. – Künstliche Intelligenz (A. I. - Artificial Intelligence, USA 2000, Steven Spielberg)

Hintergrundlicht (Background Light)

Um den Eindruck eines fertig ausgeleuchteten und ansprechend gestalteten Bildes zu erreichen, wird in der Regel mit weiteren Lichtquellen gearbeitet, die sich nicht direkt auf die abgebildete Person, sondern auf deren Umgebung beziehen. Im Allgemeinen spricht man dann von **Hintergrundlicht**. Im einfachsten Fall wird bei einer Interviewsituation im Studio ein einfacher Scheinwerfer schräg auf den neutralen monochromen (oft blau- oder schwarzflächigen) Hintergrund gerichtet, um dem Bild mehr Struktur zu geben.

Durch ein solches Hintergrundlicht wird außerdem die Räumlichkeit des Bildes betont. Bei szenischen Produktionen wird die entsprechende Dekoration ausgeleuchtet, man spricht hier von **Dekolicht**. Je nach dramaturgischen Anforderungen kann die Hintergrundausleuchtung sehr komplex und damit aufwändig werden. Das Zusammenwirken von Führung, Aufhellung, Spitze und Hintergrundlicht wird auch **Vier-Punkt-Ausleuchtung** genannt.

Dekolicht

Vier-Punkt-Ausleuchtung

Das **Hintergrundlicht** betont die Kulisse der Aufnahme und unterstützt dadurch die Tiefenwirkung des Bildes.

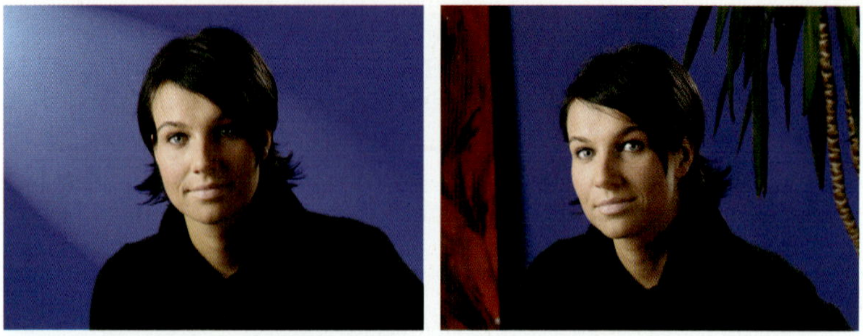

Abb. 1 Beispiele für Hintergrundlicht: a) Struktur, b) Deko

3.2 Kriterien der Lichtgestaltung

Als **Set** bezeichnet man den Drehort (Studio oder Außengelände).

Die Lichtsetzung gehört zu den aufwändigsten Arbeiten am Set. Dabei besteht das Ziel meistens darin, eine als „normal" empfundene und nachvollziehbare Lichtsituation zu erzeugen. Wenn das Licht gut gesetzt ist, dann bemerkt es der Zuschauer oft gar nicht.

„Absaufen": Im Branchenjargon übliche Bezeichnung für Bereiche des Bildes (Objekte oder Personen), die wegen mangelnder Ausleuchtung nur schlecht zu erkennen sind. Sind dagegen einige Partien einer Person so überhell, dass Konturen verloren gehen, dann spricht man davon, dass sie „brennt".

Licht gehört zu den Gestaltungsmitteln, die eher unbewusst wahrgenommen werden, deren Einsatz auf die Atmosphäre eines Bildes oder einer Szene jedoch enormen Einfluss haben. Dem Publikum fallen grobe Fehler in der Lichtführung, also störende Schatten, „absaufende" Personen oder irritierendes Gegenlicht sofort auf. Eine korrekt gesetzte Standardausleuchtung oder ein geschickt gesetztes Stimmungslicht werden hingegen nicht bewusst wahrgenommen.

Selbst wenn eine erzeugte Lichtstimmung weit vom Erfahrungshorizont des Zuschauers abweicht, wird ein Großteil des Publikums die besondere Stimmung nicht bewusst registrieren, sondern vielmehr spüren. Besondere Lichtstimmungen prägen den Charakter einer Szene ebenso, wie sie abgebildete Personen charakterisieren können. Ob eine Person sympathisch oder unsympathisch wirkt, ob sie zufrieden, gesund oder krank erscheint: diese Eindrücke können mithilfe des Lichtes verstärkt werden.

Grundlicht ist das erforderliche Licht, das man braucht, um das Set auszuleuchten. Bei szenischen Produktionen ist es identisch mit dem Hintergrundlicht. Mit dem Grundlicht setzt man keine Schwerpunkte, sondern schafft eine Grundhelligkeit für die dargestellte Situation.

Bei großen szenischen Produktionen wird das Licht für jede Einstellung jeweils neu eingerichtet. Oft wird jedoch aus Zeitgründen auf eine ausgefeilte und differenzierte Ausleuchtung zugunsten einer allgemeinen gleichmäßigen Grundhelligkeit verzichtet. Studioproduktionen wie Daily Soaps, bei denen an jedem Tag ein enormes Drehpensum abzuarbeiten ist, arbeiten daher mit fest einprogrammierten Lichtstimmungen („morgens sonnig", „Abendstimmung", „Wohnungsbeleuchtung nachts" usw.) Der oft recht sterile Studioeindruck lässt sich durch solche Tendenzausleuchtungen, die meistens ein etwas unerklärliches **Grundlicht** aufweisen, nicht verhindern.

Unabhängig vom Aufwand der Produktion gibt es jedoch Kriterien der Lichtgestaltung, die man kennen und beachten sollte. Die bewusste Arbeit mit Licht geht weit darüber hinaus, alles im Bild gut sichtbar zu machen. Vielmehr geht es um die Möglichkeiten, mit Licht Atmosphäre zu schaffen und den Zuschauer im Sinne des dargestellten Inhalts unmerklich zu beeinflussen.

3.2.1 Lichtlogik und Lichtquellen

Lichtlogik

Der Begriff **Lichtlogik** bezieht sich immer auf die Nachvollziehbarkeit einer Lichtsituation in einer Einstellung oder einer Szene. Folgt man der Lichtlogik, so muss die Lichtrichtung beim Einstellungswechsel immer gleich bleiben. Bei Schuss-Gegenschussaufnahmen vor einem Fenster als Hauptlichtquelle heißt das demnach: Eine Person wird von links, ihr Gegenüber entsprechend von rechts beleuchtet. Sind die Lichtverhältnisse weitgehend verständlich und logisch nachvollziehbar, spricht man von **natürlichem Licht**.

Natürliches Licht

! Von **natürlichem Licht** spricht man, wenn die Lichtsituation einer Szene aus der dargestellten Situation heraus nachvollziehbar ist.

Die Nachvollziehbarkeit einer Lichtsituation wird in erster Linie durch die Führung, d. h. die stärkste Lichtquelle, bestimmt. Sie kann tatsächlich im Bild zu sehen sein oder vom Betrachter als außerhalb des Bildrahmens vorhanden angenommen werden. Aufhellung und Spitze (bzw. Kante) müssen nicht zwingend nachvollziehbar sein, da sie vom Zuschauer kaum bewusst wahrgenommen werden. Sie erfüllen den Zweck, die von der Führung vorgegebene Lichtsituation zu optimieren.

→ S. 78 Drei-Punkt-Ausleuchtung

Weisen einzelne Einstellungen einer Szene unterschiedliche Lichtsituationen auf, die zwar nicht logisch nachvollziehbar sind, jedoch zugunsten eines Effekts eingesetzt werden, dann spricht man von **dramatischem Licht**. Dramatische Ausleuchtung folgt weniger dem Prinzip der Logik, als vielmehr der effektvollen Zuschauermanipulation. Abbildung 1 zeigt, wie eine Szene durch dramatische, aber nicht unbedingt logische Ausleuchtung effektvoll inszeniert werden kann.

Dramatisches Licht

Abb. 1 Nachtszene, durch Licht angedeutet

Im Zeichen des Bösen (Touch of Evil, USA 1958, Orson Welles)

Selbstverständlich kann eine dramatisch ausgeleuchtete Szene trotzdem der Lichtlogik folgen, aber nicht jede unlogische Ausleuchtung muss ein handwerklicher Fehler sein!

! Bei der **dramatischen Ausleuchtung** steht der Effekt einer Lichtsituation im Vordergrund und nicht deren Nachvollziehbarkeit.

Lichtquellen

Nicht alle sichtbaren **Lichtquellen** haben tatsächlich Einfluss auf die Ausleuchtung einer Szene. Oft sind Lampen im Bühnenbild nur Requisiten, von denen kein wesentliches Licht auf die dargestellte Situation ausgeht. Jeder kennt die alten Filmszenen, in denen die Darsteller ein kleines Licht in einem dunklen Raum anzünden und urplötzlich erscheint die ganze Kulisse in gleichmäßiges starkes Licht getaucht. Hier wird schnell klar, dass die zu sehende Lichtquelle keinen wirklichen Einfluss auf die Ausleuchtung der Szene hat. Auch Kerzenlicht in Filmen wird selten von den sichtba-

Vorhandene Lichtquellen im Bild werden auch **Selbstleuchter** oder **Practicals** genannt.

ren Flammen gespendet. Fast immer sind für den Zuschauer im Bild nicht sichtbare Lichtquellen für das Licht verantwortlich.

Weil die Arbeit mit authentischen Lichtquellen am Set kompliziert ist und sehr zeitraubend sein kann, wird bei schnellen Produktionen mit einer weitgehend standardisierten Studioausleuchtung gearbeitet. Das Ergebnis ist täglich im Fernsehen zu begutachten: Differenzierte Lichtsituationen kommen selten vor, meist herrscht ein einheitlicher, grundsätzlich recht heller Beleuchtungsstil vor und die von den Darstellern ausgehenden Schatten sind oft nicht nachvollziehbar.

Unter **filmischem Raum** versteht man einen Raum, so wie er im Film erscheint. Durch die Beleuchtung, die Kadrierung oder auch durch die verschiedenen Perspektiven der Kamera angeregt, konstruiert sich der Zuschauer das Gesamtbild eines Raums, der so in der Wirklichkeit nicht existiert.

Im Gegensatz dazu ist es aber auch möglich, einen Raum mithilfe seiner Ausleuchtung nach dramaturgischer Notwendigkeit zu strukturieren und dadurch einen **filmischen Raum** erst zu erschaffen. In einer Nachtszene beispielsweise kann eine schwarze Bildfläche durch nur wenige sichtbare Konturen und Reflexionen zu einem räumlichen Eindruck geformt werden, wie die Abb. auf S. 81 zeigt.

3.2.2 Lichtrichtung

Seitenlicht

Bei der Standardsausleuchtung wird das Hauptlicht seitlich von der Kamera auf das Objekt bzw. auf die Person geworfen. Die Position des Führungslichts ist in einem Winkel von ca. 30° bis 40° zur Kameraachse platziert. Ein solches **Seitenlicht** erscheint dem Betrachter in der Regel am natürlichsten. Durch die entstehenden Schatten wird eine gewisse Struktur geschaffen. Damit wird der abgebildeten Person bzw. dem Objekt Kontur und Räumlichkeit verliehen.

! Das seitlich von der Kamera einfallende Licht erscheint am natürlichsten.

Der Einsatz von Licht aus anderen Richtungen hat immer Konsequenzen für das Erscheinungsbild einer abgebildeten Person, die einem natürlichen Eindruck entgegenstehen. Auffällige Möglichkeiten sind Vorderlicht, Streiflicht und Gegenlicht.

Vorderlicht

Abb. 1 Ausleuchtung mit Vorderlicht

Liegt die Führung direkt auf der Kameraachse, dann verliert das Gesicht des Darstellers seine Konturierung und seine Tiefe. Das Gesicht erscheint flach, die Person wirkt dadurch wenig interessant. Mit einem solchen **Vorderlicht** (auch **Frontallicht**) wird dem Abgebildeten keinesfalls geschmeichelt, er erhält eine Blässe und wirkt eher kränklich. Nur zu wenigen dramaturgischen Anlässen lässt sich mit dem entstehenden Effekt von Vorderlicht sinnvoll arbeiten. Eine Platzierung des Hauptlichtes in einem spitzen Winkel zur Kameraachse (10° bis 15°) kann allerdings sinnvoll sein, um die Falten und Unreinheiten im Gesicht einer Person abzuschwächen.

Kameralicht

In EB-Situationen wird umständehalber häufig mit einem **Kameralicht** gearbeitet, das für eine Lichtquelle von vorne, d. h. direkt auf der Kameraachse sorgt. Die auf der Kamera montierte Leuchte dient zur Aufhellung von Augenschatten. Auch hier sollte man sich des Effekts von Licht aus dieser Richtung bewusst sein. Ist das von vorne kommende Licht zu stark, so kann es den Abgebildeten blenden und damit zu einem verzerrten, unnatürlichen Gesichtsausdruck führen, der ihn unvorteilhaft aussehen lässt. Daher sollte kein starkes Licht direkt in die Augen fallen.

Wenn es die Drehsituation erlaubt, dann sollte ein Assistent ein Licht seitlich zur Kamera in einem Winkel von ca. 30° bis 40° zur Kameraachse halten, um eine Schattenzeichnung auf dem Gesicht des Aufgenommenen zu erzielen. Auch im Zusammenspiel mit anderen vor Ort vorhandenen Lichtquellen ist eine Aufhebung der negativen Bildeffekte des Kameralichtes möglich.

! Liegt die Führung auf der Kameraachse und ist es direkt auf eine Person oder ein Objekt gerichtet, dann spricht man von **Vorderlicht**. Ein abgebildetes Gesicht wird direkt angestrahlt, es verliert dadurch seine Konturierung und wirkt flach und unattraktiv.

Streiflicht

Wird das Licht in einem Winkel von 90° zur Kameraachse gesetzt, dann spricht man von **Streiflicht**. Ein solcher Lichteinfall wirkt nicht mehr natürlich, er verursacht starke Schatten und hebt Konturen und Strukturen von Oberflächen stark hervor. Streiflicht erzeugt in der Regel ein kontrastreiches Bild mit dramatischem Effekt.

Abb. 1 Ausleuchtung mit Streiflicht

! Liegt die Führung im rechten Winkel zur Kameraachse, erhält man ein **Streiflicht**. Es erzeugt starke Schatten und hat einen dramatisierenden Effekt.

Gegenlicht

Liegt eine Lichtquelle auf der Kameraachse und ist das Licht, eventuell sogar das Hauptlicht, direkt in die Kamera gerichtet, dann spricht man von **Gegenlicht**. Bei einer solchen Platzierung der Lichtquelle kann der Zuschauer geblendet werden. Deshalb wirken Aufnahmen mit direktem Gegenlicht fast immer unangenehm auf den Betrachter. Verdeckt eine Person das Gegenlicht, dann führt diese Beleuchtung zur schemenhaften Abbildung, die Umrisse sind nur noch als Silhouette erkennbar.

Abb. 2 Gegenlicht-Situation

Gegenlicht in gewöhnlichen Interviewsituationen sollte vermieden werden. Personen, die im Gegenlicht aufgenommen werden, haftet stets etwas besonders Dramatisches oder Bedrohliches an. Die Gegenlichtquelle lässt einen Lichtkranz entstehen, der den Umrissen des Körpers eine geheimnisvolle Aura gibt.

Eine hinter dem aufgenommenen Objekt platzierte Lichtquelle, deren Licht der Kamera entgegenkommt, wird **Gegenlicht** genannt.

In der folgenden Abbildung sind die unterschiedlichen Lichtrichtungen und ihre Bezeichnungen zusammenfassend dargestellt:

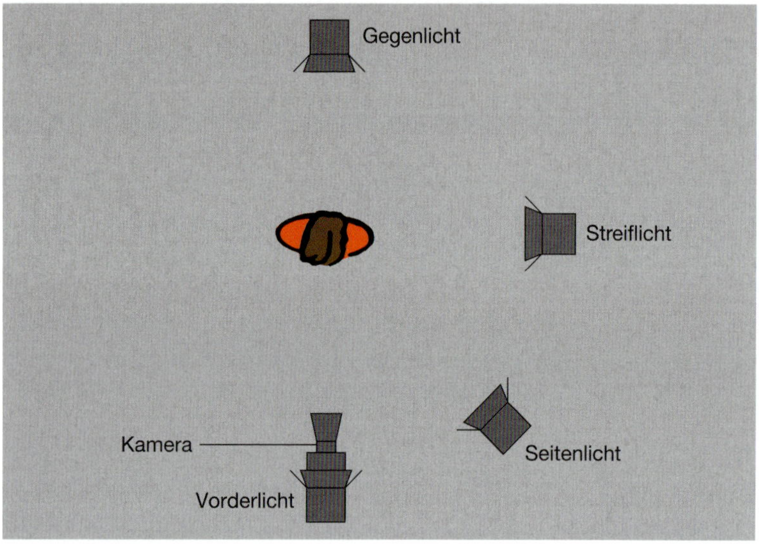

Abb. 1 Lichtpositionen: Vorder-, Seiten-, Streif- und Gegenlicht

3.2.3 Beleuchtungsstile

Die Beleuchtung der Situation vor der Kamera kann auch durch die eingesetzte Lichtmenge maßgeblich beeinflusst werden. Die Intensität des Lichts und der Kontrast zwischen hellen und dunklen Partien im Bild wirken sich auf die in einer Szene vorherrschende Stimmung deutlich aus. Man spricht hier auch von einem **Beleuchtungsstil** oder **Lichtstil**.

Lichtstil

Allgemein werden folgende Beleuchtungsstile voneinander unterschieden: der **Normalstil, High Key** und **Low Key**. Natürlich gibt es bei Beleuchtungsstilen auch fließende Übergänge.

Normalstil

Normalstil

Wenn Personen und Objekte im Bild so erscheinen, wie sie bei normalem Tageslicht gesehen werden, dann spricht man vom **Normalstil**. Helligkeitsunterschiede der Objekte untereinander sowie die Verteilung der Helligkeit innerhalb des Bildraumes halten sich in Grenzen.

Dem Zuschauer fällt bei einer gleichmäßigen Ausleuchtung das Licht gar nicht auf. Er sieht alle wichtigen Personen und Vorgänge und macht sich dementsprechend keine Gedanken über die oft aufwändige Ausleuchtung.

> ! Für den **Normalstil** ist eine weitgehend gleichmäßige Ausleuchtung charakteristisch.

Die Lichtsituation kann aber auch von dieser unauffälligen Ausleuchtung deutlich abweichen und besonders helle oder dunkle Lichtstimmungen in einem Bild oder einer Szene erzeugen. Man spricht in diesen Fällen von **High Key** und **Low Key**. Der Lichtstil hat dann einen deutlich manipulierenden Charakter.

High Key

High Key

Abb. 1 Beispiel für High Key

Der einzige Zeuge (Whitness, USA 1985, Peter Weir)

Wenn eine Szene in ein sehr helles und gleichmäßiges Licht getaucht ist, spricht man vom **High Key Stil**. Hierbei sind Objekte bzw. Personen von starkem Licht umgeben. Die grundsätzliche dramaturgische Funktion dieses Beleuchtungsstils ist es, eine freundliche Grundstimmung zu erzeugen und eine positive Atmosphäre zu betonen. Typische Beispiele hierfür findet man in der Werbung, wenn glückliche Familien in sonnendurchfluteten Häusern die beworbenen Produkte konsumieren.

Die Wirkung des High Key Stils ist allerdings von entsprechenden Bild- oder Szeneninhalten abhängig. Eine lichtintensive Situation, die wenig positive Assoziationen auslöst, ist etwa die Szenerie eines Krankenhauses. Die helle, aseptische Atmosphäre eines Operationssaales (bei Neon-Beleuchtung grünlich-kalt) weckt sicher eher unangenehme Empfindungen beim Zuschauer.

> ! **High Key** ist ein Beleuchtungsstil, der die Szenerie übermäßig hell erscheinen lässt.

Low Key

Beim **Low Key** dominieren die dunklen Tonwerte im Bild. Durchgehende Schattenflächen sind für diesen Beleuchtungsstil charakteristisch. Der Gesamteindruck des Bildes oder der Szenerie ist eher dunkel. Generell wird diesem Beleuchtungsstil eine entsprechend düstere oder bedrohliche Stimmung zugeordnet.

> ! **Low Key** ist ein Beleuchtungsstil, der die Schattenpartien einer Szenerie betont.

Weist das Bild eine weitgehend gleichmäßige dunkle Lichtstimmung auf, dann spricht man auch von einem **ausgeglichenen Low Key**. Der **unausge-**

Ausgeglichener und unausgeglichener Low Key

glichene Low Key Stil zeichnet sich hingegen besonders durch starke Hell-Dunkel-Kontraste aus, bei der Mitteltöne fast völlig fehlen.

Rembrandt Harmenszoon van Rijn (1606-1669), niederländischer Maler und Grafiker. Die Arbeiten Rembrandts zeichnen sich durch die Arbeit mit zum Teil extrem starken Hell-Dunkel-Kontrasten aus.

Im Zusammenhang mit dem Low Key Stil wird häufig auf eine Traditionslinie hingewiesen, die auf den Umgang mit Lichtsituationen in der traditionellen Malerei zurückgeht. Vor allem das **Rembrandt-Licht** gilt als eine Art Vorbild für die stimmungsvolle Low-Key-Ausleuchtung vieler Filme: Hier wird die Szene oft nur von einem einzigen Seitenlicht erhellt, weite Bereiche des Bildes fallen ins Dunkle ab und sind eher zu erahnen als tatsächlich zu erkennen (Abb. 1).

Abb. 1 Rembrandt: *Philosoph in der Meditation* (1632)

Das Cabinett des Dr. Caligari (Deutschland 1919, Robert Wiene)

Nosferatu – Eine Symphonie des Grauens (Deutschland 1921/22, Friedrich Wilhelm Murnau)

Die Lichtgestaltung des expressionistischen Films im Deutschland der zwanziger Jahre arbeitet häufig mit starken Hell-Dunkel-Kontrasten. *Das Cabinett des Dr. Caligari* und *Nosferatu – Eine Symphonie des Grauens* sind die bekanntesten Filme dieser Stilrichtung. Die Hell-Dunkel-Effekte bei *Caligari* entstanden allerdings nicht allein durch die Ausleuchtung, sondern auch durch die Ausstattung des Films, die in starken Kontrasten gestaltet war. Die stilisierte Bildsprache wurde zudem durch Kostüm und Maske in ihrer bizarren Wirkung unterstützt (Abb. 2 a) und b).

Abb. 2 Expressionistischer Beleuchtungsstil: a) *Das Cabinett des Dr. Caligari* und b) *Nosferatu – Eine Symphonie des Grauens*

Der expressionistische Film mit seinen Hell-Dunkel-Kontrasten und seinen düsteren Stimmungen wird auch als stilistische Quelle des **Film Noir** angesehen. Low Key Lichtgestaltung hat bis heute starken Einfluss. Filme wie *Blade Runner* oder *The Man Who Wasn't There* (Abb. 1) arbeiten ebenso mit den bedrohlichen Stimmungen des Film Noir wie die TV-Serie *Akte X*.

Blade Runner (USA 1982, Ridley Scott)

Akte X (The X-Files, Fernsehserie, USA/ Kanada 1993)

Abb. 1 a), b) Beispiele für Low Key aus dem Film *The Man Who Wasn't There*

The Man Who Wasn't There (USA 2001, Joel Coen)

Auch für den Low Key Stil gilt, dass die Lichtverhältnisse nur in Verbindung mit einem entsprechenden Bildinhalt oder Handlungszusammenhang ihre Wirkung entfalten. Mit einer dunklen Lichtstimmung kann man eben auch ein romantisches Dinner bei Kerzenschein oder eine Kussszene bei Mondlicht gestalten.

Neben der Lichtrichtung und dem Beleuchtungsstil hat auch die Lichtqualität einen wesentlichen Einfluss auf die Wirkung eines Bildes oder einer Szene.

Film Noir ist die Bezeichnung für ein amerikanisches Filmgenre der vierziger und fünfziger Jahre. Die pessimistische und zum Teil zynische Weltsicht dieser Filme wird in ihren stilistischen Eigenschaften wiedergespiegelt. Prägend sind vor allem die düstere, harte Lichtgestaltung und die oft beengte, klaustrophobische Kadrierung der Bilder.

3.2.4 Lichtqualität

Licht kann hart oder weich sein. An hellen, sonnigen Tagen mit einem wol kenlosen Himmel erzeugt das Licht harte scharf konturierte Schatten. An bewölkten Tagen hingegen sind einzelne definierte Schatten kaum auszumachen. Auch auf die Wahrnehmung von Farben hat die Lichtqualität einen starken Einfluss. An sonnigen Tagen erscheinen die Farben klarer und gesättigter als bei bewölktem Himmel.

Zwischen den extremen Lichtqualitäten gibt es natürlich ein großes Spektrum von Zwischenstufen. Alle Arten von Lichtqualitäten können in der Gestaltung imitiert und für die Erzeugung entsprechender Stimmungen genutzt werden. **Hartes Licht** strahlt ein Objekt oder eine Person direkt an. Man spricht auch von **gerichtetem Licht**. In diesem Fall entsteht eine scharfe Schattenlinie. Durch hartes Licht werden die Oberflächenstrukturen eines ausgeleuchteten Objekts deutlich hervorgehoben und Unebenheiten werden sichtbar.

Hartes Licht

Bei **weichem Licht** dagegen wird häufig über indirekten Lichteinfall gearbeitet. Man lässt das Licht von Wänden, Reflektoren usw. abstrahlen, wodurch der Lichtwurf flächiger und damit eben weicher wirkt. Hier spricht man auch von **diffusem Licht**. Weiches Licht glättet die Oberfläche von Objekten und Gegenständen.

Weiches Licht

Hartes Licht ist gerichtetes Licht. Es erzeugt harte Schatten und bringt Oberflächenstrukturen von Objekten klar hervor.
Weiches Licht ist diffuses Licht. Es erzeugt einen weichen Schattenverlauf und glättet Objekte in ihrem Erscheinungsbild.

Abb. 1 Beispiel für hartes Licht

Abb. 2 Beispiel für weiches Licht

Durch die Wahl der Lichtqualität können gezielte Hinweise auf den Charakter einer abgebildeten Person gegeben werden. Indem man eine Person grundsätzlich eher hart ausleuchtet und damit kantige Schatten in ihrem Gesicht erzeugt, wird sie als entsprechend sachlich und kühl, tendenziell eher unsympathisch erscheinen (Abb. 1). Durch die entstehenden Schatten kann auch ein typischer „Charakterkopf" betont werden. Ältere Menschen werden hart ausgeleuchtet, wenn ihr Gesicht „eine Geschichte erzählen" soll, wenn also Falten und Grübchen von einem langen erfahrungsreichen Leben zeugen.

Weich ausgeleuchtete Szenen oder Portraitaufnahmen hingegen assoziieren beim Publikum im Allgemeinen eine sanfte Stimmung (Abb. 2). Es ist kein Geheimnis, dass weiches Licht alternden Darstellern schmeichelt, weil es hilft, die nicht mehr ganz straffe Haut und Hautunreinheiten zu übersehen.

3.2.5 Lichteffekte

Neben den genannten Kriterien der Lichtgestaltung gibt es eine fast endlose Reihe weiterer Möglichkeiten, eine abgebildete Person oder Situation durch **Lichteffekte** zu verändern. Die unterschiedliche Färbung des Lichts, beispielsweise durch Farbfolien vor den Scheinwerfern, hat einen großen Einfluss auf die Atmosphäre einer Einstellung oder Szene. Hier gelten die Wirkungsaspekte der Farbgestaltung.

→ S. 29 Gestaltung mit Farben

Um besonders wirkungsvolle Bilder zu erhalten, kann mit einer ganzen Reihe von Lichteffekten gearbeitet werden. Beispiele sind **Akzentlichter** und **Volumenlicht**.

Akzentlicht

Akzentlicht

Alle Lichtquellen, die einzelne Objekte oder einzelne Bildpartien aus der Gesamtansicht noch einmal besonders hervorheben, sind Akzentlichter. Setzt man bei der Aufnahme von Personen ein Akzentlicht auf die Augenpartie, so entsteht durch die Lichtreflexion in der Pupille des Aufgenommenen ein **Augenlicht**. Das Augenlicht kann entweder durch die Lichtsituation am Set auf natürliche Weise entstehen, d. h. es sind ohnehin Reflexionen im Auge zu sehen, oder es wird extra durch eine kleine zusätzliche Lampe erzeugt.

Augenlicht

Augenlicht ist ein missverständlicher Begriff, der aber in der Mediensprache geläufig ist. Es handelt sich weder um ein Licht (sondern um eine Spiegelung), noch geht es um die Fähigkeit, überhaupt sehen zu können, was allgemeinsprachlich unter dem Begriff verstanden wird.

Das Augenlicht unterstreicht den Charakter der abgebildeten Person. Es verleiht ihrem Gesichtsausdruck Lebendigkeit und Intensität (Abb. 1b). Es wird sowohl positiv als auch negativ verstärkend eingesetzt: Ein strahlendes zufriedenes Lachen wird genauso unterstrichen wie die durchdringend funkelnden Augen eines bösartigen Charakters.

! **Augenlicht** verstärkt den Ausdruck einer abgebildeten Person.

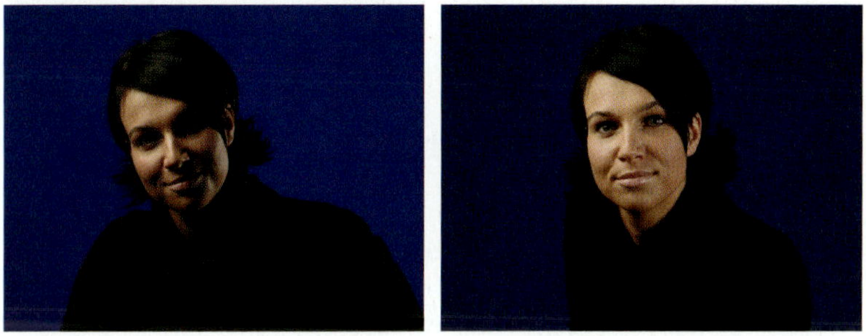

Abb. 1 Portraitaufnahme: a) ohne und b) mit Augenlicht

Andere **Akzentlichter** können auf für die Handlung wichtige Objekte hinweisen und sie durch eine Reflexion, eine leichte Überstrahlung oder farbiges Licht unterstreichen. Solche Lichtakzente finden sich häufig in der Werbung. Vor allem bei **Pack Shots** wird gerne mit dramatisierenden Lichteffekten gearbeitet, um dem Produkt, das im Supermarktregal weitaus nüchterner erscheint, eine entsprechend interessante Note zu verleihen (Abb. 2). Die Maßgaben der Lichtlogik werden bei solchen Aufnahmen weitgehend außer Acht gelassen.

Abb. 2 Pack Shot

Bei einem **Pack Shot** handelt es sich um eine meist unbewegte Einstellung, die das beworbene Produkt am Ende eines Werbespots noch einmal gut erkennbar und attraktiv abbildet.

Volumenlicht

Das optische Phänomen, dass weit entfernte Gegenstände heller und bläulicher wirken sowie unschärfere Konturen haben als nahe Objekte wird auch als **Luftperspektive** bezeichnet. In der Malerei wird dieses Stilmittel eingesetzt, um dem Bildraum Weite und Atmosphäre zu verleihen.

Luftperspektive

Der Effekt, den eine dunstige Atmosphäre auf den entstehenden Bildeindruck macht, wird auch bei Film und Fernsehen genutzt. Indem man vor der Aufnahme am Set gleichmäßig die Luft mit Nebelpulver oder ähnlichen Hilfsmitteln (Kerzen, Dunst) anreichert, wird die Luft gewissermaßen sichtbar gemacht. Die schwebenden Partikel erzeugen mehrfache Effekte: Mit zunehmenden Abstand von der Kamera wird das Bild immer unklarer, da sich immer mehr Partikel zwischen Objekt und Objektiv befinden. Dadurch entsteht eine Schärfestaffelung im Bild, eine Tiefenwirkung wird erzeugt. Man spricht in diesem Fall auch von **Volumenlicht**, da das Volumen des Raumes in den entstehenden Aufnahmen gewissermaßen sichtbar gemacht wird.

Volumenlicht wird auch mit dem italienischem Begriff **Sfumato** („verraucht") bezeichnet.

Darüber hinaus macht der Dunst den Lichteinfall sichtbar. Die Partikel reflektieren das ausstrahlende Licht und machen damit den Lichtkegel, beispielsweise einer Taschenlampe, sichtbar. Mit diesem Effekt kann dem Bild ein zusätzlicher grafischer Reiz gegeben werden (Abb. 1).

Blade Runner (USA 1982, Ridley Scott)

Abb. 1 Beispiel für Volumenlicht

3.3 Aufgaben und Übungen

1. Sie sollen eine Nahaufnahme eines Interviewpartners mit Brille ausleuchten. Worauf ist hier besonders zu achten?

2. Was versteht man unter einer Mischlicht-Situation? Wo findet man solche Situationen üblicherweise vor?

3. Nennen Sie die Funktionen der einzelnen Lichtquellen bei einer Vier-Punkt-Ausleuchtung!

4. In welchem Verhältnis steht die Aufhellung zum Führungslicht
   a) bezogen auf die räumliche Anordnung am Set?
   b) bezogen auf die Lichtqualität?

5. Worin unterscheiden sich der ausgeglichene und der unausgeglichene Low Key?

6. Von welchen Faktoren hängt es ab, ob ein High Key Stil im Bild eine positive oder eine negative Wirkung auf den Zuschauer hat?

7. Was versteht man unter Lichtlogik?

8. Analysieren Sie je eine Szene aus einer Fernsehserie und aus einem Spielfilm. Beantworten sie dabei folgende Fragen:
   a) Durch welche Lichtquellen wird die Szene ausgeleuchtet?
   b) Sind der Lichteinfall und die zu sehenden Schatten aus der dargestellten Situation heraus logisch nachvollziehbar?
   c) Kann man einen spezifischen Lichtstil erkennen?
   d) Findet eine Charakterisierung der Personen mithilfe der Lichtgestaltung statt?
   e) Haben die sichtbaren Lichtquellen im Bild einen Einfluss auf die Lichtsituation?

4 Tongestaltung

Beim Anschauen eines Films oder einer Fernsehsendung wird der Ton nur selten bewusst wahrgenommen. Der Zuschauer nimmt die das Bild begleitenden Tonereignisse in der Regel einfach als gegeben hin. Aufmerksames Hinhören ist weitaus seltener als genaues Hinsehen. Dass die Tonspur eines Films jedoch entscheidenden Anteil an dessen Wirkung hat, ist den meisten Zuschauern gar nicht klar. Nur schlechter (also unverständlicher oder gestörter) Ton sowie übermäßig lauter Toneinsatz fallen dem Zuschauer sofort auf. Wie die Tonebene aber Stimmungen und Atmosphäre schafft und wie durch eine genau gestaltete Tonspur die Wahrnehmung der dargestellten Ereignisse manipuliert werden kann, das bleibt dem größten Teil des Publikums verborgen.

! Der Ton wird vom Zuschauer nur selten bewusst als Gestaltungsmittel wahrgenommen.

Der Ton eines Films oder einer Fernsehsendung lässt sich grundsätzlich in drei Bereiche unterteilen:

- Musik,
- Geräusche und
- Sprache.

In der dramaturgischen Betrachtung dieser unterschiedlichen **Tonquellen** spricht man auch von **Tonebenen**. Zu jeder dieser Tonquellen haben sich im Laufe der Film- und Fernsehgeschichte Konventionen bezüglich ihres Verhältnisses zum Bild herausgebildet. Das einfachste Verhältnis zwischen Bild und Ton kann mit den Begriffen **On-Ton** und **Off-Ton** erklärt werden: Ist die Herkunft der Tonquelle im Bild zu sehen, so spricht man von On-Ton. Ist die Tonquelle nicht im Bild zu sehen, spricht man von Off-Ton.

Im täglichen Sprachgebrauch werden fast immer nur die Kurzbezeichnungen „On" und „Off" verwendet.

Befindet sich die Schallquelle im Off, werden **szenischer Off-Ton** und **kommentierender Off-Ton** voneinander unterschieden.

Um **szenischen Off-Ton** handelt es sich, wenn die Tonquelle zwar nicht zu sehen ist, sie ihren Ursprung aber in der gezeigten Situation hat. Ein Beispiel ist die Musik, die von einem Pianisten während eines Konzertes gespielt wird, während man sein Publikum sieht. In einer Totalen vom Publikum kommt die Musik dann aus dem szenischen Off.

Als **kommentierenden Off-Ton** bezeichnet man alle Varianten von Ton, der nicht direkt zur dargestellten Situation gehört, beispielsweise jede Art von Musikeinsatz oder Sprecherkommentar, der in der Postproduktion über die gezeigten Bilder gelegt wird und nicht konkret in der dargestellten Situation vorkommt. Im Gegensatz zu Sprache und Musik sind Geräusche im kommentierenden Off eher selten, sie werden aber eingesetzt, wenn zum Beispiel Bildeffekte (wie Effektblenden) zu sehen sind.

4.1 Die Tonaufnahme

Die Tongestaltung beginnt mit der Aufnahme. Im Amateurbereich ist es üblich, den Ton mit dem in der Kamera eingebauten Mikrofon gleichzeitig aufzunehmen. Bei professionellen Produktionen wird dies vermieden. Die Gründe hierfür sind vielfältig. Zum Beispiel:

- Die Qualität der eingebauten Mikrofone ist nicht immer überzeugend.
- Die Laufgeräusche der Kamera sind zu hören.
- Die Entfernung von der Tonquelle verhindert eine kontrollierte und brauchbare Tonaufnahme.

Nicht selten ergibt sich die Situation, dass der vom Kameramikrofon aufgenommene Ton gar nicht zu den Bildern passt. Bei Amateurfilmen lässt sich dieses Phänomen häufig beobachten. Ein Beispiel: Die Bildaufnahme zeigt die Totale einer Küstenlandschaft. Langsam zoomt der Kameramann auf ein Fischerboot, das an einem kleinen Anlegeplatz festmacht. Zu hören sind während der gesamten Einstellung aber lediglich der Ton einer stark befahrenen Straße und das Sprachengewirr von Touristen, die sich zusammen mit dem Filmer auf einem Parkplatz an einer Anhöhe in Küstennähe befinden. Der aufgenommene Ton hat nichts mit dem idyllischen Bild zu tun, das später die Idylle des Urlaubs illustrieren soll. In diesem Fall zerstört der Lärm sogar die Wirkung des stimmungsvollen Bildes und ist gar nicht zu gebrauchen.

Vom gleichen Standpunkt aus aufgenommene Bilder und Töne können also ganz unterschiedliche Eindrücke vermitteln. Das liegt vor allem daran, dass die Aufzeichnung von Geräuschen weitaus weniger begrenzt ist als der Bildausschnitt.

Abb. 1 Aufnahme von Bild und Ton

> **!** Bei der Aufnahme entsprechen sich Bildperspektive und Hörperspektive nicht zwangsläufig.

Mit einem an der Kamera befestigten Mikrofon kann man Situationen nicht so genau und selektiv aufnehmen, wie es beim Bild möglich ist. Durch die Wahl des Bildausschnitts wird immer nur eine kleine Teilansicht einer Gesamtsituation wiedergegeben. Der von der Kameraposition aus aufgenommene Ton dagegen gibt sämtliche Umgebungsgeräusche wieder, die mit der gewählten Kadrierung unter Umständen gar nichts zu tun haben.

Ein einfaches Kameramikrofon ist auch bei Sprachaufnahmen in Innenräumen problematisch. Die Kamera steht bei einem O-Ton zum Beispiel zwei Meter vom Interviewpartner entfernt und der Kameramann richtet das Bild ein, indem er die Person durch einen Zoom etwas „heranholt" und den Hintergrund in eine gewünschte Unschärfe bringt. Während das Bild also verdichtet wird, bleibt das Kameramikrofon auf Entfernung und wird so einen entsprechend halligen Ton aufnehmen, der unsauber klingt und auch nicht zum Bild passt.

Um eine dem Bild entsprechende kontrollierte und saubere Tonaufnahme zu erreichen, sollte deshalb immer mit externen Mikrofonen gearbeitet werden. Nur dadurch hat man die Möglichkeit, eine zum Bild passende Tonspur zu gestalten.

> **!** Bei professionellen Dreharbeiten müssen Bild und Ton separat aufgenommen werden. Kamera und Mikrofon sollte man getrennt halten.

Um den Ton bei einem Interview aufzunehmen, eignen sich typischerweise **Ansteckmikrofone** oder **Tonangeln**:

Bei den Interviewten oder Schauspielern werden im Brustbereich **Ansteckmikrofone** angebracht. So wird der Ton sehr direkt aufgenommen, störende Umgebungsgeräusche und Hall werden weitgehend vermieden. Allerdings muss man hier darauf achten, dass Kleidungsstücke oder Schmuck das Mikrofon nicht berühren, da sonst durch das Rascheln oder Klimpern neue Störungen entstehen.

Der Tonangler wird häufig auch als **Boomoperator** (oder im Branchenjargon **Boomer**) bezeichnet.

Der Tonangler (Kameraassistent) versucht mit Hilfe einer **Tonangel** so nahe wie möglich an den Mund der Schauspieler, Interviewpartner oder an eine sonstige Geräuschquelle zu gelangen, ohne dass das Mikrofon im Bild zu sehen ist.

Direktschall ist der Schall, der auf direktem Weg von der Tonquelle zum Hörer bzw. zum Mikrofon gelangt. Wenn **Diffusschall** beim Hörer bzw. am Mikrofon ankommt, hat er bereits mehrere Reflexionen (an Wänden, Decken, Böden usw.) erfahren und klingt deshalb „unreiner" als Direktschall.

Generell gilt: Durch den Mikrofonabstand wird der Raumeindruck verändert. Bei naher Mikrofonierung wird vor allem der **Direktschall** aufgenommen, die Stimme oder das Geräusch klingen entsprechend präsent, bieten aber wenig Raumeindruck. Bei größerem Abstand des Mikrofons zur Tonquelle wird auch zunehmend **Diffusschall** mit aufgenommen. Die Räumlichkeit beeinflusst die Tonaufnahme dann stärker.

Im professionellen Bereich gibt es für alle erdenklichen Aufnahmesituationen Mikrofone mit spezieller Charakteristik. Durch Auswahl und Positionierung von Mikrofonen ist es möglich, fast jedes gewünschte Geräusch am Set aufzunehmen und aus der allgemeinen Geräuschkulisse zu isolieren. Bei Sportübertragungen kann beispielsweise das Abschlaggeräusch eines Golfballs durch ein Richtmikrofon besonders herausgestellt werden. Die Rufe von der Ersatzbank beim Fußball oder die aufmunternden Sprüche der Trainer zwischen zwei Boxrunden sind typische Anwendungen von Richtmikrofonen.

Hörperspektive

Bei szenischen Produktionen besteht die Aufgabe des Tonmeisters darin, eine **Hörperspektive** zu schaffen, die dem Bild, bzw. der dargestellten Situation entspricht. Das heißt: Der aufgezeichnete Ton sollte dem entsprechen, was die im Bild gezeigte Person hört. Bei der Halbtotale eines Mannes, der in einer Telefonzelle steht, sollten die Tastengeräusche so deutlich wie für die abgebildete Person hörbar sein. Dem Standpunkt des Kameramannes, der mehrere Meter entfernt steht, entspricht dieser Höreindruck überhaupt nicht. Dennoch wirkt diese Diskrepanz zwischen Bildperspektive und Hörperspektive ganz natürlich.

! Bei szenischen Produktionen bezieht sich der Ton in der Regel auf die **subjektive Hörperspektive** der Protagonisten.

Um beim gedrehten Material den Eindruck größtmöglicher Authentizität zu erzeugen, sollten möglichst viele Geräusche direkt am Drehort aufgenommen werden. Zwar lassen sich bei der Nachbearbeitung des Materials auch Geräusche aus Tonarchiven verwenden, doch hat der vor Ort aufgenommene Ton immer den Vorteil, authentisch zu sein. Selbst wenn der am Drehort entstandene Ton gar nicht verwendbar sein sollte, so kann er immer noch als Referenz herangezogen werden, um möglichst genau entsprechende Geräusche „aus der Konserve" zu verwenden.

→ S. 168 Kontinuität

Tonkontinuität

So wie beim Bild auf Kontinuität (Licht, Bewegungen der Darsteller usw.) geachtet wird, so sollte man auch auf **Tonkontinuität** achten. Ein kontinuierlich erscheinender und natürlich klingender Ton wird bei Dreharbeiten durch verschiedene Faktoren erschwert:

Ton, der am Set separat, ohne laufende Kamera aufgenommen wird, wird als **Wild Track** bezeichnet. Der deutsche, seltener gebrauchte Begriff für Wild Track ist **Nur-Ton** (Abkürzung: NT).

- Störgeräusche, wie z. B. Flugzeuglärm, Kirchenglocken, Sirenen oder Hundegebell, erschweren die Tonaufnahme am Set. Es ist ein übliches Verfahren, Störgeräusche in der Nachbearbeitung mit anderem am Set aufgenommenen Ton zu ersetzen. Bei einer Restaurantszene beispielsweise kann ein vorbei fahrender Notarztwagen mit Sirene durch das Gemurmel der anderen Gäste und Besteckgeklapper ersetzt werden.
- Positionswechsel von Personen oder Raumwechsel innerhalb einer Szene erschweren einen kontinuierlichen Lautstärkepegel. Bei EB-Beiträgen ist relativ häufig zu beobachten, dass ein Protagonist, der in verschiedenen Umgebungen etwas in Richtung der Kamera sagt, sich jedes Mal anders anhört. Unterschiedliche Räume mit unterschiedlichem Reflexionsverhalten (etwa durch Größe, Möblierung oder Dekoration) und unterschiedliche Positionen der Mikrofone (Abstand zum Mund des Sprechers) sind dafür verantwortlich. Der Tonmeister bzw. der Tonangler muss dafür sorgen, dass Lautstärke, Schallreflexion und Hintergrundgeräusche sich von Einstellung zu Einstellung nicht schlagartig ändern.

Besonders Geräusche, die vom Zuschauer bzw. Zuhörer nicht zuzuordnen sind, verwirren und lenken vom Geschehen vor der Kamera ab. Ist bei einem Interview auf einem Marktplatz im Hintergrund das Geräusch von plätscherndem Wasser zu hören, so sollte die Geräuschquelle auch mindestens einmal im Bild erscheinen, z.B. in einer Totalen vom Drehort. Der Zuschauer ist damit informiert, dass sich in der Nähe des Interviews ein Brunnen befindet und er empfindet das Hintergrundgeräusch als Teil der akustischen Umgebung. Wird das Geräusch dagegen nicht in der Szenerie verortet, bleibt es in der Wahrnehmung eher ein Störgeräusch.

→ S. 108 Atmo

! Der Zuschauer sollte alle Geräusche der dargestellten Situation zuordnen können.

Für szenische wie für nicht szenische Produktionen ist Musik als akustischer Hintergrund besonders problematisch. Während Straßenlärm oder Naturgeräusche bei Kürzungen durch Schnitte scheinbar weitgehend gleichmäßig weiterlaufen, fällt jeder Schnitt bei Situationen mit musikalischer Kulisse deutlich auf und zerstört den angestrebten Eindruck von Kontinuität.

Bei einem Interview in einem Café beispielsweise ergeben ein leises Geschirrklappern und das Gemurmel der anderen Gäste bei harten Schnitten im Ton kaum Probleme in der Kontinuität, solange sie sich nicht auffällig in Lautstärke oder Charakter ändern. Es sind weitgehend unspezifische Geräusche ohne deutlichen Verlauf. Ist allerdings im Hintergrund zusätzlich ein Musikprogramm aus dem Radio zu hören, dann erzeugen Schnitte wahrnehmbare Unterbrechungen im Rhythmus, in der Melodieführung oder beim Gesang. Sie sind selbst bei geringer Lautstärke immer auffällig und stören.

4.2 Musik

Funktionalisierung von Musik

Musik ist eine eigenständige Kunstform mit eigenen Gesetzmäßigkeiten. Wenn Musik aber im Zusammenhang mit Film- und Fernsehbildern verwendet wird, wird sie beinahe immer funktionalisiert. Sie übernimmt dann weitere, über ihre eigentliche Bedeutung hinausgehende Aufgaben. Die Ausdrucksmittel der Musik sind dann im Kontext von Bildern und Handlungsverlauf wirksam.

4.2.1 Klänge, Instrumente und musikalischer Ausdruck

Zum Verständnis des Musikeinsatzes im Film sollte man grundsätzliche musikalische Formen und Techniken kennen. Nur so können die Funktionen der Musik richtig eingeschätzt und verstanden werden. Hierzu kann man dieselben musiktheoretischen Kategorien heranziehen, die auch für die autonome Musik gelten.

Folgende Aspekte der Musik sollten Beachtung finden:

- Melodieführung und Harmonik,
- Instrumentierung und Klangcharakter,
- Dynamik und Lautstärke,
- Tempo.

Melodieführung und Harmonik

Die **Stimmführung** wird auch **Stimmverlauf** genannt.

Der Melodie einer Filmmusik kann allein aufgrund ihrer **Stimmführung**, d. h. ihres auf- oder abwärtsgerichteten Verlaufs, eine inhaltliche Aussage zugeschrieben werden.

So verstärken aufwärts geführte Melodiestimmen in aller Regel positive Emotionen, sie wirken dynamisierend und sind somit zur Steigerung von Spannungsmomenten geeignet.

Ein abwärts geführter Melodieverlauf wird häufig mit einer emotionalen Eintrübung, einer retardierenden oder auch beruhigenden Wirkung verbunden. Die nachstehenden Beispiele der musikalischen Themen aus *Dallas* und *Shining* verdeutlichen diesen Zusammenhang. Im Thema zur Fernsehserie *Dallas* lässt sich weiterhin eine typische, fanfarenähnliche Signalfunktion in der Melodieführung erkennen.

Dallas (Fernsehserie USA 1978 ff.)

Shining (Großbritannien/ USA 1979, Stanley Kubrick)

Abb. 1 Thema der Titelmelodie der Fernsehserie *Dallas*: aufwärts geführter Melodieverlauf

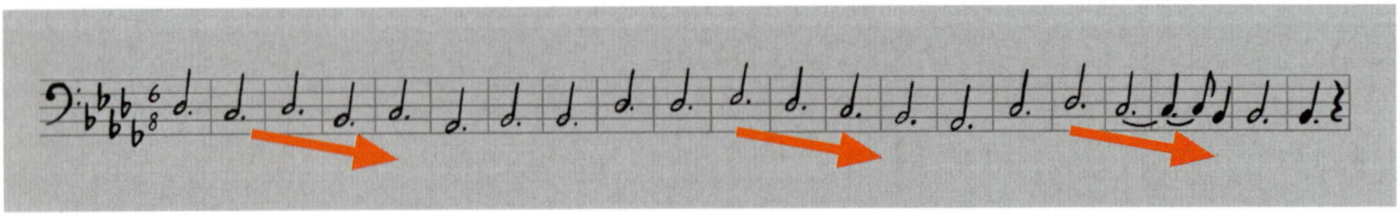

Abb. 2 Thema aus dem Film *Shining*: abwärts geführter Melodieverlauf

Als **Stimmregister** wird allgemein der gesamte Tonumfang eines Musikinstruments oder einer Gesangstimme bezeichnet.

Frequenz ist ein Begriff aus der Akustik, der die Schwingung pro Zeit, also deren Häufigkeit, beschreibt. Je höher die Frequenz z. B. einer schwingenden Geigensaite ist, desto höher ist der Ton, den sie abgibt.

Wenn sich bei der Stimmführung eine eindeutige Einteilung der Melodie in **Stimmregister** feststellen lässt, so kann diese ebenfalls mit einer Aussage verknüpft sein. Häufig sind die entstehenden Aussagen sehr klischeehaft: Tiefe Frequenzen signalisieren Bedrohung und Gefahr, sie sollen häufig eine Situation unterschwelliger Angst beschreiben, wie im Fall von *Shining* (Abb. 2). Hohe **Frequenzen** assoziieren oft Freude, Leichtigkeit sowie Größe und Weite. Die Verwendung von extrem hohen oder tiefen Frequenzen kennzeichnet dabei meistens etwas Außergewöhnliches, während eine mittlere Lage eher Normalität versinnbildlicht.

! Durch **extrem hohe oder tiefe Töne** in der Melodieführung lassen sich dramaturgisch außergewöhnliche Situationen oder besondere emotionale Stimmungszustände gut verdeutlichen.

Immer wieder finden sich aber auch gegenteilige Verwendungen der typischen Stimmlagen. Besonders bekannt ist die hohe Geigenlage in *Psycho* als Hinweis auf die drohende Gefahr. Tiefe Register von z. B. Tuba oder Fagott finden häufig in komödiantischen Zusammenhängen Verwendung. Werden Instrumente und Stimmführung deutlich gegen ihr Klischee eingesetzt, erreicht damit eine bewusste Rezeption sowie eine erhöhte Aufmerksamkeit beim Zuhörer.

Psycho (USA 1960, Alfred Hitchcock)

Auch die Einordnung aller Töne einer Melodie in einen harmonischen Bezug kann eine Aussage erzeugen: Bei der einfachen harmonischen Unterteilung der **Tongeschlechter Dur und Moll** wird im Allgemeinen Dur mit fröhlich, stark, heiter und positiv in Verbindung gebracht, während Molltonarten eher als traurig, zurückhaltend, zuweilen auch düster und negativ interpretiert werden.

Harmonik: Beim Zusammenklang von Tönen kann man **konsonante** (als wohlklingend empfundene) oder **dissonante** (als unangenehm empfundene) Wirkungen feststellen. Diese hängen vom Verhältnis ihrer Grundschwingung zueinander ab. Je einfacher dieses Verhältnis ist, desto konsonanter wird der Zusammenklang empfunden. In der abendländischen Harmonielehre werden bei der Bildung von Zusammenklängen (Akkorden) grundsätzlich die Tongeschlechter Dur (von lat. durum: hart) und Moll (von lat. mollis: weich) unterschieden.

! Durch die Verwendung verschiedener **Dur- oder Mollharmonien** lassen sich auf der Bildebene transportierte Stimmungen auf der Tonebene darstellen.

In der Regel ist die Aufgabe von Musikeinsatz im Film doppelt zu verstehen: Zum einen soll mithilfe der Musik die im Bild dargestellte Situation verdeutlicht werden, zum anderen soll sich die durch die Musik ausgedrückte Stimmung auf den Zuschauer übertragen.

Musik im Film wirkt auf den Zuschauer weitgehend assoziativ, denn er konzentriert seine Aufmerksamkeit auf das Bild. Eine bewusste Wahrnehmung und Verarbeitung musikalischer Formen bildet eher die Ausnahme.

Instrumentierung und Klangcharakter

Musikalische Themen können von Musikinstrumenten oder von Gesangsstimmen dargeboten werden. Der **Einsatz von Gesang** im Film stellt immer eine Besonderheit dar, da zusätzlich zu Bild und Musik auch der Gesangstext vermittelt wird. Der Zuhörer achtet auf den Text und setzt diesen unwillkürlich in einen Zusammenhang mit den gezeigten Bildern. Ist das Zusammenspiel von Text und Bild verwirrend oder sogar widersprüchlich, kann die Gesamtaussage des Films beeinträchtigt werden oder verloren gehen. Deshalb ist bei der Verwendung von Liedern zur musikalischen Untermalung Vorsicht geboten. Besonders gelungene Beispiele für die Verwendung von Songtexten finden sich in Filmen wie *Die Reifeprüfung* oder *Easy Rider*, die ihre Popularität zum Teil dem stimmungsvollen Einsatz von populären Songs verdanken. Hier untermalen die Lieder nicht nur das Geschehen, sondern die Texte kommentieren die Handlung und erweitern damit noch deren Bedeutung.

Die Reifeprüfung (The Graduate, USA 1967, Mike Nichols)

Easy Rider (USA 1969, Dennis Hopper)

Beim **Einsatz von Musikinstrumenten** spielen standardisierte Bedeutungen oder **Klischees** eine große Rolle. So eine klischeehafte Verwendung hat z. B. regionale Wurzeln (das Instrument kommt nur in dieser Region vor) oder ist Ergebnis historischer Entwicklung (das Instrument wurde nur in einer bestimmten Zeit verwendet). Die Kenntnis dieser Klischees und der bewusste Umgang damit ist für den Einsatz von Musik in Film- und Fernsehproduktionen ein entscheidender Faktor. Die dramatische Wirkung der gesamten Produktion wird dadurch stark beeinflusst.

Tonhöhenbereiche von Instrumenten werden in **Register** eingeteilt.

Instrumentalstimmen werden in Abhängigkeit von der spielbaren Tonhöhe in tiefe, mittlere und hohe Registerbereiche unterteilt. In der folgenden Tabelle ist der **Klangcharakter** einzelner Instrumente in Abhängigkeit von diesen Registern dargestellt.

Tabelle 1 Beispiele für Instrumentenklischees und Klangcharakter

Instrument	Klischeehafte Verwendung	Klangcharakter (registerabhängig)
Flöte,	Liebe, Natur	Hoch: hell, freundlich Mittel: romantisch, feinfühlig Tief: geheimnisvoll
Piccoloflöte	Marschmusik	
Klarinette	(alpenländ.) Volksmusik Besonderheit: Jazz (z. B. Glenn Miller)	Hoch: kräftig, bejahend Mittel: melodiös, romantisch Tief: dunkel, warm
Oboe	Liebe, Emotion	Hoch: dünn, klagend Mittel: zuversichtlich, humorvoll Tief: dramatisch, ungewiß
English Horn	Norden, Schnee, Eis	
Trompete	Militär, Zirkus, Blasmusik	Hoch: heldenhaft, kräftig Mittel: melodiös, eigenwillig Tief: sehnsüchtig, dramatisch
Tuba	Blas-, Volksmusik	Hoch: schwerfällig Mittel: stark, dramatisch Tief: melodramatisch, dunkel
Violine	Kaffeehaus (Stehgeiger), Kitsch (häufig auch im negativen Sinne)	Hoch: glänzend, strahlend Mittel: romantisch, warm Tief: dunkel, dramatisch
Akkordeon	Paris (Musette), Hafen, Seefahrt, Volksmusik	Abhängig von der Instrumentenregistrierung
Cembalo	Barockzeit, Spieluhr	Hoch: dünn, zärtlich Mittel: kräftig, bejahend
Kirchenorgel	Kirche, Trauer, Hochzeit, Sonntag	Abhängig von der Instrumentenregistrierung
Mundharmonika	Blues, Western, Seefahrt	Abhängig von der Spieltechnik
Mandoline	Mittelmeer, Italien	Abhängig von der Spieltechnik
Zither	Alpenland, Volksmusik	Abhängig von der Spieltechnik
Dudelsack	Schottland	Abhängig von der Spieltechnik
Laute	Folklore, Mittelalter, Minnegesang	Hoch: hell, klar Mittel: melodiös

Fortsetzung von Tabelle 1, S. 94 Beispiele für Instrumentenklischees und Klangcharakter		
Instrument	**Klischeehafte Verwendung**	**Klangcharakter (registerabhängig)**
Flamencogitarre	Spanien	Abhängig von der Spieltechnik
Sitar	Indien	Abhängig von der Spieltechnik
Steeldrums	Jamaica, Südsee, Hippies	Abhängig von der Spieltechnik
Congas	Lateinamerika, Samba	Abhängig von der Spieltechnik
Kastagnetten	Spanien, Flamenco	Abhängig von der Spieltechnik

Der Klangcharakter einzelner Instrumente wird zum Teil auch als **Klangfarbe** bezeichnet. Einzelne Klangfarben werden dann oft mit dem gleichen Vokabular beschrieben, das auch zur Beschreibung von Bildern dient. Sprachliche Analogien verdeutlichen die korrespondierende Wirkung von optischen und akustischen Reizen auf den Zuschauer bzw. den Zuhörer. Zum Beispiel:

- Helle Klangfarbe einer Flöte --> helle, freundliche Bildfarben
- Dunkle Klangfarbe eines Kontrabass --> dunkler, schattenreicher Bildinhalt

Dynamik und Lautstärke

Dynamik

Die Begriffe **Lautstärke** und **Dynamik** werden fälschlicherweise häufig synonym verwendet. Dabei ist Dynamik nicht dasselbe wie Lautstärke, sondern sie ist gleichbedeutend mit der Veränderung der Lautstärke in bestimmten Grenzen. Sie beschreibt die Spanne zwischen der leisesten und der lautesten Wiedergabe eines Schallereignisses.

> **!** **Dynamik** bezeichnet den Unterschied zwischen der leisesten und der lautesten Wiedergabelautstärke eines Schallereignisses oder dessen technischer Aufzeichnung.

Betrachtet man musikalische Dynamik an Ihren Ober- und Untergrenzen, werden bekannte Klischees bedient. Diese sind:

- **laut** als Symbol für Macht, Stärke, Kraft oder große, begeisternde Emotion, aber auch für Aggressivität,
- **leise** als Zeichen für Zurückhaltung, Innigkeit, Schwäche, (unheilvolle) Erwartung, aber auch für Zärtlichkeit.

Die Wirkung feiner Nuancierungen dynamischer Verhältnisse bezieht sich nicht auf die Musik allein. Erst im Zusammenspiel von Musik, Sprache und Geräuschen ergibt sich die spezifische Wirkung von Musik auf den Betrachter eines Films. Auch kleinste Lautstärkeunterschiede können schon Entscheidendes bewirken, wenn sie bewusst eingesetzt und musikalisch sinnvoll arrangiert sind. Obwohl z. B. in Hitchcocks berühmtem Film *Die Vögel* das leise Zwitschern der Vögel nur wenig lauter abgemischt wird als die allgemeine Geräuschkulisse, so ergibt sich doch bereits ein beunruhigender Effekt, weil dies als unnatürlich empfunden wird.

Die Vögel (The Birds, USA 1963, Alfred Hitchcock)

Hypernaturalistischer Toneinsatz

Zeichnet sich ein Geräuscheinsatz durch übernatürliche Lautstärke oder Dynamik aus, so spricht man von einem **hypernaturalistischen Toneinsatz**. Typische Beispiele zur Übertreibung instrumentaler Lautstärke und Dynamik sind der einen Herzschlag illustrierende Basston (z. B. durch Bassdrum, E-Bass oder Synthesizerbass) oder das Zupfen (Pizzicato) einer Geige, häufig zur Untermalung von Slapstickeinlagen oder im Zeichentrickfilm.

Tempo

Wenn Musik in Verbindung mit Bildern eingesetzt wird, gibt es eine ganze Reihe von Möglichkeiten, durch die Veränderung des **Tempos der Musik** bestimmte Wirkungen zu erzielen. Beispielsweise haben langsamer werdende Tempi (Ritardando) oder beschleunigende Tempi (Accelerenado) auch im Zusammenhang mit Bildern oder Einstellungsfolgen starken Einfluss auf den dramatischen Effekt einer Darstellung:

- „Ersterbende" Musik verdeutlicht immer anstrengender werdender Bewegungen.
- Die Verlangsamung des Tempos der Musik bewirkt eine Beruhigung nach turbulenten und aufregenden Szenen.
- Beschleunigende Musik erhöht die Spannung bei Verfolgungsjagden.
- Eine Beschleunigung des Tempos kann dem Zuschauer positive Stimmungs- oder Handlungsumschwünge verdeutlichen.

→ S. 107 Highlighting

Die weitgehend freie Variationen des Tempos (Rubato) oder ein Anhalten des Tempos an einer vorgegebenen Stelle (Fermate) sind beim Musikeinsatz zum Bild in folgenden Situationen ebenfalls gut einsetzbar:

→ S. 131 Spannung

- **Freie Tempogestaltung** eignet sich bei torkelnden Personen, slapstickartigen Bewegungen (Komödie) oder bei der illustrierenden Darstellung großer Emotionen (Liebesszene).
- Das **kurzzeitige Aussetzen** der Musik in spannenden Augenblicken (z.B. bei einer Bombenentschärfung) oder auf dem Höhepunkt emotionaler Zustände, trägt dazu bei, das Erleben des Zuschauers zu intensivieren.

4.2.2 Dramaturgische Funktionen von Musik

Wenn **Source Musik** szenisch eingesetzt wird, spricht man auch von **Inzidenzmusik**.

Beim Einsatz von Musik im Film wird unterschieden zwischen Musikkompositionen, die von einem Komponisten eigens für den Film- oder Fernsehbeitrag geschaffen wurden (**Score Musik**), und bereits existierendem Material (**Source Musik**).

Der Einsatz von Musik beeinflusst die Rezeption von Bildern erheblich. Es lassen sich im allgemeinen drei typische Varianten von Musikeinsatz unterscheiden:

- illustrierender Musikeinsatz,
- kontrastierender Musikeinsatz,
- polarisierender Musikeinsatz.

Illustrierender Musikeinsatz

In den weitaus meisten Fällen unterstützt und verstärkt die eingesetzte Musik den dramaturgischen und bildlichen Inhalt. Dem Zuschauer soll durch einen solchen illustrierenden Musikeinsatz das Verständnis der Darstellung erleichtert werden. Instrumentierung, Tempo, Klangcharakteristik, Melodieführung und Harmonik entsprechen in ihrer Wirkung dem Geschehen im Bild.

! Beim **illustrierenden Musikeinsatz** unterstützt die Musik die Bildaussage.

Typisch für den illustrierenden Musikeinsatz ist die drängende, spannende Musik bei Verfolgungsjagden, die sanfte, melodiöse und sehnsuchtsvolle Musik bei Liebesszenen oder eine aggressive, harte und laute Musikform bei der Darstellung von Gewalt und Macht. In diesen wie in vielen anderen Fällen bemerkt der Zuschauer oft gar nicht, dass weite Teile des filmischen Geschehens musikalisch untermalt sind. Man empfindet es als selbstverständlich, dass die Musik mit der Aussage der Bilder im Einklang steht.

Folgende Erscheinungsformen des illustrierenden Musikeinsatzes kann man unterscheiden:

- **Mood-Technik**: Bei der Mood-Technik geht es in erster Linie um die Vermittlung emotionaler Zustände und atmosphärischer Eindrücke. Im Unterschied zur reinen Beschreibung des Bildinhalts auf der Musikebene soll hier ein bestimmtes Stimmungsbild musikalisch dargestellt werden. So kann z. B. durch ein trauriges und melancholisches Lied der Gemütszustand einer Person über die Bildaussage hinausgehend treffend beschrieben werden.
- **Pointierender Musikeinsatz**: Beim pointierenden Musikeinsatz wird ein kurzer musikalischer Einsatz durch einen Bildimpuls ausgelöst. Dieser musikalische Kommentar ist als Folgewirkung des Bildgeschehens gemeint und betont z. B. das Anfahren eines Autos oder das Öffnen einer Tür im besonderen Maße. So wird einer dargestellten Situation oder einer Bildaussage für kurze Zeit besondere Wichtigkeit und Aufmerksamkeit verliehen.
- **Chase Musik**: Mit diesem Begriff wird Musik bezeichnet, die sich aufgrund ihrer charakteristischen Eigenschaften für Verfolgungsjagden (etwa ein schneller oder schneller werdender Rhythmus) gut eignet oder dafür komponiert wurde.
- **Mickeymousing**: Für die exakte Synchronisierung von Bildimpulsen (fast immer Bewegungen) mit musikalischen Mitteln hat sich der Begriff Mickeymousing etabliert. Jede Bewegung entspricht dabei genau einem Ton. Dieser Musikeinsatz hat beinahe immer eine komische oder ironisierende Wirkung, die typischen Einsatzgebiete liegen im Bereich der Komödie und vor allem des Zeichentrickfilms.

Kontrastierender Musikeinsatz

Beim kontrastierenden Musikeinsatz wird durch die Musik eine zu den Bildern und zur dramatischen Situation gegensätzliche Aussage getroffen. Diese Art des Musikeinsatzes kann z. T. sehr krass auf den Zuschauer wirken. Daher werden beim kontrastierenden Musikeinsatz häufig parodistische oder auch zynische Aussagen assoziiert.

! Beim **kontrastierenden Musikeinsatz** stehen Musik- und Bildaussage im Widerspruch zueinander.

Good Morning, Vietnam (USA 1987, Barry Levinson)

Ein beeindruckendes Beispiel bietet der Film *Good Morning, Vietnam*. Zu Bildern des Krieges, der Zerstörung und Unterdrückung ist dort der Song „Wonderful World", gesungen von Louis Armstrong, zu hören (Abb. 1). Textaussage, Instrumentierung und Harmonik der Musik widersprechen den Bildern so auffällig, dass dem Zuschauer der Gegensatz schnell auffällt und die kritische Absicht des Regisseurs deutlich wird.

Abb. 1 a), b) Bildfolge aus *Good Morning, Vietnam* mit Liedtext aus *Wonderful World*

Ein großes Ding (Deutschland 1998, Bernd Schadewald)

Der Fernsehfilm *Ein großes Ding* handelt von der Geiselnahme in einer Bank. Er zeigt eine andere Variante des kontrastierenden Musikeinsatzes. In einer Szene, die die eingeschlossenen Geiseln in der Gewalt der Verbrecher zeigt, spielt das Radio den Schlager „Er gehört zu mir" von Marianne Rosenberg. Hier bildet der Liedtext in Verbindung mit dem fröhlichen Charakter der Musik einen bitteren Kontrast zur dargestellten Situation.

Der kontrastierende Musikeinsatz lässt den Zuschauer aufgrund der offensichtlichen Gegensätze von Bild und Ton aufmerksamer werden, als wenn die Aussagen von Musik, Bildern und dramatischer Situation miteinander im Einklang stünden.

! Durch **kontrastierenden Musikeinsatz** wird die Aufmerksamkeit des Zuschauers gesteigert.

Polarisierender Musikeinsatz

Wie groß der Einfluss der Musik auf die Wahrnehmung des Geschehens im Film ist, wird bei Bildern mit einem weitgehend neutralen Inhalt besonders deutlich. Die Totale eines Hauses bei Tageslicht kann durch die unterlegte Musik in ihrer Wirkung manipuliert werden: Durch eine freundliche, harmonische Untermalung wird die Gesamtstimmung positiv beeinflusst. Unterlegt man die gleiche Einstellung mit schrillen, disharmonischen Tönen, so wird das Haus mit negativen, bedrohlichen Assoziationen belegt („Da geht etwas Unheimliches vor sich.“).

In anderer Weise wirkt der polarisierende Musikeinsatz in dem Film *Spiel mir das Lied vom Tod* (Abb. 1). Den Bildern des Westerns ist hier teilweise eine äußerst bombastische und feierliche Musik unterlegt worden, die das Dargestellte dramatisch überhöht. Aus einer Rächergeschichte im Wilden Westen wird nicht zuletzt durch die melodramatische Musik eine hochgradig stilisierte „Western-Oper“.

Spiel mir das Lied vom Tod (C'era una volta il west, Italien 1968, Sergio Leone, Musik: Ennio Morricone)

Abb. 1 Spiel mir das Lied vom Tod

Wenn neutral gehaltenen Bildern durch die Aussage der Musik ein eindeutiger Charakter zugesprochen wird, dann spricht man von **polarisierendem Musikeinsatz**.

Vielfach wird auch im **dokumentarischen Bereich** mit polarisierendem Musikeinsatz gearbeitet. Indem man neutralem Bildmaterial, etwa den Bildern von einflussreichen Managern oder Politikern, einen düsteren, abwärts geführten Tonverlauf unterlegt, werden die gezeigten Personen schon als verdächtig charakterisiert. Selbst wenn der journalistische Text relativ neutral (und juristisch nicht angreifbar) über aktuelle Vorgänge berichtet, so findet durch den gezielten Einsatz polarisierender Musik oft schon eine eindeutige Wertung von Ereignissen statt. Da ein solcher Musikeinsatz meist nur unterschwellig wahrgenommen wird, kann hier schon von der **Manipulation** des Zuschauers gesprochen werden.

Neben den drei wesentlichsten Funktionen von Musik im Film lassen sich weitere **Formen des dramaturgischen Musikeinsatzes** unterscheiden:

- **Musikalisches Zitat**: Wird musikalisches Material innerhalb eines Films verwendet, dessen Ursprung in einem anderen Zusammenhang liegt, spricht man von einem musikalischen Zitat. Eine wesentliche Voraussetzung für den Einsatz musikalischer Zitate ist dabei, dass das Original oder dessen Zusammenhang erkannt werden, da nur so die beabsichtigte Anspielung verstanden werden kann. Vor allem in Komödien werden mit musikalischen Zitaten oft Anspielungen auf Charaktereigenschaften verbunden. Klischees zu nationalen Eigenheiten etwa werden mit kurzem Zitieren der jeweiligen Nationalhymne angedeutet.

  Ein anderes Beispiel zur Verwendung des musikalischen Zitats bietet der Film *M - Eine Stadt sucht einen Mörder*. Hier wird das Thema „In der Halle des Bergkönigs“ aus Edvard Griegs symphonischer Suite „Peer Gynt“ als

M – Eine Stadt sucht einen Mörder (Deutschland 1931, Fritz Lang)

vom Mörder gepfiffene Melodie präsentiert und damit zitiert. Die eingängige Melodie wird immer wieder mit dem Triebtäter in Verbindung gebracht, sie wird somit zu einem Leitmotiv des Films.

Abb. 1 M - Eine Stadt sucht einen Mörder

- **Leitmotiv-Technik**: Wird in der Filmmusik ein Thema, ein Instrument oder eine sonstige charakteristische musikalische Wendung häufig oder sogar regelmäßig im Zusammenhang mit einem Charakter, einem Ort oder einer Situation verwendet, so spricht man von einem musikalischen Leitmotiv. Die Leitmotiv-Technik hat eine sehr wirkungsvolle Funktion innerhalb der Filmmusik, da sich mit ihr rasch Wiedererkennungseffekte im Bezug auf Personen, Emotionen oder Situationen herstellen lassen.

Sehr anschaulich lässt sich diese Technik vor allem an seriellen Film- und Fernsehproduktionen wie der *James Bond*-Reihe oder den *Star Wars*-Filmen nachvollziehen.

Der dritte Mann (The Third Man, Großbritannien 1949, Carol Reed)

Auch am Beispiel des Films *Der dritte Mann* kann man die Möglichkeiten der Leitmotivtechnik sehen. Das berühmte, von einer Zither gespielte „Harry Lime" - Thema wird im Verlauf des Films vielfach variiert, um je nach Inhalt die Szene eines konspirativen Treffens auf der Brücke spannend zu machen, einen Flirt zu untermalen oder auch um Fluchtsequenzen dramatischer zu gestalten.

- **Musikalischer Akzent**: Kurze musikalische Einsätze können bestimmte Vorgänge oder Situationen akustisch unterstreichen. Eine plötzliche Erkenntnis, ein Handlungsumschwung, eine wichtige Entscheidung oder ein kurzes unerwartetes Ereignis werden durch solche musikalischen Akzente betont.

Ein typischer Einsatz von musikalischen Akzenten findet sich am Szenenende bei TV-Serien, wenn der Gemütszustand einer Figur nach einer überraschenden Information hervorgehoben werden soll. Wird durch den kurzen Akzent ein Bildimpuls, etwa eine Bewegung, unterstrichen, spricht man auch von einem **pointierenden Musikeinsatz**.

Pointierender Musikeinsatz

- **Antizipation**: Musik kann eine vorausdeutende Funktion besitzen. Obwohl die dramatische Situation noch ruhig ist, soll ein einsetzender hoher Ton oder ein tiefes Dröhnen dem Zuschauer signalisieren, dass sich unheilvolle Vorgänge andeuten.

Antizipierende Musik findet man z. B. regelmäßig in Thrillern oder Horrorfilmen, wenn die naive Heldin sich allein im Haus befindet und einem verdächtigen Geräusch nachspürt.

- **Highlighting**: Eine auf einen Höhepunkt strebende Musik reißt abrupt ab, die sich anschließende spannungsgeladene Stille wird umso intensiver wahrgenommen.

  Eine typische Möglichkeit für den Einsatz der Highlighting-Technik ist der Moment, wenn ein verfolgter Held, angetrieben von einer temporeichen, sich steigernden Musik, plötzlich an einer tiefen Schlucht steht und für einen Moment nicht weiß, wie es weiter gehen soll. Dieser Augenblick der Ratlosigkeit wird durch das Abbrechen der Musik unterstützt.

- **Red Herring**: Ähnlich wie beim Highlighting führt die Musik zu einem Höhepunkt, erweist sich dann allerdings als falsche Fährte, löst sich also entgegen einer allgemeinen Erwartungshaltung auf. Dieses Stilmittel ist mit einem musikalischen Trugschluss vergleichbar.

- **Klangfläche**: So wird ein allgemein gehaltenes harmonisches oder rhythmisches Muster ohne direkten Bezug zum Bild bezeichnet. Der Charakter entspricht einer unspezifischen Untermalung. Klangflächen werden beispielsweise den Bildern von einem Produktionsvorgang in Industriefilmen unterlegt.

→ S. 142 Industriefilm

4.2.3 Erzähltechnische Funktionen von Musik

Musikeinsatz im Film hat neben dramaturgischen auch erzähltechnische Gründe. Folgende Formen werden unterschieden:

- **Musikalische Klammerfunktion**. Wird der Eindruck der Zusammengehörigkeit einer bestimmten Einstellungsfolge durch einen Musikeinsatz verstärkt oder erst herbeigeführt, so erfüllt die Musik eine Klammerfunktion. Die Musik signalisiert, dass die schnell wechselnden Einstellungen mit ihren wechselnden Bildinhalten zusammen gehören und eine inhaltliche Einheit bilden. Sehr häufig findet sich die musikalische Klammerfunktion im Zusammenspiel mit Montagesequenzen. Oftmals wird die Zusammengehörigkeit der Einstellungen erst durch den Musikeinsatz verdeutlicht. Szenenübergänge in Fernsehserien weisen fast immer eine musikalische Klammer auf. Ein musikalischer Akzent am Ende einer Szene wird genutzt, um die Musik bis in die nächste Szene hinüber zu ziehen. Dabei ändert sich selbst bei nur sekundenlangem Einsatz die musikalische Farbe je nach Stimmung der geklammerten Szenen.

→ S. 180 Montagesequenzen

- **Bridge**. Wenn die Musik beim Übergang von zwei Einstellungen oder Szenen verbindende Funktion hat, spricht man von Bridge. Die Abgrenzung zum Begriff der musikalischen Klammer ist dabei allerdings fließend und hauptsächlich durch die zeitliche Ausdehnung begründet: Bridge ist also die kürzeste Form einer musikalischen Klammer.

Seltener findet man den deutschen Begriff **Umblätterer** als Synonym für **Bridge**.

! Eine durchgehende Musikuntermalung lässt die dazu ablaufenden Bilder als zusammengehörig erscheinen.

4.3 Geräusche

Neben der Musik beeinflussen auch Geräusche die Wirkung der Bilder erheblich. Geräusche werden vom Zuschauer normalerweise nicht bewusst wahrgenommen, sie erscheinen fast immer als gegeben und damit als normal. Für Film- und Fernsehproduktionen kann die Geräuschebene allerdings stark manipuliert werden. Die Geräusche, die das Publikum hört, sind in der Regel das Ergebnis genauer Bearbeitung.

Die Elemente der Geräuschebene lassen sich unterteilen in:
• Atmo,
• Effektgeräusche (Sound Effects),
• Spezialeffekte (Special Effects).

4.3.1 Atmo

Unter **Atmo** ist die natürliche Geräuschkulisse zu verstehen, die in der Regel jeder Szene unterlegt ist. Häufig nimmt der Zuschauer diese Geräuschkulisse kaum bewusst wahr, sie ist jedoch enorm wichtig, um eine realistische akustische Umgebung zu kreieren. Die Atmo erscheint als eine Art Hintergrundgeräusch, das je nach Umgebung entfernter Straßenverkehr, Vogelgezwitscher, Insektenzirpen oder ähnliche Umweltgeräusche sein kann. Wichtig für den Eindruck einer realistischen Situation ist vor allem, dass etwas zu hören ist. Erst das Fehlen einer Atmo wird im Bewusstsein des Publikums bemerkt, es ruft zumeist einen irrealen und unbehaglichen Eindruck hervor.

Atmo ist die Kurzform für „atmosphärischer Ton". Dabei handelt es sich um die akustischen Kulisse aus allgemeinen Hintergrundgeräuschen.

Die Aufnahme der Atmo sollte bereits am Originaldrehort stattfinden, da die Geräuschkulisse so meist authentischer wirkt. Eine Atmo künstlich, z. B. aus Archivmaterial zu erzeugen, ist zwar technisch möglich, gestalterisch aber nur die zweitbeste Lösung.

Die Atmo im Film erfüllt unterschiedliche Funktionen:

Der **akustische Index** ist die Verdeutlichung eines Sachverhaltes, einer Situation oder eines filmischen Geschehens durch ein Geräusch.

- Bei der Einführung neuer Schauplätze kommt der Atmo zunächst die Funktion der **Orientierung** in neuen Räumen zu. Bei etablierenden Einstellungen sind die Umweltgeräusche daher am lautesten, um dann im weiteren Verlauf der Szene stärker in den Hintergrund zu rücken.
  In vielen Fällen fungiert die Atmo als ein akustischer Index, wenn die Geräuschkulisse eindeutig zu einer bestimmten Assoziation veranlasst. Typische Beispiele sind:
  - eine Stadt-Atmo mit typischen Autogeräuschen, Hupen, Sirenen usw.,
  - eine Maschinenraum-Atmo mit Motorgeräuschen, Brummen, Dröhnen usw.,
  - eine Jahrmarkt-Atmo mit Stimmengewirr, Karussellmusik, Schreien, Johlen usw.

- Die Atmo kann auch die Funktion einer **akustische Klammer** übernehmen. Die montierten Bilder von Szenen oder Sequenzen werden als zusammengehörig wahrgenommen, weil ihnen die gleichen Hintergrundgeräusche unterlegt sind. Trotz der Schnitte erkennt der Zuschauer die Kontinuität der dargestellten Situation.

Akustische Klammer

4.3.2 Effektgeräusche

Effektgeräusche (Sound Effects) gehören nicht zur akustischen Kulisse, sondern zu der im Film konkret dargestellten Situation. Sie sind somit handlungstragende Elemente und sollen bewusst wahrgenommen werden. Effektgeräusche sind beispielsweise ein Telefonklingeln, das Bremsgeräusch eines Autos oder ein Pistolenschuss.

! **Effektgeräusche** (Sound Effects) sind Geräusche, die sich durch die Handlung ergeben.

Effektgeräusche können im On oder Off erklingen und sind in der Regel szenisch integriert, d. h. sie sollten synchron zum Bild angelegt sein.

Ruft ein Geräusch eine eindeutige Assoziation hervor, so lässt sich elegant ein Sachverhalt im filmischen Geschehen verdeutlichen. Ein Vogelgezwitscher kann z. B. den frühen Morgen symbolisieren oder das Läuten einer Kirchenglocke kann für den Sonntag stehen. Genrespezifisch können ganze Gruppen von akustischen Zeichen als Geräuschassoziationen funktionieren, so wie etwa diverse Tür-, Computer- und Maschinengeräusche im Science-Fiction-Film oder Waffen-, Saloon- und Pferdegeräusche im Western.

Unter **Genre** versteht man eine Gruppe von Filmen mit gemeinsamen Merkmalen.

→ S. 135 Fiktionale Produktionen

Wenn ein Effektgeräusch in seiner Lautstärke deutlich über dem Niveau seiner realistisch vorstellbaren Lautstärke liegt, spricht man von einem hypernaturalistischen Geräusch. Durch den Einsatz des **Hypernaturalismus** soll einerseits dem jeweiligen Geräusch besondere dramaturgische Bedeutung beigemessen werden, andererseits kann man so gezielt mit Übertreibungen arbeiten. Typisch sind z. B. überlaute Kampfgeräusche in Actionfilmen, unnatürlich laute Geräusche von futuristischen technischen Geräten (automatische Türen, Hebel, Computer) in Science-Fiction-Filmen oder die sehr laut zerspringende Vase in einer Komödie.

Unter **Hypernaturalismus** versteht man den überzogenen oder übergenauen Einsatz gestalterischer Mittel.

Dabei ist die Wirkung eines hypernaturalistischen Geräusches allerdings immer abhängig von der Gesamtlautstärke und dem Verhältnis des Effektgeräusches zu anderen, eindeutig zu beurteilenden akustischen Ereignissen.

4.3.3 Spezialeffekte

Als **Spezialeffekte** werden in der Tongestaltung Klänge bezeichnet, die in der Natur nicht vorkommen. Sie werden künstlich erzeugt. Man spricht hierbei auch von **Special Effects** oder Geräuscheffekten. Das können alle Arten von Phantasiegeräuschen sein, die in einer fiktiven Welt vorkommen, etwa Funktionsgeräusche von futuristischen Maschinen oder Laute von Phantasiewesen (**Creature Sounds**).

Branchenüblich ist auch die Abkürzung **SFX**.

Auch in Dokumentationen und in der Werbung wird häufig mit Geräuscheffekten gearbeitet. Wenn beispielsweise durch Animationen auf schematische Weise Abläufe biologischer, chemischer oder physikalischer Art veranschaulicht werden, dann unterstreichen dazu passende **Phantasielaute** das gezeigte Geschehen.

Spezialeffekte werden auch als **Special Effects** oder Geräuscheffekte bezeichnet. Diese Geräusche sind frei erfunden, d. h. sie kommen nicht in der Realität vor.

Tarzan, der Affenmensch (Tarzan, the Ape Man, USA 1932, W.S. van Dyke)

Als einen der ersten Geräuscheffekte überhaupt gilt der berühmte Tarzan-Schrei. Für den ersten Tonfilm um den Dschungelmann *Tarzan, der Affenmensch* manipulierte Tonmeister Douglas Shearer den Schrei des Darstellers Johnny Weismüller, indem er ihn mit der rückwärts gespielten Aufnahme in seiner Intensität verdoppelte und damit gleichzeitig verfremdete.

Abb. 1 Tarzan, der Affenmensch

Foley Artist – Geräuschemacher

Soundscaper kann am ehesten mit **Geräuschesammler** übersetzt werden.

Geräuscheffekte basieren auch heute noch in erster Linie auf echten Geräuschen, die von **Geräuschemachern**, sogenannten **Foley Artists**, erzeugt werden. Für große Filmprojekte sind **Soundscaper** in der ganzen Welt unterwegs, um neue Geräusche unter besonderen geographischen, klimatischen oder architektonischen Bedingungen zu sammeln und für Special Effects nutzbar zu machen.

Spezialeffekte können elektronisch erzeugt sein oder sie werden aus konkreten Klängen gemischt. Die Bearbeitung und Abmischung von verschiedenen Geräuschen zu einem neuen Höreindruck ist ein Arbeitsbereich, der schon zum Sounddesign gezählt werden kann.

4.3.4 Sounddesign

Der Begriff des **Sounddesign** beschreibt das Zusammenstellen unterschiedlicher Tonebenen und Stilmittel zu einem gesamten Klangerlebnis. Im Vordergrund der Arbeit an einem geeigneten Sounddesign stehen häufig Aspekte der Mischung verschiedener Tonquellen. Hierzu gehören:

- das Verhältnis von Lautstärken einzelner Tonquellen zueinander,
- die Ausgewogenheit des Frequenzspektrums der jeweiligen Tonquelle,
- der Zusammenklang der verschiedenen Tonquellen,
- die sich dadurch ergebende Klangcharakteristik,
- die Präzision synchron zum Bild angelegter Schallereignisse.

Sounddesign umfasst die Gestaltung aller Tonebenen. Sprache, Geräusche und Musik werden in ein wirkungsvolles Verhältnis zueinander gebracht.

Das Grundprinzip der meisten Film- und Fernsehfilmproduktionen ist die **dokumentarische Tonabmischung**, die einen objektiven Realismus auf der Tonebene zum Ziel hat. Bei der dokumentarischen Tonabmischung erscheinen Geräusche, deren Ursache im Bild zu sehen ist, auch auf der Tonebene. Folglich bekommt der Zuschauer den Status eines objektiven Hörers, der alle Geräusche einer Szene gleichzeitig wahrnimmt.

Dokumentarische Tonabmischung

> ! Bei der **dokumentarischen Tonabmischung** werden die verschiedenen Tonereignisse so gemischt, wie es ihrem tatsächlichen Verhältnis bezüglich Dynamik und Lautstärke entspricht.

In der Regel erzeugt eine solche dokumentarische Mischung eine gewisse Distanz zum Geschehen, der Zuschauer bzw. Zuhörer muss aus der Vielzahl aller Geräusche selbst herausfiltern, was wichtig und was unwichtig ist.

Durch Anheben wichtiger und Absenken unwichtiger Tonereignisse kann die Tonspur aber auch den Zuschauer in seiner Wahrnehmung emotional steuern. Das subjektive Erleben einer Figur im Film kann dann über die Abmischung der verschiedenen Tonebenen vermittelt werden. In *Saving Private Ryan* wird diese **subjektive Tonabmischung** beispielhaft vorgeführt: Unverständliche Befehle, Schreie von Verwundeten, Meeresbrandung und vorbeisausende Kugeln addieren sich zu einer chaotischen Darstellung der Landung der Amerikaner in der Normandie. Diese subjektive Hörperspektive wird bis zum Extrem des Eindrucks einer kurzfristigen Taubheit getrieben, indem die Tonspur zeitweilig komplett aussetzt.

Subjektive Tonabmischung

Der Soldat James Ryan (Saving Private Ryan, USA 1998, Steven Spielberg)

> ! Die **subjektive Tonabmischung** gibt auf der Tonebene das Erleben einer am Geschehen beteiligten Person wieder.

Die Filme des amerikanischen Regisseurs David Lynch zeichnen sich besonders durch ihr ausgefeiltes Sounddesign aus. Der Zuschauer wird durch unerklärliche (Maschinen-) Geräusche im Hintergrund von scheinbar harmlosen Szenen verunsichert und durch plötzlich eingeschnittene „Detailgeräusche", wie das Zünden eines Streichholzes, oft förmlich attackiert. Dieser Einsatz der hypernaturalistischen Geräusche erzeugt ein Gefühl des Unbehagens und der Spannung.

Filme von David Lynch:

Eraserhead (USA 1977)

Der Elefantenmensch (The Elephant Man, Großbritannien 1980)

Blue Velvet (USA 1986)

Lost Highway (USA 1996)

4.4 Sprache

Die Tonebene der Sprache umfasst sämtliche Aspekte der durch gesprochene Worte artikulierten Äußerungen im Film. Dabei muss man zwischen den dramaturgischen Funktionen der Sprache und der Klanggestaltung unterscheiden.

4.4.1 Dramaturgische Aspekte der Sprache

Ebenso wie beim Musik- und Geräuscheinsatz muss auch bei der Sprache zwischen szenischem und kommentierendem Off-Ton unterschieden werden. Zu beiden Varianten gibt es zahlreiche Beispiele: Ein gerade nicht im Bild befindlicher, aber zur Situation gehörender Charakter, der aus dem szenischen Off spricht, ist durchaus üblich.

→ S. 93 Tongestaltung

Voice Over

Der Spracheinsatz im kommentierenden Off wird auch **Voice Over** genannt. Voice Over findet man sowohl in fiktionalen als auch in dokumentarischen Produktionen:

Raumschiff Enterprise (Star Trek, USA 1967 ff.)

Wunderbare Jahre (The Wonder Years, USA 1988 ff.)

Magnum (Magnum, P.I., USA 1980 ff.)

- Bei längeren fiktionalen Produktionen wie Spiel- oder Fernsehfilmen findet sich relativ häufig eine **Erzählerstimme**, die über den Bildern liegt. Wenn sie in der Vergangenheitsform das Geschehen im Bild kommentiert, dann erzeugt sie eine gewisse Distanz zum erzählten Inhalt. Seltener findet sich auch eine Art innerer Monolog auf der Tonspur, der die Gedanken der Protagonisten im Moment der Darstellung wieder gibt. In diesem Fall wird die identifikatorische Nähe zum Protagonisten und seiner Situation besonders groß.
  Bei TV-Serien ist ein Off-Sprecher, der die Ereignisse kommentiert eher eine Seltenheit. *Star Trek* („Computerlogbuch...“), *Wunderbare Jahre* und *Magnum* (retrospektive Perspektive) bilden hier bekannte Ausnahmen.
- Bei dokumentarischen (nicht-fiktionalen) Produktionen ist ein Off-Sprecher der Normalfall. Das Gezeigte wird durch den Sprachkommentar erläutert. Abstraktere Zusammenhänge, die nicht visualisiert werden können, werden auf diese Weise verdeutlicht.
  Bei vielen journalistischen Formaten ist die eigentliche Nachricht eher abstrakt (z. B. die Bekanntgabe der Ergebnisse von Tarifverhandlungen). Sie muss textlich bzw. sprachlich vermittelt werden. Die dazugehörigen Bilder, etwa von einer Pressekonferenz, sind dann eher nebensächlich. Die Bedeutung von Text und Bild steht hier im Gegensatz zur menschlichen Wahrnehmung. Bilder werden aufmerksamer wahrgenommen als Text, man erinnert sich leichter daran. Umso wichtiger ist es, dass die Bilder inhaltlich zum gesprochenen Text passen.
  Wenn die Inhalte der Bild- und Sprachebene nicht miteinander übereinstimmen oder sich sogar deutlich widersprechen, bilden sie eine **Bild-Text-Schere**. Ein solches Missverhältnis wird vom Zuschauer in der Regel als Fehler wahrgenommen, wenn keinerlei Absicht, z. B. Ironie, für ihn erkennbar ist.

→ S. 137 Nicht-fiktionale Produktionen

4.4.2 Klanggestaltung der Sprache

Zu den klanglichen Aspekten der Sprachgestaltung gehören Verständlichkeit und Deutlichkeit der **Artikulation** sowie das **Sprachfrequenzspektrum**, aus dem sich der Klang der Stimme ergibt.

Mängel in der Sprachverständlichkeit durch ungenaue Artikulation können Informationsdefizite ergeben. Der gesprochene Text ist dann im Regelfall unbrauchbar. Im dokumentarischen Bereich können schwer verständliche Textpassagen (z. B. weil der Interviewte einen Dialekt spricht), die unbedingt notwendig sind, zur Verdeutlichung untertitelt werden.

Im fiktionalen Bereich dagegen müssen akustisch schwer verständliche Äußerungen nachsynchronisiert werden, es sei denn, die Undeutlichkeit ist dramaturgisch begründet. Die Charakterisierung einer Person als zwielichtig oder exzentrisch kann hier eine Ausnahme bilden. Ebenso stellt die Verwendung eines schwer verständlichen Dialekts einen möglichen Sonderfall dar.

Unverständliche Artikulation sorgt in der Regel dafür, dass eine Einstellung, eine Szene oder ein Bericht nicht verwendet werden kann.

Durch Veränderungen innerhalb des **Frequenzspektrums** lässt sich der Stimmklang gestalterisch beeinflussen, z. B. um Schreie noch hysterischer klingen zu lassen oder ein Gemurmel noch dumpfer und undefinierbarer zu machen.

Schon bei der Sprachaufnahme kann die Stimme des Sprechers in Bezug auf die Frequenz manipuliert werden. Je kleiner der Abstand vom Mikrofon zur Schallquelle ist, desto stärker werden die tiefen Frequenzen hervorgehoben. Eine Stimme wird im tiefen Frequenzbereich betont, klingt voluminöser, intimer und eindringlicher, wenn der Sprechende sehr nah am Mikrofon sitzt. Dieses Phänomen, das nur bei Mikrofonen bestimmter Empfängersysteme auftritt, wird **Nahbesprechungseffekt** (engl. proximity) genannt.

Nahbesprechungseffekt

4.5 Stille

Filme oder Fernsehprogramme ganz ohne akustische Ebene gibt es nicht und gab es auch nie. Schon der Stummfilm wurde niemals stumm vorgeführt, entweder gab es Orchester- oder Piano-Musik als Begleitung zum bildlichen Geschehen oder es wurden Grammofone oder Livesprecher (sogenannte „Kinoerzähler") eingesetzt, die das Geschehen auf der Leinwand kommentierten. Ein Film ganz ohne Tonspur ist deshalb immer unvollständig. Das gilt auch für Szenen, in denen die Situation verlangt, dass **Stille** herrscht. Diese Stille kann nicht dadurch erreicht werden, dass es schlicht keine Tonspur gibt, sondern sie muss mithilfe des Tons gestaltet werden.

Soll über die Tonspur Stille vermittelt werden, so werden Geräusche betont, die üblicherweise nicht zu hören sind oder die von der normalen Atmo überdeckt werden. Fehlt nämlich eine Atmo, so sind plötzlich Dinge zu hören, auf die man sonst nicht achtet oder die gewöhnlich von lauteren Geräuschen verdeckt werden. Dies sind Geräusche wie das Atmen von Menschen, knarrende Dielen oder Scharniergeräusche an Türen.

Eine weitere typische Möglichkeit zur Darstellung von Stille ist das Geräusch von leisem Wind auf der Tonspur, das eine ruhige Szene akustisch unterlegt. Oftmals ist diese Form der Stille mit der Funktion verbunden, auf eine kommende, umso lautere Situation vorzubereiten („Ruhe vor dem Sturm"). Da es sich bei dem Einsatz von auffälliger Stille um ein eher ungewöhnliches Stilmittel handelt, erreicht man damit eine gesteigerte Aufmerksamkeit des Zuschauers: Die gewöhnliche, gar nicht bewusst wahrgenommene Klangkulisse verschwindet und damit wird eine besondere Situation signalisiert.

Plötzlich auftretende Stille erhöht die Aufmerksamkeit des Zuschauers.

Auch mit dem Stilmittel der **hypernaturalistischen Darstellung** kann eine Sensibilität beim Publikum erzeugt werden, die quasi einer „akustischen Detailaufnahme" gleichkommt: Die Verwendung von Herztönen auf der Tonspur beispielsweise signalisiert das Innenleben einer Figur oder auch eine spannende, nervenaufreibende Situation.

→ S. 102 Dramaturgische Funktionen von Musik

➔ S.103 Mood-Technik

Neben diesen dramaturgischen Wirkungsaspekten kann Stille auch, ähnlich wie die Mood-Technik der Filmmusik, eine neue, übergeordnete Bedeutungsebene schaffen. Beispielsweise kann sie ein Synonym für Leere, Ausgrenzung, Gefühlskälte oder Angst sein.

➔ S.107 Highlighting

Ein Sonderfall ist das **Highlighting**, der sich bis zu einem Höhepunkt steigernde und dann plötzlich abreißende Musikeinsatz mit anschließend einsetzender Stille. Durch dieses Vorgehen wird der Eindruck der Stille verstärkt und eine besondere Sensibilität und Erwartungshaltung beim Zuschauer erzeugt.

Der Verzicht auf Musik in üblicherweise musikalisch unterlegten Filmsituationen hat Auswirkungen auf die Wahrnehmung des Geschehens:

Vgl. hierzu das zweite Dogma-Gebot (➔ S. 67): Der Verzicht auf kommentierende Musik wird als hilfreich für den angestrebten Realismus angesehen.

- Ohne konventionelle Musik erlebt der Zuschauer die Szene direkter und intensiver, das Geschehen wirkt authentischer und weniger „filmisch".
- Eine Szene ohne Musik wirkt langsamer. Typisch illustrierende Musik leitet die Zuschauer durch eine Szene, indem sie Höhepunkte andeutet oder vorbereitet. Die Eigenleistung des Zuschauers beim Erfassen der Szene ohne musikalische Führung ist demnach größer; er nimmt das Gesehene intensiver wahr.

4.6 Das Verhältnis von Bild und Ton

Wie die Betrachtung der Tonebenen gezeigt hat, ist das Zusammenwirken von Bild und Ton beim Film durch gegenseitige Abhängigkeit geprägt. Ohne Ton ist ein Bild, vor allem ein bewegtes Bild, unvollkommen; es wirkt unecht. Umgekehrt ist Ton ohne Bild wie ein Hörspiel, er hat andere Funktionen und Gesetzmäßigkeiten als in Verbindung mit bewegten Bildern.

Es gibt allerdings deutliche wahrnehmungsspezifische Unterschiede von Bild und Ton. Die **Wahrnehmung von Bildern** funktioniert, begründet durch die Orientierung des Menschen in seiner Umwelt mittels der Augen, eher **bewusst**. Im Gegensatz dazu ist die **Hörwahrnehmung** durch das ständige Einwirken akustischer Reize, deren Selektion eine große Konzentrationsleistung erfordern würde, häufig ein **unbewusster Vorgang**. Vor allem emotionale Informationen, wie z. B. Musik, werden eher unbewusst verarbeitet. Sachliche, durch Sprache vermittelte Informationen, auf die eine Reaktion erwartet wird, werden hingegen eher bewusst wahrgenommen.

! **Sprache** transportiert fast immer Informationen, während **Musik** überwiegend Emotionen vermittelt.

Das Verhältnis von Ton und Bild lässt sich im Hinblick auf zeitliche, räumliche und inhaltliche Aspekte näher beschreiben.

4.6.1 Zeitliche Aspekte

Synchroner Ton

Bei der Gleichzeitigkeit von bildlichem und entsprechendem akustischen Geschehen spricht man von **synchronem Ton**. Die **Synchronität** des Tons ist natürlich nur festzustellen, wenn die Tonquelle im Bild zu sehen ist

(On-Ton). Die Synchronität zwischen Bild- und Tonereignis wird vom Zuschauer als Normalfall empfunden, dadurch entsteht ein großer Realitätsbezug. Ungenauigkeiten bei Geräusch- oder Musikeinsätzen werden vom Zuschauer in der Regel eher verziehen als eine gegenüber dem Bild versetzte Sprache.

Da in der Praxis der Begriff des **Synchrontons** im Allgemeinen die Synchronisierung fremdsprachiger Filmfassungen beschreibt, muss zwischen **synchronem Ton** und Synchronton deutlich unterschieden werden.

Synchroner Ton ist der Normalfall. Wenn Ton und Bild synchron ablaufen, empfindet der Zuschauer die Szene als realistisch.

Asynchroner Ton

Sind das Bildereignis und das dazugehörige Tongeschehen zeitlich gegeneinander verschoben, spricht man von **Asynchronität**. Diese Verschiebung von Bild und Ton gilt im Allgemeinen als Fehler, sie kann jedoch auch als stilistisches Element eingesetzt werden. Durch Asynchronität stellt sich die Wahrnehmung von Irrealität ein. Dementsprechend geht die Gestaltung berauschter oder geistig verworrener Zustände häufig mit dem Einsatz eines asynchronen Tons einher.

Asynchroner Ton gilt als Fehler. Bewusst eingesetzt erzeugt er beim Zuschauer ein Gefühl des Realitätsverlustes.

Eine **Szene** ist eine Darstellung, die durch die Einheit von Zeit und Ort gekennzeichnet ist.

Audio Advance

Eine ganz andere Wirkung hat der zeitliche Versatz von Bild- und Tongeschehen bei einem Szenenübergang. Wenn noch die letzte Einstellung einer Szene A zu sehen ist, bereits aber der Ton von Szene B zu hören ist, spricht man von einem **Audio Advance**. Diese Vorausnahme des Geschehens von einer oder mehreren Tonebenen der nächsten Szene kann ansonsten allzu hart ausfallende dramaturgische Übergänge glätten. In nahezu allen Fernsehserien ist der vorgezogene szenische Ton ein übliches akustisches Erzählmuster.

Unter **Audio Advance** versteht man vorgezogenen Ton, der zur nachfolgenden Szene gehört.

Eine typische Anwendung findet sich bei Establishing Shots, wenn der Toneinsatz der folgenden Einstellung bereits ansetzt. Beispielsweise sieht man zunächst ein Wohnhaus von außen und hört bereits die ersten Sätze eines Gesprächs, das erst nach dem Umschnitt auch zu sehen ist. Häufig werden auch Geräusche, z. B. ein Telefonklingeln oder die Atmo der nächsten Einstellung, als Audio Advance eingesetzt.

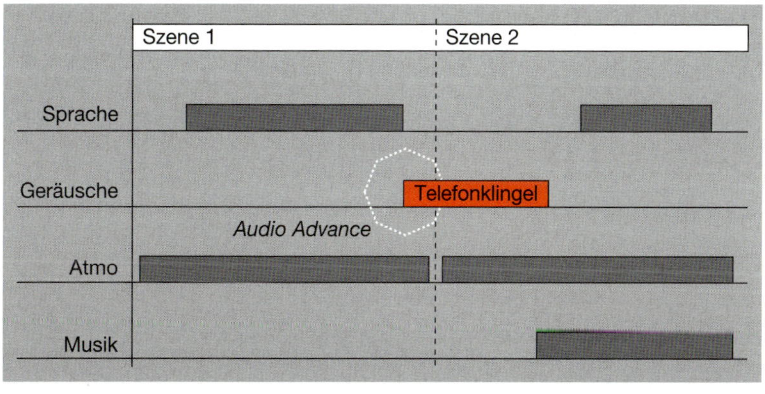

Abb. 1 Beispiel für die Bild-Ton-Beziehung bei Audio Advance

Der Begriff bezieht sich allerdings nicht auf vorgezogene Tonereignisse innerhalb von Szenen (z. B. bei Schuss-Gegenschussfolgen), sondern nur auf den Toneinsatz bei Ortswechseln.

Beim Ablauf zweier Szenen kann natürlich auch der umgekehrte Fall vorkommen: Der Ton von Szene A hält noch an, während Szene B im Bild bereits begonnen hat. Dieses Überhängen von einer oder mehreren Tonebenen in die nächste Szene hinein wird als **Audio Delay** bezeichnet.

> **Audio Delay** bedeutet das Überhängen eines bereits laufenden szenischen Tons in die nachfolgende Szene.

Dramaturgisch kann der Eindruck des Nachklingens oder auch Nachhallens (häufig mit Hilfe von Halleffekten) dieser Tonquellen entstehen, etwa bei einem Schuss, der sich am Ende einer Auseinandersetzung löst. Fast immer wird dieser Effekt nach besonders wichtigen Ereignissen zur Verdeutlichung deren Tragweite für den Handlungsverlauf verwendet. Das Audio Delay wird aufgrund seiner plakativen und eindeutigen Wirkung seltener verwendet als das Audio Advance.

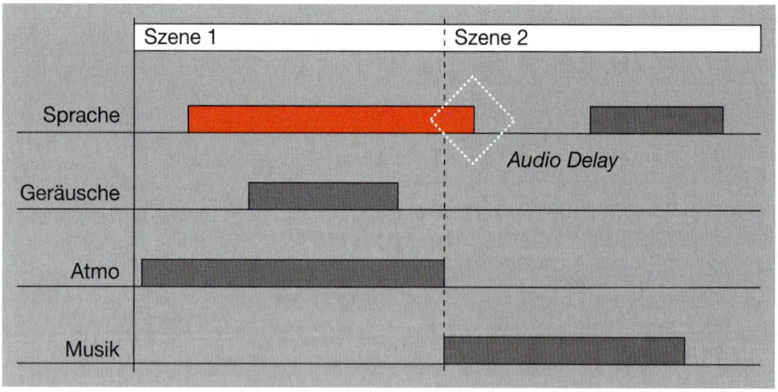

Abb. 1 Bild-Ton-Beziehung bei Audio Delay

> **Audio Advance** ist ein häufig eingesetztes Mittel, um Szenenübergänge weicher zu gestalten. **Audio Delay** verdeutlicht die Folgen einer Handlung für das Gesamtgeschehen. Es wird selten eingesetzt.

4.6.2 Räumliche Aspekte

Szenerie bezeichnet den Schauplatz des Geschehens.

Durch eine entsprechende Gestaltung der einzelnen szenischen Tonquellen lassen sich der Raumeindruck und die Realität bzw. die Irrealität einer Szene unterstreichen. Einzelne Kriterien, wie die Dauer oder die Klangcharakteristik des Nachhalls, lassen Rückschlüsse auf die Raumsituation, etwa die Größe des Raums, allein durch den Höreindruck zu. Stimmen diese mit dem im Bild vermittelten Eindruck überein, gewinnt die Szenerie an Realität. Im umgekehrten Fall wird sich ein irreales und unangenehmes Empfinden einstellen.

Durch stereophone oder mehrkanalige Wiedergabe der Tonspuren wird die **Lokalisation** von Tonquellen im Bild ermöglicht. Die richtige Ortung einzelner Tonquellen vermittelt einen realistischen Eindruck vom Geschehen. Dadurch wird das schnelle Mitverfolgen des Geschehens erleichtert. Ist die Ortung der Tonquellen nicht möglich oder uneindeutig, wirkt dies wiederum verwirrend und irreal.

Lokalisation: In der Tontechnik geprägter Begriff, der die räumliche Zuordnung von Schallquellen beim Hörvorgang beschreibt.

Der Einsatz **wandernder Schallquellen** setzt entsprechende technische Wiedergabesysteme (Surround-Systeme) voraus. Ein eindruckvolles Beispiel für wandernde Schallquellen findet sich in dem Film *Mission to Mars*. Ein Funkgespräch wird von Raumfahrern in der Schwerelosigkeit geführt. Während der Unterhaltung schweben die Astronauten, und mit ihnen die Kamera, langsam kreisend in ihrer Raumkapsel. Der Ton ihres Gesprächspartners, der aus einem Lautsprecher zu hören ist, wandert entsprechend der rotierenden Bilder um nahezu 360° im Raum. Die Lokalisation solcher beweglicher Tonquellen lässt den Realitätseindruck sehr komplex werden.

Mission to Mars (USA 2000, Brian de Palma)

Das Spiel mit der umfassenden räumlichen Hörerfahrung hat allerdings auf manche Zuschauer auch eine verwirrende Wirkung: Das Blickfeld des Zuschauers, selbst beim Kinobesuch, ist immer räumlich begrenzt. Wenn das zum Bild ablaufende Hörbild dagegen den ganzen Raum ausnutzt, so kann dies auch als störende Diskrepanz empfunden werden.

4.6.3 Inhaltliche Aspekte

Die dramaturgische Wirkung eines Handlungsverlaufs kann durch die Elemente der Tonebene entscheidend mitgestaltet werden. Dazu wird z. B. das Stilmittel des **dramatischen Akzents** verwendet, der auf der Musik- oder der Geräuschebene angelegt sein kann. Diese akustische Unterstreichung dramaturgisch herausstechender Ereignisse lässt sich musikalisch durch eine kurzzeitige Erhöhung der Lautstärke, die Verwendung bestimmter Instrumente oder eine besondere Spielweise (Artikulation) erreichen. Der kurze Akzent kann wie ein Tusch wirken.

→ S. 102 Dramaturgische Funktionen von Musik

Auf der Geräuschebene können unerwartete oder laute Geräuscheinsätze die gleiche Wirkung erzielen. Der dramatische Akzent wirkt stark emotionalisierend, unterliegt aber einer gewissen Abnutzungsgefahr. Deshalb sollte er nicht zu häufig eingesetzt werden.

Tonblenden

Auch die Verwendung von **Tonblenden** kann den dramaturgischen Aufbau einer Szene oder Sequenz unterstützen. Das langsame Auftauchen eines Tonereignisses aus der Stille bis zu seiner endgültigen Lautstärke wird als **Aufblende, Einblendung** oder **Fade In** bezeichnet. Der umgekehrte Vorgang, also das allmähliche Verschwinden eines Tonereignisses von der Tonspur, wird als **Abblende, Ausblendung** oder **Fade Out** bezeichnet.

Tonblenden können die einzelnen Tonebenen, also Atmo, Effektgeräusche, Musik oder Sprache, betreffen oder die gesamte Tonspur. Das Aufblenden aus Stille (Fade In) beschreibt den Beginn eines dramatischen Spannungsbogens. Das Ausblenden (Fade Out) dagegen hat eine beendende Wirkung. Häufig werden Tonblenden im Zusammenhang mit entsprechenden optischen Blenden verwendet.

→ S. 164 Blenden

Fade In und **Fade Out** signalisieren den Beginn und das Ende größerer Handlungszusammenhänge.

Besonders langsame Auf- oder Abblenden werden auch „weiche Blenden" genannt.

Die Wirkung von Tonblenden variiert auch mit deren Tempo. Eine besonders **langsame Abblende** signalisiert dem Zuschauer beispielsweise, dass der gerade dargestellte Vorgang immer wieder, gewissermaßen „unendlich" so weitergeht, wie er gerade gezeigt wird. Die genau gegensätzliche Wirkung lässt sich z. B. durch ein **abruptes Abreißen** der Tonspur erreichen.

4.7 Praxis des Tonschnitts

Eine gestalterisch sinnvolle Verwendung der Tonebenen, z. B. in einer Montagesequenz, muss sich auch in der Praxis an den auftretenden Zeit- und Raumveränderungen der dramaturgischen Situation orientieren. Dabei können insgesamt vier Möglichkeiten auftreten:

1. Zeit und Raum bleiben unverändert (Abb. 1).

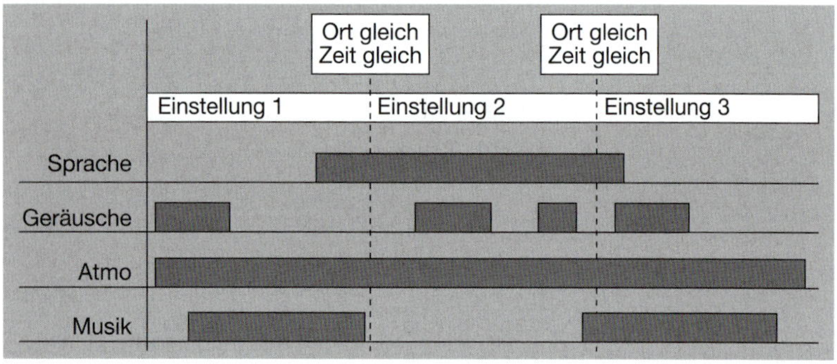

Abb. 1 Tonschnitt bei unveränderten Raum- und Zeitverhältnissen

Dieser Fall ist typisch für die kontinuierliche Handlung einer Szene: Alle Ebenen der Tonspur können über die Einstellungswechsel kontinuierlich weiterlaufen. Vor allem die Atmo sorgt für den Eindruck der räumlichen Kontinuität. Sprache und Effektgeräusche sind eher einzelnen Einstellungen zugeordnet, können aber ebenso wie die Musik über die Schnitte gezogen werden.

2. Zeit bleibt unverändert und Raum wird verändert (Abb. 2).

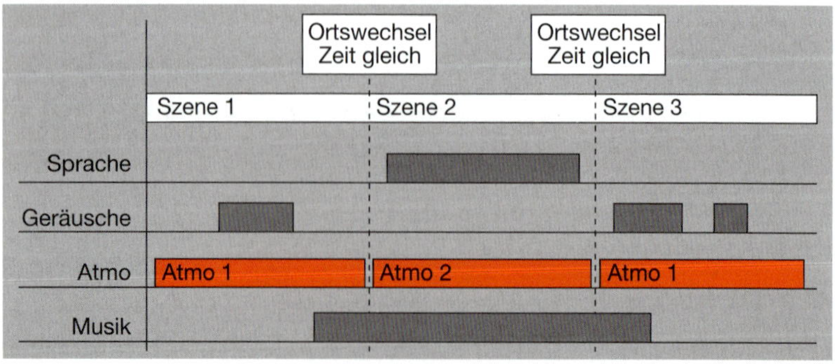

Abb. 2 Tonschnitt bei Ortswechsel und Gleichzeitigkeit

Diese Anordnung wird häufig bei Parallelmontagen verwendet: Die Musikebene erfüllt die Funktion der musikalischen Klammer und die wechselnde Atmo signalisiert den Ortwechsel.

➔ S. 184 Parallelmontage

3. Zeit wird verändert und Raum bleibt unverändert (Abb. 1)

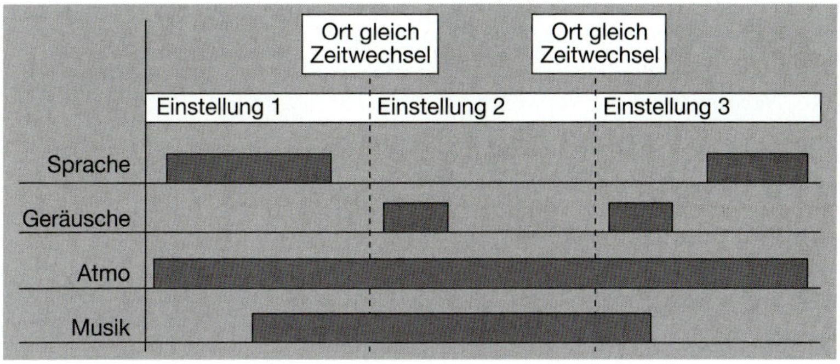

Abb. 1 Tonschnitt bei Ortsgleichheit und Zeitwechsel

Bei Rückblicken, Zeitraffer oder Jump Cuts findet sich dieser Verlauf: Die Atmo sorgt wiederum für die Wahrnehmung von Raumkontinuität, denn sie ändert sich über die gesamte Sequenz hinweg nicht. Die Musik klammert die Einstellungen und signalisiert, dass sie inhaltlich zusammen gehören. Geräusche und Sprache hingegen beziehen sich immer nur auf die gerade gezeigte Einstellung und werden nicht über die Schnitte gezogen.

➔ S. 154 Jump Cut

4. Zeit wird verändert und Raum wird verändert (Abb. 2).

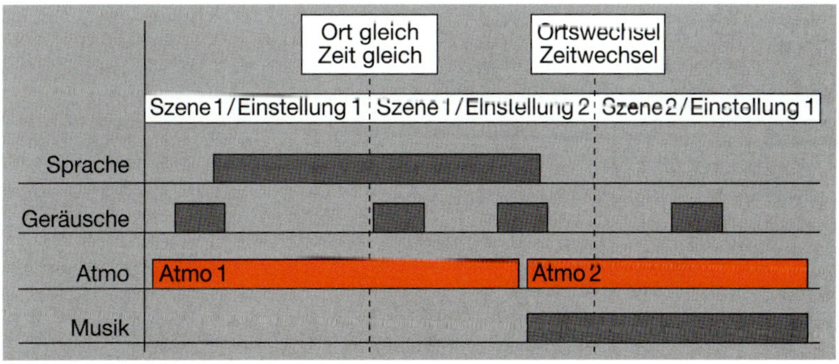

Abb. 2 Tonschnitt bei Orts- und Zeitwechsel

Wenn Handlungsstränge abgeschlossen werden sollen, können die Tonebenen dies unterstützen. Sprache sowie Atmo 1 signalisieren das Ende der Szene 1, während die Musik (evtl. mit Fade In) und die neue Atmo 2 (als Audio Advance) auf den Beginn eines neuen Handlungsstrangs hindeuten.

4.8 Aufgaben und Übungen

1. Nennen Sie je ein Beispiel für:
   a) Sprache im kommentierendem Off,
   b) Musik im szenischen Off.

2. Was versteht man unter Stimmführung?

3. Warum ist bei der Verwendung von Liedern als musikalische Untermalung von Filmszenen besondere Vorsicht geboten?

4. Nennen Sie Beispiele für Instrumentenklischees!

5. Was versteht man in der Tongestaltung unter Dynamik?

6. Nennen Sie je ein Beispiel für den dramaturgischen Einsatz von sich beschleunigender und sich verlangsamender Musik!

7. Nennen Sie ein Beispiel für den Einsatz von Source Musik!

8. Wann spricht man von einem pointierenden Musikeinsatz?

9. Experimentieren Sie mit den Möglichkeiten des polarisierenden Musikeinsatzes!
   a) Drehen Sie einige „nichtssagende" Aufnahmen von einem Wohnhaus und unterlegen Sie jeweils unterschiedlich wirkende Musik.
   b) Erweitern Sie die Manipulation durch entsprechende Atmo und Effektgeräusche!

10. Nennen Sie drei Beispiele, bei denen der Einsatz einer musikalischen Klammer sinnvoll erscheint!

11. Was versteht man unter Effektgeräuschen?

12. Welche dramaturgischen Gründe hat eine Voice Over bei fiktionalen Formaten?

13. Durch welche Maßnahmen kann man Stille auf der Tonspur gestalten?

14. Was versteht man unter asynchronem Ton?

15. Analysieren Sie die Szenenwechsel in einer beliebigen Episode einer Fernsehserie:
    a) Wann liegt ein Audio Advance vor, welche Tonebenen werden hierzu benutzt?
    b) Wann liegt ein Fade In oder Fade Out vor? Welche Absicht ist damit verbunden?

16. Analysieren Sie beliebige Ausschnitte (Länge etwa 30 bis 60 Sekunden) vorgegebener Film- oder Fernsehproduktionen. Skizzieren Sie das Verhältnis von Atmo, Effektgeräuschen, Sprache und Musik im Verhältnis zum Bild.

5 Dramaturgie

Ursprünglich bezeichnet der Begriff **Dramaturgie** die Gestaltung eines Dramas. Zum einen beinhaltet dies die praktische Arbeit an einem Bühnenstück für das Theater, zum anderen bezieht sich der Begriff auf die allgemeine theoretische Auseinandersetzung mit Dramen als Teil der Poetik.

Unter **Poetik** versteht man die Theorie und Lehre von den Formen der Dichtung.

In vielen Bereichen audiovisueller Medienproduktion ist Dramaturgie ebenfalls ein etablierter Begriff. Er wird allerdings in einem viel weiteren Sinne verwendet als in seinem ursprünglichen Theater-Kontext und kann sehr unterschiedliche Aspekte beinhalten.

Im Zentrum der **Mediendramaturgie** steht die Aufgabe, den Zuschauer für die Inhalte zu interessieren, die man vermitteln möchte. Dabei gilt es, die zu vermittelnden Informationen in ihrem Ablauf so zu strukturieren und zu präsentieren, dass möglichst durchgängig Interesse und Neugier aufrechterhalten werden. Dieses Ziel gilt nicht nur für Fernsehfilme („TV-Movies") oder Serien, also fiktionale Formate. Es lässt sich auch auf nichtfiktionale Inhalte, auf Werbung oder auf Videoclips übertragen.

Fiktionale Programme präsentieren in der Regel erfundene Inhalte.

> ! **Mediendramaturgie** befasst sich mit der Strukturierung und Präsentation von Inhalten. Sie verfolgt das Ziel, die Aufmerksamkeit des Publikums zu wecken und zu erhalten.

Dramaturgie beschäftigt sich also vor allem mit der Form und der Struktur von Inhalten. **Form** bezeichnet eher äußere Merkmale eines Programms, etwa die Länge oder das Genre (z. B. Sitcom, Abenteuerfilm oder Dokumentarfilm). Mit **Struktur** ist eine innere Ordnung gemeint, also der Aufbau einer Sendung nach gewissen Kategorien, z. B. Rubriken in Magazinsendungen oder die dramaturgische Verknüpfung von bestimmten Motiven in einem Film.

→ S. 134 Genres und Formate

Form und Struktur

Schaut man sich die zahlreich vorhandene Literatur zum Thema Dramaturgie an, so zeigt sich, dass immer wieder versucht wird, die Organisation von Inhalten schematisch auf feste „Erfolgsformeln" zu bringen. So fragwürdig diese Versuche im Einzelnen auch sein mögen, sie zeigen, dass die Aufbereitung von Informationen für ein Publikum bestimmten Mustern folgen muss, um erfolgreich zu sein. Trotz der Schwemme an Seminaren und Fachbüchern zu dramaturgischen Erfolgsrezepten gibt es auch weiterhin wenig erfolgreiche Filme. Offensichtlich lässt sich Erfolg nicht ausschließlich auf Formeln zurückführen.

Der für Fernsehprogramme häufig gebrauchte Begriff **Format** ist kein dramaturgischer Begriff. Er ist hauptsächlich im Bereich der Programmplanung und -entwicklung zu finden und bezieht sich auf die Inhalte und Eigenschaften einer Sendung, vor allem in Hinblick auf Zielgruppe und Sendeplatz.

5.1 Grundmuster der Dramaturgie

Jeder Drehbuchautor und Redakteur muss sich die Frage stellen, welche Inhalte das Publikum interessieren. Dabei stellt sich schnell heraus, dass es im Grunde immer wieder die gleichen Themen sind, die den Anlass für eine Darstellung oder Erzählung geben. Unabhängig vom Grad der Wirklichkeit, also egal ob fiktional oder dokumentarisch, betreffen die großen Themen allgemein menschliche Interessen und Grundfragen, die jeden beschäftigen und deshalb das Potential haben, Aufmerksamkeit zu erregen.

Die immer wiederkehrenden Themen sind:

- Liebe/Erotik,
- Tod/Überleben,
- Ruhm/Erfolg,
- Macht/Politik,
- Wirtschaft/Geld,
- Rache,
- Selbsterkenntnis.

Diese Themen sind die Auslöser dafür, dass eine Geschichte beim Zuschauer überhaupt auf Interesse stößt. Innerhalb der dramatischen Handlung motivieren sie die agierenden Figuren und setzen dadurch erst eine Geschichte in Gang.

Analysiert man beliebte Fernsehsendungen oder erfolgreiche Filme, so stehen diese Themen, eine gewisse Abstraktion vorausgesetzt, fast immer im Mittelpunkt. Programme, die ihr Publikum finden müssen, können darauf nicht verzichten, denn sie liefern dramatische Impulse.

Am Beispiel der Thematik „Tod/Überleben" wird das offensichtlich: Im fiktionalen Bereich beschäftigt sich jeder Thriller, fast jeder Kriminalfilm oder Katastrophenfilm mit dieser Grundfrage. Im dokumentarischen Bereich ist das kaum anders: Große Naturkatastrophen, Entführungsfälle oder Unfälle stoßen auf das massive Interesse der Öffentlichkeit, weil dabei immer auch existentielle menschliche Fragen berührt werden, die jeden angehen.

Titanic (USA 1997, James Cameron)

Einer der erfolgreichsten Filme aller Zeiten ist *Titanic*. Im Mittelpunkt dieses Welterfolgs stehen die zwei am häufigsten behandelten Themen Liebe und Überleben (Abb. 1).

Abb. 1 Titanic (1997) - Einer der erfolgreichsten Filme aller Zeiten: a) Liebe und b) Überleben

5.1.1 Standardsituationen

Joseph Campbell: *The Hero With a Thousand Faces* (1949). Deutsche Ausgabe: *Der Heros in Tausend Gestalten*, Frankfurt a.M. 1999.

Dramaturgie für Film und Fernsehen folgt in der Regel genormten Abläufen. Neben den wiederkehrenden Themen gibt es eine große Anzahl von Standardsituationen, aus denen sich erfolgreiche Geschichten immer wieder zusammensetzen. Der amerikanische Mythenforscher Joseph Campbell hat in den vierziger Jahren in seinem Buch *The Hero With a Thousand Faces* ein Erzählmuster von Märchen, Sagen und Mythen veröffentlicht, das eine ganze Reihe solcher Standardsituationen enthält. Der Regisseur und Produzent George Lucas hat sich die Erkenntnisse Campbells für seine *Star Wars* Filme zu Nutze gemacht. Die Filme entstammen nicht der naiven Phantasie des Filmemachers, der eine interessante und spannende Geschichte erfunden hat, sondern sie basieren auf wissenschaftlichen Erkenntnissen, welche Art von Geschichten, mit welchen typischen Handlungsmustern immer wieder funktionieren und ein Publikum finden.

Krieg der Sterne (Star Wars, USA 1977, Georg Lucas)

Ähnlich liegt der Fall bei der Trilogie *Der Herr der Ringe*. Der Autor J. R. R. Tolkien war Professor für altenglische Sprache und Literatur. Die Erzählstruktur, Motive und Charaktere der Geschichte sowie viele der geschilderten Konfliktsituationen basieren auf seiner Forschung über die Wirkungsweise von keltischen und germanischen Mythen. Der Erfolg des Romans und der darauf basierenden Filme beruht auf der systematischen Anwendung von literarisch bewährten Motiven und Situationen.

Die Ursprünge des Erzählens

Joseph Campbell beruft sich bei seinen Forschungen auf die Psychoanalyse. Nach C. G. Jung findet die menschliche Psyche, bzw. das menschliche Unbewusste, seinen Ausdruck in **Archetypen** oder archetypischen Vorstellungen. Darunter versteht man Urbilder oder Urvorstellungen, die alle Menschen teilen und die immer wieder reproduziert werden. Sie äußern sich in Träumen, Kunst und Mythos.

Archetypen

Aus der Erforschung zahlreicher Mythen und Märchen erstellte Campbell eine Art Urgeschichte. Es ist die Geschichte des Helden, der aus seiner gesicherten Existenz herausgerufen wird, Abenteuer erlebt und besteht. Er kehrt wieder in die Zivilisation zurück, bereichert um den Lohn seiner Heldenfahrt. Der errungene Schatz kommt weniger ihm selbst, als vielmehr seiner Umwelt zugute.

Der amerikanische Drehbuchautor Christopher Vogeler hat als erster die Erkenntnisse Campbells systematisch auf die Arbeit an Filmstoffen und Drehbüchern übertragen. Er war unter anderem als Berater für *König der Löwen* tätig, einem Film, bei dem sich Campbells Urgeschichte deutlich erkennen lässt.

Christopher Vogeler: *The Writer's Journey: Mythic Structure for Writers* (1998). Deutsche Ausgabe: *Die Odyssee des Drehbuchschreibers*, Frankfurt a.M. 1998.

König der Löwen (The Lion King, USA 1994, Bob Minkoff, Roger Allens)

Selbstverständlich beruht ein großer Publikumserfolg nicht allein auf der Anwendung erfolgreicher dramaturgischer Motive und Situationen. Es lassen sich unzählige Beispiele finden, bei denen die Anwendung von Campbells Erkenntnissen zu keinem übermäßigen Erfolg geführt hat. Für die konkrete dramaturgische Arbeit ist es allerdings von Vorteil, wenn man verstanden hat, dass im Grunde nichts wirklich Neues erzählt werden kann. Entscheidend ist nicht das **Was**, der Inhalt der Erzählung, sondern das **Wie**, also die Frage der Form, in der die Erzählung präsentiert wird.

! Für die Dramaturgie spielen Form und Struktur der Darstellung eine größere Rolle als der Inhalt selbst.

5.1.2 Der dramatische Konflikt

Bei der Konstruktion einer dramatischen Handlung sind unendlich viele Varianten möglich. Wichtig ist jedoch, dass es einen Konflikt gibt, der die Handlung in Gang bringt. Alle Arten von Konflikten hängen eng mit den immer wiederkehrenden Standardsituationen zusammen. Grundsätzlich lassen sich zwei Konflikttypen unterscheiden: externe und interne Konflikte.

Unter **externen Konflikten** versteht man z. B.:

Der **Protagonist** ist die zentrale Figur einer Geschichte, deren Erlebnisse und Erfahrungen der Zuschauer teilen soll.

- die Auseinandersetzungen eines **Protagonisten** mit einer anderen Figur,
- den Konflikt, den der Protagonist aufgrund seiner sozialen Herkunft erfährt,
- das Problem, das sich aus dem Überschreiten seines gewohnten Umfelds ergibt,
- der Kampf des Protagonisten gegen die Natur oder die Technik.

Der **Antagonist** arbeitet den Zielen des Protagonisten entgegen.

Bei diesen externen Konfliktsituationen steht der Protagonist einem sichtbaren, äußeren Gegner gegenüber. Die häufigste Form dieses Konflikts ist sicher die zwischen dem Protagonisten und einer anderen konkreten Person oder Personengruppe, den **Antagonisten**.

→ S. 132 Charakterzeichnung

Beim **internen Konflikt** geht es mehr um die Auseinandersetzung mit dem eigenen Ich. Solche Konflikte äußern sich z. B. als Selbstzweifel aller Art. Bei diesem Konflikttyp stehen moralische oder emotionale Probleme im Mittelpunkt. Mehr als bei den externen Konflikten funktionieren Geschichten, die sich um Selbsterkenntnis und persönliche Entscheidungen drehen, mithilfe genau konstruierter Charaktere, für die sich das Publikum interessieren soll.

Georges Polti: *Le trente-six situations dramatiques* (1895).

Der französische Dramatiker Georges Polti benannte bereits 1895 „Die 36 dramatischen Situationen", die er aus seiner Analyse von klassischen und zeitgenössischen Theaterstücken ermittelte. Poltis Auflistung ist heute so gültig wie vor hundert Jahren. Fast alle von ihm benannten Standardsituationen und die dazu gehörenden Elemente lassen sich täglich in Filmen und Fernsehserien leicht wiederfinden (Tabelle 1).

Tabelle 1 Die 36 dramatischen Situationen nach Georges Polti

Situation	Elemente
Bitte	Verfolger, Peiniger, Bittsteller und eine unentschlossene Autorität
Erlösung	Zu erlösende Person, bedrohende Person, Retter
Rache für ein Verbrechen	Rächer, Verbrecher
Rache an einem Verwandten für den Tod eines Angehörigen	Rächender Verwandter, schuldiger Verwandter, Erinnerung an das Opfer
Verfolgung	Bestrafung Flüchtiger
Katastrophe	Eine bezwungene Macht, siegreicher Feind, Bote

Fortsetzung von Tabelle 1, S. 119 Die 36 dramatischen Situationen nach Georges Polti	
Situation	**Elemente**
Revolte	Tyrann und Verschwörer
Einer Grausamkeit oder einem Unglück zum Opfer fallen	Unglücklicher, Herrscher, Opfer
Ein wagemutiges Unternehmen	Wagemutiger, Gegenstand des Unternehmens, Gegner
Entführung	Entführer, Entführte, Wächter
Rätsel	Fragender, Suchender, zu lösendes Problem
Erwerb	Bittsteller, sich weigernder Gegner, Schiedsmann
Hass unter Verwandten	Hassende Verwandte oder verhasste Verwandte
Rivalität unter Verwandten	Bevorzugter, Zurückgewiesener, Gegenstand der Rivalität
Ehebruch mit Mord	Zwei Ehebrecher, betrogener Partner
Wahnsinn	Wahnsinniger und Opfer
Verhängnisvoller Leichtsinn	Leichtsinniger, Opfer, verlorenes Objekt
Unfreiwillige Verbrechen der Liebe	Liebende Person, geliebte Person, Person, die das Verbrechen aufdeckt
Mord an einem nicht erkannten Verwandten	Mörder, nicht erkanntes Opfer
Selbstopferung für ein Ideal	Held; Ideal, Person oder der Gegenstand der geopfert wird
Selbstopferung für Angehörige	Held, Angehöriger, Person oder Gegenstand, der geopfert wird
Opferung für die Leidenschaft	Liebende Person, Objekt der fatalen Leidenschaft, Person oder Gegenstand, der geopfert wird
Notwendigkeit, geliebte Menschen zu opfern	Held, geliebtes Opfer, Grund für das Opfer
Rivalität zwischen Ungleichen	Überlegener Rivale, unterlegener Rivale, Gegenstand der Rivalität
Ehebruch	Betrogener Ehemann oder Ehefrau, zwei Ehebrecher
Verbrechen der Liebe	Liebende Person, geliebte Person
Entdeckung der Unehrenhaftigkeit einer geliebten Person	Aufdeckende Person, schuldige Person
Hindernisse der Liebe	Zwei Liebende, ein oder mehrere Hindernisse
Ein geliebter Feind	Geliebter Feind, liebende Person, hassende Person
Ehrgeiz	Ehrgeizige Person, begehrter Gegenstand, Gegner
Konflikt mit einem Gott	Sterblicher, Unsterblicher
Grundlose Eifersucht	Eifersüchtige Person, Gegenstand der Eifersucht, vermeintlicher Komplize, Grund der falschen Annahme
Falsche Beurteilung	Der falsch Beurteilende, das Opfer, Grund des falschen Urteils, schuldige Person
Reue	Schuldiger, Opfer, ermittelnde Person
Eine vermisst geglaubte Person wird gefunden	Suchende Person, gefundene Person
Verlust einer geliebten Person	Getöteter Verwandter, zuschauender Verwandter, der Mörder

5.2 Bauformen der Dramaturgie

Für nahezu alle fiktionalen und nichtfiktionalen Programme ist es nötig, die Inhalte in einer Struktur zu präsentieren, die Zusammenhänge deutlich macht und dabei eine gewisse Spannung im Ablauf der Informationen erzeugt. Um die Aufmerksamkeit des Publikums in diesem Sinne zu erreichen und aufrecht zu erhalten, ist es notwendig, die wichtigsten Bauformen der Dramaturgie in ihren Grundzügen zu kennen:

- den einfachen dramatischen Bogen (geschlossene Erzählform),
- offene Erzählformen,
- das Verhältnis von Story und Plot,
- Formen der Spannungserzeugung.

5.2.1 Der einfache dramatische Bogen

Inhalte werden meist als Geschichten präsentiert. Eine erzählte Geschichte weist zumeist die Struktur eines einfachen dramatischen Bogens auf. Dieser Bogen besteht grundsätzlich aus fünf Stationen.

! Der **einfache dramatische Bogen** ist das Muster, nach dem die meisten Geschichten strukturiert sind.

Die fünf Stationen der einfachen dramatischen Bogens sind:

1. Exposition

Die **Exposition** führt in das Geschehen ein und definiert die Rahmenbedingungen der Geschichte: Wo spielt sie, zu welcher Zeit, welche Personen spielen eine Rolle? Die Exposition schildert die Ausgangssituation der Geschichte und definiert deren fiktive Voraussetzungen, die gegebenenfalls auch sehr unrealistisch sein können. Eine Exposition ist dann gelungen, wenn sie es schafft, dass der Zuschauer sich orientiert fühlt und sich auf die geschaffenen Prämissen einlässt.

Lindenstraße (Deutschland 1985 ff.)

Schildert die Exposition beispielsweise ein Volk von Zwergen in einer märchenhaften ländlichen Umgebung in einer mythischen Vorzeit („es war einmal"), so wird der Zuschauer nicht sonderlich überrascht sein, wenn im Verlauf der weiteren Handlung auch Zauberer und Elfen das Figurenpersonal ergänzen. Dagegen wird das Erscheinen einer Elfe in der *Lindenstraße* sicherlich als **Bruch in der Fiktion** empfunden. Die Exposition setzt also die Vorzeichen, unter denen alles weitere Geschehen verstanden werden kann. Ein Bruch mit der eingangs geschilderten Welt ist äußerst selten und wird vom Publikum nur schwer akzeptiert.

→ S. 132 Charakterzeichnung

Bei den in der Exposition vorgestellten Figuren handelt es sich um die Protagonisten. Es sind die Charaktere, an denen die Geschichte „aufgehängt" wird. Durch die Vorstellung der Protagonisten soll üblicherweise ein hohes Maß an Identifikation geschaffen werden, wodurch der Zuschauer in den folgenden Situationen die Reaktionen und Gefühle nachvollziehen kann.

2. Aufbau des Konfliktes

In der geschilderten Ausgangssituation ergibt sich ein Konflikt. Das (meist) harmonische, im Gleichgewicht befindliche Leben wird gestört. Solche Konflikte können vielfältig sein. Häufig stellt sich dem Protagonisten ein Antagonist entgegen. Dieser arbeitet den Zielen und Wünschen der Identifikationsfigur entgegen. Ist die Störung nicht an einer Person festzumachen, so spricht man von einer **antagonistischen Kraft**. Hiermit können gesellschaftliche Umstände (z. B. das Romeo und Julia-Motiv einer „verbotenen Liebe") oder es können auch äußere Umstände gemeint sein (z. B. eine Naturkatastrophe). Um den Konflikt zu lösen, sieht sich der Protagonist zum Handeln gezwungen.

Antagonistische Kraft

3. Höhepunkt (Klimax)

Der Konflikt befindet sich auf dem Höhepunkt, er wird in seinen Konsequenzen geschildert und ausgetragen. Alle Vorbedingungen des Konflikts und dessen Entstehung sind geklärt, jetzt wird die eigentliche Auseinandersetzung geschildert. Die Schilderung des Konflikthöhepunktes ist üblicherweise auch der dramatische Höhepunkt der Geschichte. Typisch für diese dramatische Station sind Duelle und Kämpfe aller Art oder auch Gerichtsverhandlungen. Protagonist und Antagonist stehen sich gegenüber, der Protagonist kämpft für seine Ziele, die vielfältig sein können. Er kämpft für sich (sein Überleben, seine Ehre, seine Liebe, sein Geld usw.; hier kommen wieder alle Standardthemen in Betracht), er kämpft für sein Land, für die ganze Welt oder sogar, wie in den *Matrix*-Filmen, für die Wiederherstellung der Realität.

Matrix (USA 1999); Matrix Reloaded (USA 2003); Matrix Revolutions (USA 2003, Andy und Larry Wachowski)

4. Abbau des Konfliktes (Peripetie)

Im Laufe der Auseinandersetzung bahnen sich Auswege, Lösungsmöglichkeiten oder auch eine unausweichliche Katastrophe an. Je nach Art der Geschichte wendet sich das Schicksal des Protagonisten zum Guten oder zum Schlechten. Der Moment, in dem sich erstmals ein Ausweg andeutet, gilt als wichtiges Element in der Dramaturgie. Es ist der Wendepunkt der Geschichte, der **Plot Point**. Generell gilt eine Lösung, die sich aus den bislang bereits vermittelten Informationen ergibt, als besser bzw. eleganter als eine Lösung, die urplötzlich „aus heiterem Himmel" erscheint (wie z. B. eine plötzlich auftauchende Wunderwaffe, ein vormals nie in Erscheinung getretener Belastungszeuge oder Ähnliches). Eine solche überraschende Wendung wird in Anlehnung an die Theatersprache auch **Deus ex machina** genannt.

Plot point

Deus ex machina: ein „Gott aus der Maschine", der plötzlich aus der Höhe auf die Bühne abgeseilt wird, um eine unerwartete Lösung anzubieten.

5. Schluss

Der Konflikt findet sein glückliches oder unglückliches Ende. Die Ausgangssituation wird wieder hergestellt, verbessert sich oder hat sich dauerhaft verschlechtert. Beim einfachen dramatischen Bogen sind mit dem Schluss alle wesentlichen offenen Fragen geklärt und der Zuschauer empfindet die erzählte Geschichte als abgeschlossen. Bei der klassisch aufgebauten Fernsehserie mit abgeschlossenen Einzelepisoden weist der Schluss wieder nahezu alle Elemente der Exposition („vor dem Konflikt") auf. Eine Störung ist behoben und alles ist wieder wie zuvor.

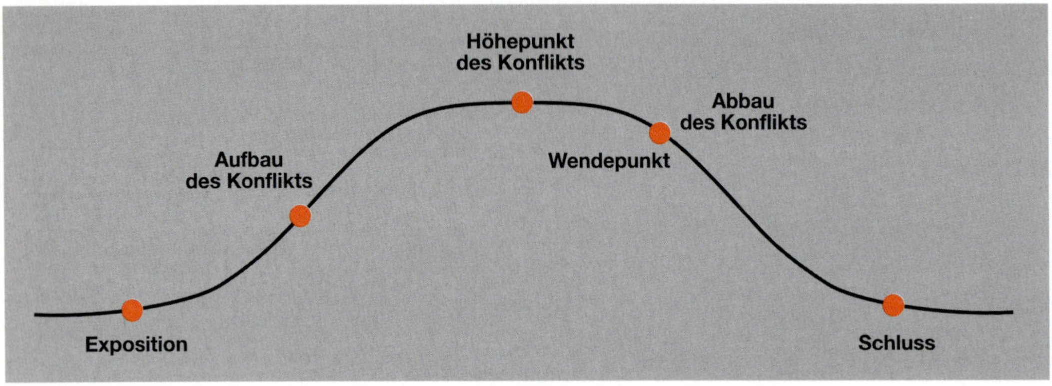

Abb. 1 Der Verlauf des einfachen dramatischen Bogens

Das hier geschilderte Muster des einfachen dramatischen Bogens gilt ganz allgemein und ist zunächst nicht auf Spielfilme oder fiktionale Programme beschränkt. Nahezu jedes Ereignis oder jeder Vorgang lässt sich in einer ähnlichen 5-schrittigen Abfolge beschreiben (Abb. 1).

Um das zu verdeutlichen, soll hier ein Beispiel für den Informationsablauf eines „bunten" dreiminütigen Berichts in einem Boulevardmagazin geschildert werden. Es geht um einen, zwar rein erfundenen, aber so oder so ähnlich sicher schon vorgekommenen Sachverhalt: Berichtet wird von den Bemühungen eines Tierparks, die ansässigen Koala-Bären zum Zeugen von Nachwuchs zu animieren. In diesem Fall signalisiert der Sprechertext jeweils die fünf Stationen des dramaturgischen Ablaufs:

1. Exposition

Sprechertext: „Der Duisburger Zoo … Jung und Alt verbringen hier gerne ihre freie Zeit, um den exotischen Tieren zuzuschauen. Hier ist immer etwas los. Besonders die niedlichen Koala-Bären haben es den Besuchern angetan, vor allem die Kinder drängeln sich am Gehege, um die Turnübungen und Streiche der Pelztiere zu beobachten."

2. Aufbau Konflikt

„Doch … in letzter Zeit ist diese Idylle bedroht. Denn die Koalas plagen Nachwuchssorgen." Jetzt können Zahlen folgen, seit wann es keinen Nachwuchs mehr gegeben hat und die Schilderung eines Experten, der erklärt, wie schwer sich die Tiere in Gefangenschaft mit dem Nachwuchs tun.

3. Höhepunkt

Schilderung der Tierpfleger und des Zoodirektors, was man schon alles unternommen hat, um die Fortpflanzungsfreudigkeit der Koalas zu steigern. Düstere Aussichten werden prognostiziert: Es wird immer schwieriger, neue Koalas im Zoo anzusiedeln, die alten sterben bald aus, sie überschreiten die Geschlechtsreife. „Bange Frage aller Tierfreunde: Muss das Gehege bald schließen?"

4. Abbau Konflikt

„Jetzt aber scheint doch noch Hilfe in Sicht: Befreundete Zoos aus dem europäischen Ausland haben sich gemeldet, sie haben Tipps gegeben und Hilfe angeboten. Eine spezielle Diät und Beethovens „Neunte“ sollen bei der Fortpflanzung in anderen Tierparks schon große Dienste geleistet haben.“ (Kurze Interviewpassage zu den Erfolgen in anderen Tierparks.)

5. Schluss

Text: „Und so werden wohl auch in Zukunft Groß und Klein am Koalagehege ihre helle Freude haben.“

5.2.2 Offene Erzählformen

Bei dem einfachen dramatischen Bogen handelt es sich um eine **geschlossene dramatische Form**, weil am Ende der Erzählung die zuvor geschilderten Konflikte einen eindeutigen positiven oder negativen Ausgang erfahren. Erzählungen, die kein solches eindeutiges Ende aufweisen, bezeichnet man entsprechend als eine **offene dramatische Form**. Hier ist am Ende der Erzählung nicht alles geklärt; das Publikum wird mit Fragen, ungelösten Problemen oder der Aussicht auf weitere Konflikte entlassen. Offene Formen können in der Dramaturgie verschieden aussehen und werden aus unterschiedlichsten künstlerischen oder kommerziellen Intentionen konstruiert.

Geschlossene und offene dramatische Form

Bei der **offenen dramatischen Form** bleiben am Ende zentrale Konflikte oder Fragen ungeklärt.

Der Verzicht auf ein eindeutiges Ende kann in einem künstlerisch ambitionierten Film eng mit der Wirkungsabsicht der Filmemacher verbunden sein. Ein solcher Film will nicht unbedingt eindeutige Antworten auf gestellte Fragen oder geschilderte Konflikte geben, sondern das Publikum zum Nach- oder Weiterdenken motivieren. Werke mit einer offenen Problemstellung am Schluss setzen auf einen Zuschauer, der bereit ist, sich mit dargestellten Problemen auseinander zu setzen und nicht allein den Unterhaltungs- oder Ablenkungswert einer Geschichte zu suchen.

Daily Soap (kurz **Soap**): unbegrenzte Serienform mit fest umrissenem Personenkreis. Das Format stammt aus den USA, wo die Serien von großen Waschmittelkonzernen zunächst im Radio, später im Fernsehen gesponsert wurden.

Eine andere Variante der offenen dramatischen Form hat dagegen einen ausschließlich kommerziellen Grund: das offene Ende der Episode einer **Daily Soap**. Hier wird nach dem **Cliffhanger-Prinzip** gearbeitet. Hier werden mehrere Geschichten miteinander verzahnt, die sich alle in unterschiedlichen Stadien der Entwicklung befinden.

Cliffhanger

Diese drei oder vier parallel erzählten Geschichten werden so angeordnet, dass jede Episode der Serie jeweils mit einer offenen Frage endet. Der dramatische Bogen der zuletzt gezeigten Geschichte befindet sich im Aufbau des Konflikts oder auf dem Höhepunkt. Damit wird der Zuschauer natürlich animiert, auch die weiteren Entwicklungen zu verfolgen und die nächste Episode wieder anzusehen. Stets endet eine Episode mit dem Versprechen auf ein großartiges Ereignis beim nächsten Mal.

> Das **Cliffhanger-Prinzip** besteht darin, jede Episode einer Serie mit einer offenen Frage zu beenden, damit die Zuschauer wieder einschalten.

Schaut man sich die Dramaturgie einer typischen Soap genauer an, so stellt man sogar fest, dass fast jede einzelne Szene mit einem „kleinen Cliffhanger" endet: Zu erwartende Antworten werden nicht gegeben, neue Konflikte brechen auf, Probleme aller Art werden offenkundig, bevor zu einem anderen Schauplatz gewechselt wird. Auch eine solche Binnenstruktur verdeutlicht das Hauptziel dieser offenen Dramaturgie: Der Zuschauer muss gehalten werden! Sobald dann die Konflikte ihrer Lösung zustreben, treten sie als Handlungsstränge in den Hintergrund.

5.2.3 Story und Plot

Die Aufgabe beim Verfassen eines gut funktionierenden Skripts besteht vor allem darin, die Geschichte, die man erzählen möchte, in eine spannende Handlung zu fassen. Man unterscheidet in diesem Zusammenhang zwischen Story und Plot: **Story** bezeichnet die Geschichte, die erzählt werden soll. Unter **Plot** versteht man den konkreten Handlungsverlauf, so wie er im fertigen Film präsentiert wird.

Story und Plot

Beim Schreiben eines Drehbuchs wird die Reihenfolge der Szenen festgelegt. Dazu sind beispielsweise folgende Fragen zu klären: Wann erfährt der Zuschauers was? Welche Informationen braucht der Zuschauer, um die Geschichte zu verstehen, welche sollten zurückgehalten werden, um die Spannung zu steigern? Welche Aspekte in der Handlung sollten ausführlich behandelt werden, welche kann man auch weglassen, ohne dass die Verständlichkeit darunter leidet?

Unter **Ellipse** versteht man in der Dramaturgie die Auslassung eines Handlungselements, entweder weil es für den Fortgang der Handlung irrelevant ist oder um durch die vorenthaltene Information Spannung zu erzeugen.

Bei der **Plot-Konstruktion** spielt vor allem die Frage der **Chronologie** eine wesentliche Rolle. Arbeitet man mit **Rückblenden**, **Ellipsen** und Andeutungen, die erst viel später aufgelöst werden? Erklärt man dem Zuschauer alles oder lässt man bewusst dramaturgische Leerstellen zu, die das Publikum selbst füllen muss?

Für einen rein **informierenden Beitrag** sollten die Informationen möglichst klar sein und logisch aufeinander aufbauen. Ein gut gebauter Beitrag ordnet seine Informationen zwar auch nach dramaturgischen Prinzipien, aber hier wird nichts verrätselt oder lediglich angedeutet. Strukturprinzipien wie „vom Allgemeinen zum Besonderen" oder „vom Einzelfall zum Allgemeinen" dienen der Verständlichkeit und Nachvollziehbarkeit dargestellter Sachverhalte. Letztlich soll eindeutig informiert werden, dieser Prämisse folgen fast alle dokumentarischen Formate.

Ganz anders kann eine Geschichte in einem fiktionalen, vor allem der Unterhaltung dienenden Film präsentiert werden. Der Reiz für den Zuschauer besteht oft gerade in der geschickten Konstruktion des Plots. Hier kommen dramaturgische Techniken meist viel stärker zum Einsatz. Fast ausnahmslos dienen sie dazu, für Identifikation zu sorgen, die Aufmerksamkeit des Zuschauers zu erhalten und zu steigern sowie die Spannung zu erhöhen.

Ein bekanntes Beispiel für eine extrem komplizierte Plot-Konstruktion ist die achronologisch und verschachtelt erzählte Episodenhandlung von *Pulp Fiction* (Abb. 1). Auch *Memento* ist ein Film, der seine Geschichte extrem bruchstückhaft präsentiert (Abb. 2): Aus den Erinnerungsfetzen eines an Amnesie leidenden Mannes muss der aufmerksame Zuschauer sich eine nachvollziehbare Geschichte selbst zusammensetzen. Der Erfolg dieser Filme liegt zu einem großen Teil in ihrer komplizierten dramatischen Form begründet und weniger in den erzählten Inhalten.

Pulp Fiction (USA 1994, Quentin Tarantino)

Memento (USA 2000, Christopher Nolan)

Abb.1 Pulp Fiction

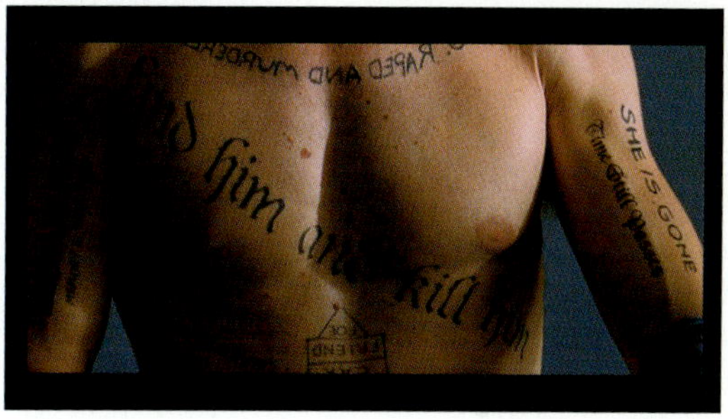

Abb. 2 Memento

5.2.4 Spannung

Das Erzeugen von Spannung gilt als eine der Hauptaufgaben der Dramaturgie: Ohne Spannung entsteht kein Interesse an der erzählten Geschichte. Ein Konflikt oder Problem, an dessen Lösung gearbeitet wird, ist deshalb zwingend; der Zuschauer wird keinem konfliktfreien Verlauf eines Vorgangs über einen längeren Zeitraum hin folgen.

Für die Plot-Konstruktion beim Verfassen des Drehbuchs spielt vor allem die Frage nach dem Informationsstand des Zuschauers eine Rolle: Welche Information, die zur Geschichte gehört, wird dem Zuschauer wann mitgeteilt? Im Verhältnis des Informationsstandes des Zuschauers zum Informationsstand der Figuren sind unterschiedliche Verteilungen möglich:

- **Informationsvorsprung**: Der Zuschauer weiß mehr als die Protagonisten. Dem Publikum wurde z. B. schon mitgeteilt, dass in einer dunklen Ecke ein Übeltäter lauert. Den ahnungslosen Protagonisten, der gleich in die Falle laufen wird, würde man am liebsten warnen. Nach Hitchcock wird diese Spannungsvariante **Suspense** genannt.
- **Informationsgleichstand**: Zuschauer und Protagonist erleben und erfahren alle für den Verlauf der Geschichte relevanten Momente gemeinsam. Das Erleben der Handlung wird durch starke Identifikation mit der Figur und deren Situation bestimmt.
- **Informationsdefizit**: Der Zuschauer erlebt Überraschungen, da ihm lange Zeit Informationen vorenthalten wurden, über die der Protagonist längst verfügte. Solche Handlungen erlebt der Zuschauer eher als Außenstehender. Die Geschichte wird ihm „vorgeführt“, er hat wenig Gelegenheit zur Identifikation mit Figuren oder Situationen.

Suspense

Weitere dramaturgische Varianten der Spannungserzeugung sind:

Retardierendes Moment

- **Das retardierende Moment**: Ein vom Zuschauer erwarteter Spannungshöhepunkt wird hinausgezögert. Alles spitzt sich auf eine Situation zu, beispielsweise ein ablaufender Countdown, ein Verhör, bei dem der Befragte in die Enge getrieben wurde oder eine Verfolgungsjagd. Kurz vor dem entscheidenden Augenblick tritt eine Verzögerung ein, die die Erwartungshaltung des Zuschauers unterläuft. Die Unterbrechung im Verlauf der Spannungskurve dient natürlich der umso mehr gesteigerten Erwartung.
- **Der Faktor Zeit**: Bei Film und Fernsehen ist der Zuschauer der Handlung üblicherweise in Echtzeit ausgesetzt. Wenn z. B. gezeigt wird, dass der Protagonist eine sich schließende Tür noch erreichen will, dann erlebt der Zuschauer das in der gleichen Zeit wie der Protagonist im Film. Als Zuschauer kann man also abschätzen, wie eng die zeitliche Situation werden kann. Dieses direkte Erleben von Zeit, besonders von knapper Zeit, ist für filmische Dramaturgie typisch. Im Roman kann der Wettlauf gegen die Zeit endlos in Beschreibungen ausgedehnt werden und der Leser kann schnell oder langsam bei dieser Schilderung vorankommen. Beim Film ist man der vorgegebenen Zeit ausgesetzt, man erlebt die Hektik des Protagonisten aktiv mit.

5.3 Charakterzeichnung

Damit die Handlung erfolgreich transportiert wird, braucht man Charaktere, die das Publikum akzeptiert und die zumindest einigermaßen glaubwürdig agieren.

Unter **Identifikation** versteht man das Sich-Gleichsetzen mit einem Charakter. Der Zuschauer soll die Situation, die Ziele und die Vorgehensweise einer Figur verstehen.

Empathie

Konflikte werden über Personen vermittelt, mit denen man sich **identifizieren** kann. Bei fiktiven Geschichten bedeutet das die Schaffung von Charakteren, mit denen man sympathisiert, weil man deren Handlungen nachvollziehen kann. Daraus kann im Verlauf des Geschehens eine starke emotionale Bindung entstehen: Das Publikum fühlt mit der Figur mit. Durch diese **Empathie** des Zuschauers wird immer auch zugleich eine Bindung an die Geschichte (und damit an das Programm) erreicht. Der Zuschauer bleibt dran! Wichtig für das Funktionieren einer Geschichte ist immer, dass das Publikum emotional angesprochen wird. Das Schicksal einer Figur darf dem Publikum keinesfalls gleichgültig sein.
Interessante Geschichten werden fast immer über interessante Charaktere vermittelt. Das gilt auch für negative Figuren, Antihelden oder Bösewichter im Film. Auch starke Antipathie gegenüber einer Figur bindet das Publikum an die Geschichte. Oft üben die „Bösen" im Film sogar eine stärkere Faszination aus als die heldenhaften Protagonisten.
Um Identifikation herstellen zu können, muss das Publikum die wichtigen Figuren (Handlungsträger) mit möglichst vielen Facetten ihres fiktiven Lebens kennen lernen. Zunächst sind bei der Konstruktion einer Figur physische, psychische und soziale Aspekte zu bedenken.

! Ein Charakter, mit dem sich das Publikum identifiziert, soll nachvollziehbare **physische, psychische und soziologische Merkmale** aufweisen.

Äußere Erscheinung

Vor allem die **äußere Erscheinung** der handelnden Personen ist im Film nie zu unterschätzen: Der erste Eindruck wird über Äußerlichkeiten vermittelt, deshalb sollte man diese bewusst einsetzen. Weder für einen Werbespot noch für einen Fernsehfilm ist es belanglos, wie eine Figur gekleidet ist, welchen Haarschnitt sie trägt oder mit welcher Körperhaltung sie auftritt. Die Titelfigur des Films *Forrest Gump* macht das besonders deutlich: Gestik und Mimik des Schauspielers Tom Hanks, sein Haarschnitt und seine Kleidung (kurzärmeliges kariertes Hemd, Hochwasserhose mit Hosenträgern, Tennissocken und Laufschuhe) charakterisieren Gump schon auf der visuellen Ebene deutlich als braven, unmodernen und unkonventionellen, geistig leicht minderbemitteltenund sportlichen Typ. Im visuellen Medium Film sollten solche äußeren Attribute niemals naiv als gegeben verstanden werden, sondern als bewusst eingesetzte Zeichen (Abb. 1).

Forrest Gump (USA 1993, Robert Zemeckis)

Abb. 1 ***Forrest Gump***

Innenleben

Das **Innenleben** einer Figur muss verdeutlicht werden, es erklärt sie genauer und macht ihre Handlungsweise verständlich. Ob jemand als schüchtern, aufbrausend, freundlich oder aggressiv in eine Geschichte eingeführt wird, lässt den sich anbahnenden Konflikt besser verstehen oder sogar schon vorausahnen. Viele Konflikte beruhen gerade auf charakterlichen Unterschieden der Figuren. Oft ergänzen sich unterschiedliche Charaktere zu gut funktionieren Teams, in denen jeder seine Stärken und Schwächen hat und diese entsprechend zum Wohle aller einsetzt (beispielsweise die Mannschaften in den *Star Trek* Serien).

Soziales Umfeld

Auch das **soziale Umfeld** einer Figur definiert sie als „echt“. Wo kommt sie her? In welchen unterschiedlichen Gruppen bewegt sie sich (Beruf, Familie usw.)? Ein Charakter wird erst durch diese Aspekte glaubwürdig, sie machen seine Handlungen nachvollziehbar. Entsprechend können interessante externe Konflikte entstehen, wenn sich diese Aspekte widersprechen. Ein typisches Beispiel hierfür wäre die Geschichte vom aufrechten, naiven Aufsteiger aus einfachen Verhältnissen, der durch seinen Erfolg in ein gesellschaftliches Milieu gerät, wo Intrigen und skrupelloses Machtverhalten an der Tagesordnung sind.

Auch bei der Arbeit für **dokumentarische Formate** ist auf die sorgfältige Präsentation und Darstellung von Personen sehr zu achten. Das Umfeld, in dem sie vorgestellt werden, ist für den Zuschauer mindestens so prägend wie die sprachlichen Informationen über sie oder von ihnen. Die Bilder, die man von Personen sieht, prägen den Eindruck, den man sich von ihnen macht, oft stärker als deren Äußerungen. Die **Antextbilder** in Magazinbeiträgen, bei denen Handlungsträger visuell vorgestellt werden, sollten durch die Wahl der Situation und Umgebung dafür sorgen, dass die „Welt“ dieser Personen (z. B. das Wohn- oder Arbeitsumfeld oder die Lebensweise) verdeutlicht wird.

→ S. 53 Kadrierung

5.3.1 Sprache und Dialog

Glaubwürdige Figuren müssen auch glaubwürdig sprechen. Ein guter Dialog zeichnet sich dadurch aus, dass die Sprecher sich individuell unterscheiden und nicht alle die gleiche Einheitssprache sprechen. Sprache in Film und Fernsehen ist fast immer idealtypisch und zugunsten der leichten Verständlichkeit optimiert. Vor allem in fiktionalen Produktionen ist es selbstverständlich, dass alle Figuren deutlich, fehlerfrei und ohne größere Nachdenkpausen miteinander sprechen. Achtet man dagegen einmal darauf, wie im Alltag miteinander gesprochen wird, dann sind Versprecher, eine falsche Grammatik, nur halb ausgesprochene Sätze und Stottereien aller Art an der Tagesordnung. Fast immer ist die dramatische Sprache von solchen Störungen bereinigt. Trotzdem sollte ein guter Dialog Besonderheiten der Sprechenden zulassen und durch die Art und Weise, wie die Figuren miteinander sprechen, deren Charakterisierung unterstützen. Hierzu zählen so unterschiedliche Aspekte wie **Wortwahl**, **Sprachrhythmus** oder auch die **Lautstärke**, mit der jemand spricht.

→ S. 111 Sprache

Über den gesprochenen Dialog hinaus kann durch Mimik und Gestik der Schauspieler vermittelt werden, dass tatsächlich etwas anderes gemeint ist, als das, was konkret gesagt wird. Diese unterschwellige Kommunikationsebene nennt man auch den **Subtext**. Hier geht es um Unausgesprochenes, um Stimmungen, die über nonverbale Kommunikation „zwischen den Zeilen" vermittelt wird.

Subtext

Nicht selten offenbaren sich erst über den Subtext einer Szene die wahren Motive der Figuren. Ein alltäglicher Dialog zwischen Mann und Frau kann beispielsweise auf einer zweiten Ebene zu einem Flirt werden, ein banales Gespräch zwischen Chef und Sekretärin kann über **Intonation** des Gesagten, Blicke und Körpersprache der Beteiligten zu einer Liebesszene werden. Im Theater liegt die Aufgabe, den Subtext zu vermitteln, stark auf Seiten der Schauspieler. Im Film können solche subtilen Zeichen durch sämtliche gestalterischen Mittel wie Licht, Kameraarbeit, Musikeinsatz usw. verstärkt werden. Man kann dem Zuschauer das Gefühl vermitteln, es gehe mehr vor sich, als an der Oberfläche sichtbar wird.

Unter **Intonation** versteht man die Betonung des Gesagten. Durch Veränderung der Tonhöhe, des Sprechtempos, der Lautstärke usw. kann die Bedeutung der Worte variiert werden.

! Unter **Subtext** versteht man unausgesprochene Botschaften, die durch Gestik, Mimik und Intonation der Darsteller ausgedrückt werden oder durch Elemente der Inszenierung verdeutlicht werden.

5.4 Genres und Formate

Film und Fernsehproduktionen werden bezüglich ihrer Produktionsweisen, ihres Inhalts, ihres Anspruchs sowie ihres Publikums differenziert. Das wichtigste Unterscheidungskriterium für Produktionen bezieht sich auf die Inhalte, die entweder fiktional oder nicht-fiktional sind.

Fiktionale und nicht-fiktionale Programmformen

Wenn von **Fiktion** die Rede ist, dann sind erfundene Personen, Sachverhalte und Ereignisse gemeint, die dargestellt werden. **Fiktionale** Programme sind in der Regel szenische Produktionen. **Nicht-fiktionale** Inhalte haben häufig einen dokumentierenden Charakter und erfassen, zumindest im weitesten

Sinne, die Wirklichkeit. Diese Klassifizierung ist natürlich äußerst grob und ungenau, dennoch hilft sie, eine erste Orientierung in den immer unübersichtlicher werdenden Programm-Kategorisierungen zu schaffen.

Wenn man sich die Fernsehsendungen eines beliebigen Programmtages genau ansieht, findet man unzählige Mischformen von fiktionalen und nichtfiktionalen Elementen. Interessanterweise werden dabei auch bei Magazinbeiträgen oder in der Werbung gerne die allgemein bekannten Klischees von fiktionalen Genres aufgegriffen. Stereotypen und immer wiederkehrende Situationen gehören zum festen „Vokabular“ der AV-Medien.

5.4.1 Fiktionale Produktionen

Genre

Fiktionale Produktionen werden in **Genres** unterteilt. Unter einem Genre versteht man eine Gruppe von Filmen mit gemeinsamen Merkmalen. Diese gemeinsamen Merkmale, die dann das Genre bestimmen, können unterschiedlicher Art sein:

- thematisch Merkmale (z. B. Krimi, Kriegsfilm, Arztserie),
- geografische Merkmale (z. B. Western, Heimatfilm),
- zeitlich-historische Merkmale (z. B. Ritterfilm, Nachkriegsfilm),
- motivische Merkmale (z. B. Musical),
- dramaturgische Besonderheiten (z. B. epischer Film, Sitcom),
- produktionstechnische Merkmale (z. B. Monumentalfilm).

Häufig finden sich Kombinationen mehrerer Elemente in einer Produktion wieder. Obwohl eine strenge Definition von Genrefilmen schwer fällt, so ist doch den meisten sehr schnell klar, was für bestimmte Genres typisch ist und welches bestimmende Element dazugehört.

! **Genres** in Film und Fernsehen sind geprägt durch ein Repertoire an konventionellen Inhalten und Formen.

Ein typischer Western ist als Genre z. B. geprägt durch:

- **Standardisierte Charaktere**: z. B. der Revolverheld, die Barfrau mit harter Schale und weichem Kern, der schrullige Hilfssheriff usw.
- **Figurenkonstellationen**: „gut“, z. B. Sheriff, brave Farmer, oder „böse“, z. B. Viehdiebe, Indianer.
- **Schauplätze**: z. B. die Ranch, der Saloon oder das Gefängnis.
- **Themen**: z. B. Bau der Eisenbahn, Eroberung und Verteidigung des Landes.
- **Filmtechnische Muster (Konventionen)**: z. B. langsame Schwenks über die Landschaft oder die Einstellungsgröße „Amerikanisch“ beim Duell der Kontrahenten.

Die Konventionen eines Genres werden durch die Wiederholung der inhaltlichen und technischen Muster in vielen Filmen geprägt. Da aber nicht in jedem Film genau die gleiche Geschichte erzählt werden kann, müssen die Standardmuster immer wieder variiert werden. Somit verändert sich ein Genre im Laufe der Zeit und passt sich neuen Bedingungen an. Einerseits ändert sich die Filmtechnik und damit auch filmische Konventionen (z. B. die erhöhte Schnittfrequenz und die dynamischer werdende Kameraarbeit), andererseits wandeln sich auch die Inhalte. Beim Western beispielsweise vollzog sich eine Wandlung vom strahlenden Helden (bis in die fünfziger Jahre) hin zum desillusionierten, widerwilligen Helden in den sogenannten Spätwestern seither.

Am Beispiel des Science-Fiction-Films lässt sich besonders gut beobachten, wie das politische und gesellschaftliche Klima jeder Zeit die Genregeschichten beeinflusst: von der Problematik des Kalten Krieges, die sich in Invasionsphantasien des SF-Films widerspiegelte, über ökologische Themen in SF-Filmen der siebziger Jahre bis hin zu den Geschichten über computergenerierte Welten in den neunziger Jahren. Neben diesen inhaltlichen Veränderungen sind selbstverständlich auch wieder filmtechnische Erneuerungen, vor allem im Bereich der Spezialeffekte, prägend für die Veränderung der Genre-Konventionen.

Durch die ständige Wiederholung von bekannten Genre-Filmen und genregebundenen Serien im Fernsehen kann man heute von einem enormen **Grundwissen des Publikums** bezüglich der inhaltlichen und technischen Konventionen ausgehen. Selbst die Standards des Monumentalfilms, eines Genres, das seit Mitte der sechziger Jahre in der Filmproduktion keine Rolle mehr spielte, sind jedem Zuschauer durch die TV-Präsenz der Filme bekannt.

Die nackte Kanone (The Naked Gun, USA 1988, David Zucker); Die nackte Kanone 2 1/2 (The Naked Gun 2 1/2, USA 1991, David Zucker); Die nackte Kanone 33 1/3 (The Naked Gun 33 1/3, USA 1993, Peter Segal)

Ein großer Teil der Filmgeschichte ist heute dauerhaft über Fernsehen oder DVD verfügbar. Um in dieser Situation das Interesse der Zuschauer wach zu halten, muss ein Genrefilm heute dieses „Vorwissen" reflektieren und er kann mit den Konventionen und Traditionen spielen. Das äußert sich in **Parodien** aller Art, bei der das Genre-Wissen des Zuschauers bewusst unterlaufen wird, um einen komischen Effekt zu erzielen (z. B. *Die nackte Kanone*-Reihe). Die Werbung setzt ebenfalls auf bekannte **Genre-Klischees**: Die am Vorbild Humphrey Bogarts angelehnte Figur des abgeklärten Privatdetektivs, der in seinem kleinen Büro auf Aufträge wartet, dient Brillenherstellern, Versicherungsunternehmen und anderen Werbetreibenden als Erfolg versprechende Figur.

! Das heutige Publikum ist mit **Genre-Konventionen** und standardisierten Erzählmustern vertraut. Filmemacher können auf diesen Vorkenntnissen aufbauen.

Eine andere Strategie des Genre-Films hat großen Einfluss auf die Rezeptionshaltung der Zuschauer: Da das Repertoire an Erzählmustern in einem Genrefilm deutlich begrenzt ist, treten filmtechnische Aspekte oft stark in den Vordergrund. Das Publikum eines *James Bond*-Abenteuers wird von Anfang an kaum daran zweifeln, dass der Held es schafft die Welt in letzter Sekunde zu retten und dabei noch in die Arme einer attraktiven Spionin zu geraten. Also besteht das Interesse an jedem neuen Film der Reihe vor allem in der Frage: „Wie wird es diesmal gemacht?" Die Neugier auf neueste Techniken, ein gesteigertes Erzähltempo und unverbrauchte Schauplätze ersetzt die Neugier auf die erzählte Geschichte. Das Publikum achtet mehr auf die Form als auf den Inhalt.

Ein **Genre** ist ein System von Wiederholung und Veränderung, bei dem sich beide Elemente einander bedingen: Veränderung kann nur wahrgenommen werden, wenn ihr die Wiederholung vorausgegangen ist.

Durch diese Definition wird deutlich, dass es bei Genre-Filmen nicht in erster Linie um eine realistische Darstellung geht, sondern um die Beachtung und Variation der jeweiligen Konventionen.

5.4.2 Nicht-fiktionale Produktionen

Weitaus stärker als bei fiktionalen Formaten besteht das Ziel der Dramaturgie für dokumentarische Formate in der **Übersichtlichkeit der Inhalte** und der **Deutlichkeit der Aussage**. Hier gilt es besonders, die beiden Informationskanäle Bild und Ton (vor allem den Text) in ihrem Zusammenspiel zu beachten. Beide Ebenen sollten sich idealerweise in ihren Aussagen ergänzen.

Nicht-fiktionale Formate handeln von Tatsachen. Klarheit und Verständlichkeit der getroffenen Aussagen sind Zielsetzung solcher Produktionen.

Der journalistische Text spielt für fast alle dokumentarischen Formate eine prägende Rolle. Oftmals wird erst durch den Sprechertext deutlich, wie die Bilder, die man sieht, zu verstehen sind.

Ist im Sprecherkommentar die Rede von einem großen Kaufhaus, dann sollten Bilder von der alltäglichen Geschäftigkeit in dem genannten Kaufhaus den Text unterstützen. Allerdings muss der Inhalt des Textes genau beachtet werden. Wird nämlich davon berichtet, dass sich das Geschäftsergebnis in den letzten Jahren immer weiter verschlechtert hat, weil die Kundennachfrage in allen Geschäftsbereichen nachlässt, dann wäre es natürlich ein Fehler, lange Schlangen an den Kassen eines überfüllten Kaufhauses zu zeigen. Widersprechen die Bilder dem Gesagten in auffälliger Weise, so spricht man im journalistischen Bereich von einer **Bild-Text-Schere** (Abb. 1).

Mit **Bild-Text Schere** wird das Auseinanderklaffen von Bildinhalten und gesprochenem Kommentar bezeichnet.

Fast immer handelt es sich bei solchen Bild-Text-Scheren um Fehler, die aus Unachtsamkeit (des Redakteurs oder des Cutters) passieren oder weil zu-wenig passendes Material vorhanden ist. Selten wird auch bewusst mit dem Auseinanderfallen von Text- und Bildinhalten gearbeitet: Dies geschieht dann immer mit ironischer oder sarkastischer Absicht.

„Bei der Personalratssitzung herrschte eine äußerst angespannte Stimmung."

Abb. 1 Bild-Text-Schere

Nicht-fiktionale Produktionen werden nach Inhalt, Rolle des Autors und Länge unterschieden.

NiF

NiF ist eine gängige Abkürzung im Fernsehbetrieb, sie steht für „Nachricht im Film“, aber auch „Nachrichteninformationsfilm“ oder „Nachricht im Fernsehen“ sind gebräuchliche Formulierungen. Es handelt sich um die knappste Form der Informationsvermittlung durch Bilder, wie sie heute oft im Nachrichtenblock einer aktuellen Informationssendung vorkommt. Üblicherweise dauern NiFs ca. 15 bis 30 Sekunden und sie bestehen aus Agenturmaterial. NiFs haben keinen O-Ton, sie werden von einem Sprecher im Studio mit einem rein informativen Text versehen. Der Aufbau einer solchen bebilderten Nachricht folgt dem **Leitsatz-Prinzip**: Schon im ersten Satz wird die wichtigste Neuigkeit genannt. Es ist gewissermaßen die Schlagzeile, dann erst folgen Einzelheiten. Dieses Prinzip sichert, dass die Nachricht bei eventueller Kürzung des Materials immer noch vermittelt wird.

Leitsatz-Prinzip

Typische Beispiele für das Leitsatz-Prinzip sind:

- „Bei verheerenden Waldbränden in Kanada wurden bereits 10 000 Hektar Waldfläche vernichtet. Die Feuerwehr musste Menschen evakuieren und Löschflugzeuge einsetzen.“
- „In Mexiko-Stadt hat der Papst vor über 150 000 Gläubigen eine Messe gelesen. In seiner Predigt setzte er sich besonders für die Rechte der armen Landbevölkerung ein.“
- „Die Tarifverhandlungen des Baugewerbes in Nordhessen sind erneut gescheitert. Arbeitgeber und Arbeitnehmervertreter gaben sich daran gegenseitig die Schuld. Jetzt muss ein Vermittler eingesetzt werden.“

Ein **Statement** ist die Äußerung eines Beteiligten oder Betroffenen zu einem Ereignis oder Sachverhalt.

Ein NiF kann durch andere Elemente ergänzt und ausgebaut werden. Üblich sind hier **Statements**, **Interview**- oder **Redeausschnitte**.

Bericht

Ein Bericht im Nachrichtenfernsehen informiert über einen aktuellen, interessanten Sachverhalt, der umfassender ausfällt als ein NiF. Auch hier steht die sachliche Information im Vordergrund. Dadurch, dass ein Bericht eine Länge von ca. einer Minute und dreißig Sekunden bis zu vier Minuten haben kann, ist eine Vertiefung der Fakten möglich. Deshalb ist auch der formale Aufbau eines Berichts differenzierter als beim NiF:

1. Ereignis nennen.
2. Hergang erläutern.
3. Resultat schildern.
4. Ereignis beurteilen.

Der Autor (der Journalist) eines Berichts tritt deutlich hervor, er ist üblicherweise am Ort des Geschehens. Steht er für einen „Aufsager“ am Ort des Ereignisses, spricht man auch von **Reporterbericht**. Er kann z. B. vor der Kulisse eines Parteitages stehen und wesentliche Aspekte der laufenden Diskussion zusammenfassen. Nicht alle „harten" Fakten müssen gleich am Anfang stehen, ein Bericht kann sich in seinem Aufbau am Gang der Ereignisse orientieren.

Reporterbericht

Statements und **Interviews** können Bestandteile des Berichts sein.

Magazinbeitrag

Beiträge in Wirtschafts-, Wissenschafts- oder Kulturmagazinen sind in der Regel weniger am tagesaktuellen Geschehen orientiert. Sie beziehen sich auf aktuelle relevante Themen und arbeiten sie grundlegender auf, als dies in Nachrichtenformaten möglich ist.

Ein Magazinbeitrag besteht üblicherweise aus mehreren der folgenden Elementen:

- **EB-Material**: Darunter versteht man das am Schauplatz aufgenommene Bildmaterial. Beispiele sind: der Vorplatz des Gebäudes einer Versicherung, die nicht zahlen will, oder die Wohnung eines betrogenen Wertpapierkunden. Zum EB-Material zählen auch Interviews mit Betroffenen, die man günstigstenfalls in ihrer „natürlichen Umgebung" befragt, also dem Arbeitsplatz, der Wohnung, dem Ort, an dem ein Unfall passiert ist usw. In gleicher Weise sollte man Personen, die ein Statement abgeben, filmen.

➔ S. 53 Kadrierung

- **Archivmaterial**: Nicht alles Bildmaterial muss neu erstellt werden. Wenn man Zugang zu Bildarchiven hat (in der eigenen Firma oder durch Erwerb der Rechte bei einer Bild- und Filmagentur) lässt sich ein Beitrag oft sinnvoll durch Bilder ergänzen, deren Dreh zu aufwändig für den beabsichtigten Beitrag („Dreiminüter") wären. Auch historisches oder exotisches Archivmaterial kann dazu gehören. Durch die Einbeziehung von Archivmaterial lässt sich ein Beitrag abwechslungsreicher und visuell informativer gestalten.
- **Szenische Darstellungen** eines Sachverhalts: Zur Veranschaulichung zentraler Aspekte werden kleine Szenen inszeniert. Je nach Charakter des Programms handelt es sich um von den Betroffenen selbst gespielte szenische Nachstellungen eines Sachverhalts (Reality TV) oder um von Schauspielern dargestellte Situationen. Verbrauchersendungen oder Boulevardmagazine arbeiten gerne mit Elementen klassischer Filmgenres um Situationen satirisch zu überhöhen.

➔ S. 135 Fiktionale Produktionen

- **Grafik und Animation**: Auch diese Mittel dienen zur Verdeutlichung von Sachverhalten. Oft geht es um die Darstellung von Zahlenmaterial oder komplexen, abstrakten Informationen. Typisch sind die grafisch aufbereiteten zentralen Sätze aus wichtigen Schreiben. Oft wird der Schlüsselsatz aus solchen Schriftstücken vergrößert und farbig unterlegt, während der Rest eines Briefes abgedunkelt („maskiert") wird. Die Gestaltung von Zwischentiteln, die Anfertigung von Bauchbinden und die Visualisierung von Zahlen und Tabelleninformationen sind weitere wichtige Aufgaben der grafischen Gestaltung bei einem Beitrag.

Nicht-fiktionale Formate, wie der Magazinbeitrag, vermitteln ihre Inhalte zunehmend über die Identifikation mit einzelnen Personen. Meistens handelt es sich um Betroffene, die beispielhaft vorgestellt werden. Der Journalist macht sich die Tatsache zunutze, dass sich das Publikum eher über komplexe oder auch triviale Sachverhalte informieren lässt, wenn beteiligte Personen sie schildern. Beispiele sind:

- Rechtsstreit mit einer Versicherung: Anhand eines konkreten Falls („die Rentnerin Gerda S.") wird ein allgemeines juristisches Problem geschildert.
- Wirtschaftsmagazin: Herr L. bestellt einen Computer bei der Internetfirma XY und bekommt eine unerwartet hohe Rechnung.
- Politmagazin: Unsinnige Verwaltungsrichtlinien werden am Beispiel von Herrn K. geschildert, der, weil er sich nicht ausweisen kann, keinen neuen Personalausweis bekommt.

Reportage

Bei der Reportage handelt es sich um eine Art **Erlebnisbericht** des Autors. Er lässt sich auf ein Ereignis ein und ist Augenzeuge von dessen Ablauf und der Entwicklung. Der Autor bzw. Journalist ist viel stärker am Geschehen beteiligt als bei einem Bericht. Hier geht es nicht nur um harte Fakten, die übermittelt werden müssen, sondern weitläufige Schilderungen und persönliche Eindrücke spielen eine wichtige Rolle. Beispiele sind:

- Für einen bunten Magazinbeitrag schließt sich der Reporter einen Tag lang einer Politesse an, um mit ihr die typischen Situationen ihres Berufsalltags mit zu erleben.
- Der Reporter probiert am eigenen Leib eine neue Trendsportart aus.
- Der Reporter ist mit einer Pilgergruppe mehrere Tage unterwegs.

Eine Geschichte wird vom Reporter anhand eines oder mehrerer Protagonisten erzählt, z. B. der Tagesablauf einer Familie unter Kriegsbedingungen. Der Autor begleitet die Mutter beim schwierigen Alltagsgeschäften (Wasser holen, für Lebensmittel anstehen), er beobachtet die Kinder beim Spielen an gefährlichen Plätzen usw. Die typischen Tätigkeiten werden durch eine persönliche Komponente für den Zuschauer nachvollziehbar gemacht. Oft führt der Reporter kurze, die Lage erläuternde Interviews. Eine Reportage wird meist chronologisch aufgebaut.

Ziel einer Reportage ist es, konkrete Situationen möglichst authentisch zu schildern, daher verbieten sich alle Arten von künstlichen, inszenierten Situationen. Um die Authentizität optimal zu erreichen, ist eine Live-Reportage am besten geeignet. Aber auch filmisch aufbereitete Reportagen leben von dem Gefühl einer unmittelbaren und echten Schilderung.

Dokumentation

Die Dokumentation ist im Gegensatz zur Reportage eine analytische Form der Darstellung. Sie wird mit einem gewissen Abstand zum Gegenstand gemacht. Zum einen ist damit ein **persönlicher Abstand des Autors** zu seinem Thema gemeint, denn ein sachlicher Blick auf geschilderte Sachverhalte wird üblicherweise angestrebt. Zum anderen ist auch **zeitlicher Abstand** gemeint: Dokumentationen berichten häufig erst im Nachhinein von Ereignissen, wenn deren aktueller Nachrichtenwert abgeklungen ist. Ein Vorgang oder eine Geschichte, können dann mit mehr Überblick beschrieben werden. Zusammenhänge werden oft klarer gesehen und übersichtlicher geschildert.

Die geschilderten Vorgänge werden weniger mithilfe von Protagonisten dokumentiert, sondern anhand von Zeugnissen aller Art, die sich zu einem Gesamtbild verdichten. In einer Dokumentation kann Bild- und Tonmaterial aus dem Archiv verwendet werden, Erinnerungen von Betroffenen werden als Interviews eingearbeitet und Schauplätze von Ereignissen werden zur Spurensuche noch einmal aufgesucht.

Die zeitgeschichtliche Dokumentation arbeitet oft mit szenischen Nachstellungen vergangener Ereignisse. Hierzu dient das Stilprinzip des **Pars pro toto**: Beispielsweise wird die Unterzeichnung eines wichtigen Vertrages bebildert, indem man lediglich ein historisch anmutendes Dokument und eine Hand zeigt. Dabei kann es schon ausreichen, dass die Ärmel einer historischen Uniform zu sehen sind und ein Federkiel gehalten wird. Ohne durch zu viele Schauwerte abzulenken, werden auf diese Weise die im Text angesprochenen Sachverhalte visualisiert (Abb. 1).

Pars pro toto: Darstellungsweise, bei der eine Teilansicht (bildliches Detail) für das größere Ganze steht.

Abb. 1 Pars pro toto

Die klassische Dokumentation beinhaltet keine Meinungsäußerungen des Autors. Sie kann durchaus eine strenge, wissenschaftliche Form haben. Entsprechend ihres Anspruchs ist die Dokumentation ein zeitlich längeres Format: Sie kann eine halbe, aber auch mehrere Stunden lang sein.

Feature

Der Begriff Feature als Genrebezeichnung ist ungenau und wird von Journalisten, Redakteuren und Programmverantwortlichen unterschiedlich gebraucht. Ursprünglich bezeichnet Feature eine besondere Attraktion, wörtlich übersetzt heißt es „charakteristisches Merkmal“.

Ein Feature ist in aller Regel eine stark von der Meinung des Autors geprägte Darstellung. Seine Haltung zum Thema tritt deutlich in Erscheinung. Das Feature leistet sich auch Abschweifungen vom Thema und es beleuchtet eventuell interessante Nebenaspekte.

Das Feature ist aber auch ein analytisches Format. Die Arbeitsweise des Autors besteht darin, das Allgemeine im Konkreten aufzuzeigen. Nach der eingehenden Schilderung eines Sachverhalts, die durchaus ähnlich einer Reportage sein kann, zieht der Autor beim Feature allerdings Schlüsse aus den gezeigten Beispielen. Auch persönlich gefärbte Kommentierungen sind hierbei durchaus möglich.

Wie die Dokumentation ist das Feature ein Format, das eine längere Vorbereitungszeit benötigt. Es findet es bei tagesaktuellen Themen keinen Einsatz.

Industriefilm

Industriefilme vermitteln technische Sachverhalte oder Funktionsweisen. Sie stellen beispielsweise neue Maschinen vor oder erklären den Produktionsablauf in einer Fabrik. Dem Autor eines solchen Sachfilms kommt die Aufgabe zu, die Informationen, die ihm durch das Thema vorgegeben sind, möglichst klar geordnet und verständlich darzustellen. Industriefilme sind Auftragsarbeiten, die keinen journalistischen Anspruch haben. Die Informationen sind meistens eindeutig und können kaum interpretiert werden. Durch einen geschickten dramaturgischen Aufbau kann der Autor eines solchen Films das Interesse des Zuschauers am Thema wecken oder steigern.

Oft wird bei Industriefilmen nach engen Vorgaben des Auftraggebers gearbeitet. Im Extremfall handelt es sich dann um eine Art gefilmter Gebrauchsanweisung; der praktische Wert eines solchen Films kann dann entsprechend hoch sein.

Imagefilm

Als **Teaser** bezeichnet man kurze, im Fernsehprogramm oft nur wenige Sekunden lange Sequenzen, die das Publikum „anreizen" sollen, sich die beworbene Sendung, die unmittelbar folgen wird, anzuschauen. ➔ Clipmontage S. 192

Beim Image- oder Werbefilm steht die Aufgabe im Vordergrund, ein Produkt oder eine ganze Firma positiv zu präsentieren. Die Grenze zwischen Industriefilm und Imagefilm ist nicht immer klar gezogen. Eine Variante des Imagefilms ist der so genannte **Mood-Film**: In kurzen Spots soll nur durch attraktive Bilder, Musik und Montage eine positive Stimmung etabliert werden, ohne überhaupt konkrete Information zu vermitteln. Solche meist wenige Minuten kurze Spots werden zur Einstimmung bei großen Veranstaltungen eingesetzt. Dann haben sie eine **Teaser**-Funktion.

Formen des Dokumentarfilms

Wie bei allen Genres hat sich auch beim Dokumentarfilm im Laufe der Filmgeschichte eine große Bandbreite an Formen und Methoden herausgebildet. Die unterschiedlichen Arbeitsweisen der Dokumentarfilmer zeigen, wie viele unterschiedliche Versuche es gibt, die Wirklichkeit filmisch erfassen zu wollen und wie abhängig alle diese Möglichkeiten von der Technik sind, die den Dokumentarfilmern zur Verfügung steht.

Nanuk der Eskimo (Nanook of the North, USA 1921, Robert J. Flaherty)

Nanuk der Eskimo von Robert J. Flaherty gilt als Klassiker und ist ein Beispiel für den **ethnographischen Dokumentarfilm**, der das Leben fremder Völker und Kulturen schildert. Flaherty zeigt die Alltagserlebnisse einer Eskimofamilie. Zur Vorbereitung und Recherche verbrachte er mehr als ein Jahr mit den Eskimos in Nordkanada. Nur durch diese intensive Einlassung auf deren Lebensbedingungen wurde es ihm möglich, bis dahin nie gesehene Aufnahmen, etwa von einer Walrossjagd, zu bekommen. Trotzdem sind auch hier nachgestellte Szenen zu sehen, z. B. der Bau eines Iglus.

Abb. 1 Nanuk der Eskimo

Der *Mann mit der Kamera* von Dsiga Wertow ist eine Montage aus Alltagsbeschreibungen einer Stadt, dem Tagesablauf ihrer Bewohner, deren Arbeit und Freizeit. Der Film arbeitet mit allen damals zur Verfügung stehenden Mitteln (Mehrfachbelichtungen, Trickblenden usw.), um sein Material zu formen und zu stilisieren. Eine ähnliche Thematik hat *Berlin – Symphonie einer Großstadt* (Abb. 2). Auch hier wird mittels der Montage das dokumentarische Material stark ästhetisiert.

Abb. 2 Berlin – Symphonie einer Großstadt

Der Mann mit der Kamera (Tschelowek S Kinoapparatom, UdSSR 1929, Dsiga Wertow)

Berlin - Symphonie einer Großstadt (Deutschland 1927, Walter Ruthmann)

Der britische Dokumentarfilm wurde lange durch den Produzenten John Grierson geprägt. Die Filme von Grierson selbst (*Drifters*, über Heringsfischerei in der Nordsee) und seinen Teams wurden von staatlichen Stellen in Auftrag gegeben. Sie sollten objektiv berichten und hatten eine didaktische Absicht. Das Material wurde allerdings keineswegs nüchtern und sachlich, sondern teilweise regelrecht poetisch-ästhetisch verarbeitet. Daher wird diese Art von Film auch als **poetischer Dokumentarfilm** bezeichnet. Die bekannteste Produktion *Nightmail* hat den Weg eines Postzuges von London nach Glasgow zum Thema. Die Texte dazu stammen vom Dichter W. H. Auden, die Musik wurde von Benjamin Britten geschrieben.

Nightmail (Großbritannien 1936, Basil Wright)

Der französische Völkerkundler und Regisseur Jean Rouch steht für den Begriff **Cinéma Vérité**, der Ende der 50er Jahre geprägt wurde. Kern seiner Arbeitsweise ist die Überzeugung, dass die Kamera Teil des gefilmten Geschehens ist und es auch beeinflussen kann. Dazu kommt eine Spontaneität, die durch das Arbeiten mit kleinen Teams, mit der Handkamera (16 mm) und mit Originaltonaufnahmen erst ermöglicht wurde.

→ S. 68 Handkamera

Für einen ähnlichen Ansatz standen die Vertreter des **Direct Cinema** (z. B. Richard Leacock), die nicht mehr wie Grierson aufklären und belehren wollten, sondern die Dinge direkt für sich sprechen lassen. Das Anfang der sechziger Jahre neu entwickelte leichte und mobile technische Equipment machte den direkten, ungekünstelten Stil erst möglich: Nicht die schöne Gestaltung, sondern das unmittelbare Erleben ist das Ziel dieser Produktionen. *Der elektrische Stuhl* zeigt eine Verhandlung, in der ein junger Verteidiger seinen schwarzen Klienten vor der Todesstrafe bewahren will. Don Allan

Der elektrische Stuhl (The Chair, USA 1963, D. A. Pennebaker)

Montery Pop (USA 1967, D. A. Pennebaker); Ziggy Stardust and the Spiders From Mars (USA 1982, D. A. Pennebaker)

Pennebaker etablierte den Stil des Direct Cinema für Konzertfilme wie *Montery Pop* (Abb. 1) oder *Ziggy Stardust and the Spiders from Mars*. Auch hier werden Unschärfen, durch extreme Teleoptiken verwackelte Aufnahmen und verdeckte Bildinhalte in Kauf genommen, um den Effekt des Unmittelbaren zu erreichen.

Abb. 1 Montery Pop

Novembertage (November Days, Deutschland/Großbritannien 1990, Marcel Ophüls)

Der Dokumentarfilm ist fast immer das Ergebnis einer Recherche. Der Vorgang der Recherche selbst wird zunehmend innerhalb des Films reflektiert und geschildert. Dabei ergibt sich ein oft vielschichtiges Bild von den dokumentierten Vorgängen. *Novembertage* von Marcel Ophüls ist eine Collage aus dokumentarischen Bildern aus der Zeit des Mauerfalls und späteren Reflexionen über die Ereignisse durch beteiligte Bürger und Politiker. Das Einbringen der eigenen Person in den Film und ein zum Teil ironischer Unterton kennzeichnen den Stil. Ähnlich arbeitet auch Michael Moore in seinen Recherche-Filmen. *Bowling for Columbine* beschäftigt sich auf polemische Weise mit der Waffenlobby in den USA (Abb. 2). Er arbeitet dabei ebenfalls mit Ironie und eindeutigem Engagement ein zeitgeschichtliches Thema auf.

Abb. 2 Bowling for Columbine

Bowling for Columbine (USA 2002, Michael Moore)

Triumph des Willens (Deutschland 1935, Leni Riefenstahl)

Eine besondere Stellung nimmt der **dokumentarischen Propagandafilm** ein, als dessen berüchtigtes Beispiel *Triumph des Willens* von Leni Riefenstahl zu nennen ist: Die Dokumentation vom NSDAP Reichsparteitag in Nürnberg 1934 wurde von den Nationalsozialisten in Auftrag gegeben und mit einem enormen Aufwand erstellt. In den stark stilisierten und pathetischen Bildern des Films werden die Massenaufmärsche und der Führerkult in ihrer genau kalkulierten Wirkung filmisch noch einmal verstärkt (Abb. 3). Damit steht die Darstellung ganz im Dienst der Nationalsozialisten.

Abb. 3 Triumph des Willens

Die unterschiedlichen Arbeitsweisen des Dokumentarfilms zeigen, wie unmöglich es ist, die Wirklichkeit filmisch zu erfassen. Gerade die Geschichte des Dokumentarfilms und seiner Subgenres verdeutlicht, dass jeder Wirklichkeitsaspekt durch die Mittel des Films gestaltet und von den Filmemachern interpretiert wird.

5.4.3 Mischformen

Im Bereich der nichtfiktionalen Formate wurden in den letzten Jahren viele neue TV-Formate konzipiert, die nicht mehr unter die klassischen Kategorien fallen. Ein inzwischen weit verbreitetes und etabliertes Format ist die **Doku-Soap**. Grundlage dieses Serienformats sind keine fiktiven Protagonisten, sondern im weitesten Sinne Alltagsmenschen, deren Erlebnisse geschildert werden. *Die Fussbroichs* von Ute Diehl gilt als Prototyp dieses Formats. Oberstes Prinzip dieser Reihe ist die Beobachtung gewöhnlicher Zeitgenossen in typischen Alltagssituationen. Das Material wird unkommentiert zusammen geschnitten und so zu einzelnen Episoden verdichtet. Mit dieser „reinen“ Form der Doku-Soap wird ein soziologisches Interesse an den gezeigten Personen und Situationen verfolgt.

Doku-Soap

Die Fussbroichs (TV-Serie, Deutschland 1979 ff.)

Andere Doku-Soaps lassen diesen Anspruch allerdings oft weit in den Hintergrund treten. Als kurzzeitige Stars einer Doku-Soap werden inzwischen besonders auffällige oder schrille Personen bevorzugt, bei denen ein gewisser Unterhaltungswert garantiert ist. Der Anspruch auf Authentizität wird hier zunehmend zurückgedrängt.

Vor allem im Privatfernsehen wird die Vermischung aus authentischem und unterhaltendem Anspruch immer stärker miteinander verbunden. Bei psychologischen **Beratungsshows** („Personal Help Shows“) werden angeblich echte Beratungssituationen im Studio nachgespielt. Hierzu wird bevorzugt mit Laienschauspielern gearbeitet, weil sie echter als Profis wirken. Auch in manchen **Gerichtsshows** werden echte Fälle nachgespielt oder fiktive Fälle werden in einem authentischen Rahmen nachempfunden: Wirkliche Richter und Staatsanwälte verhandeln die fiktiven Fälle im Fernsehstudio, so als wären sie im Gerichtssaal. Ebenso wie bei mancher Talk Show sind die Grenzen zwischen fiktiven und nicht-fiktiven Situationen sehr verschwommen. Im Vordergrund der meisten Programme steht allerdings eindeutig der Unterhaltungswert.

5.5 Aufgaben und Übungen

1. Suchen Sie eine beliebige Kurzmeldung aus der Tageszeitung aus und konstruieren Sie daraus eine Geschichte mit dem Ablauf eines einfachen dramatischen Bogens!

2. Welche der Standardthemen waren Gegenstand der drei letzten Filme oder Fernsehprogramme, die Sie gesehen haben?

3. Nennen Sie je ein bekanntes Film- oder Fernsehbeispiel und ein selbst konstruiertes Beispiel für externe und interne Konflikte in der Dramaturgie!

4. Worin bestehen die drei wichtigsten äußeren Kennzeichen und Charaktereigenschaften von Protagonisten und Antagonisten in den Ihnen bekannten Film- oder Fernsehbeispielen?

5. Welche typischen Charaktere, Handlungsorte, Themen und filmtechnische Muster haben:
   a) Katastrophenfilme,
   b) Beziehungskomödien,
   c) Krankenhausserien?

6. Entwickeln Sie einen Protagonisten für eine neue TV-Serie mit jeweils mindestens drei Attributen in physischer, psychischer und soziologischer Hinsicht. Die Serie soll in einem Fitness-Club angesiedelt sein. Wie unterscheidet sich die Figur:
   a) wenn es sich um eine Sitcom handelt,
   b) wenn es sich um eine neue Daily Soap handelt?

7. Aus welchen „klassischen" Genreelementen setzen sich die folgenden TV-Formate zusammen:
   a) Reality Soap,
   b) Justizshow?

8. Konstruieren Sie den szenischen Ablauf einer Daily Soap-Episode, bei der die folgenden Erzählstränge sich an jeweils unterschiedlichen Punkten im dramatischen Bogen befinden!
   - 1. Handlungsstrang: Birgit und Claudia kommen vom Land in die Stadt und ziehen in ihre erste Wohngemeinschaft.
   - 2. Handlungsstrang: Thorsten fängt mit seiner Ausbildung zum Werbedesigner an, er hat schnell Ärger mit dem Chef der Agentur, Herrn Wagner.
   - 3. Handlungsstrang: Mike, Sabine und Andy eröffnen ihr erstes eigenes Lokal und stoßen auf erbitterte Konkurrenz.
   - 4. Handlungsstrang: Katja kümmert sich in ihrem freiwilligen sozialen Jahr um den drogenabhängigen Frank, in den sie sich verliebt.

9. Wofür steht die Abkürzung NiF?

10. Was versteht man unter einer Bild-Text-Schere?

11. Was unterscheidet den Reporterbericht von der Reportage?

12. Worin besteht die Aufgabe eines Industriefilms?

13. Nennen Sie drei Formen des Dokumentarfilms!

14. Welchen Einfluss hatte der Einsatz der Handkamera auf die Entwicklung des Dokumentarfilms?

6 Schnitt

Der Teil einer Produktion, der nach der Beendigung der Dreharbeiten beginnt, wird **Postproduktion** genannt. Die aufgenommenen Bilder müssen gekürzt und miteinander verknüpft werden, um in einen sinnvollen, funktionierenden Zusammenhang gebracht zu werden. Für diese Arbeit werden die Begriffe **Schnitt** und **Montage** häufig synonym verwendet. Man kann sie jedoch auch deutlich voneinander abgrenzen.

Postproduktion

Branchenüblich ist statt **Postproduktion** der Begriff **Post** (in englischer Aussprache).

Die Bezeichnung **Schnitt** betrifft die eher handwerkliche Tätigkeit im Schneideraum, sie hat sich aus dem Arbeitsprozess des Auseinanderschneidens und Kürzen einzelner Einstellungen entwickelt. Schnitt bezieht sich ursprünglich tatsächlich auf die Arbeit mit der Schere oder mit dem Messer an einem Filmstreifen aus Celluloid, der zerschnitten und neu zusammengeklebt wurde.

Unter Schnitt versteht man heute zwar immer noch die Arbeit an einem Schneidetisch, doch haben elektronische und digitale Techniken und Arbeitsprozesse das handwerkliche Schneiden und Kleben weitgehend ersetzt.

Spricht man von **Montage**, so geht es in erster Linie um Inhalte und Gestaltung. Während Schnitt eher das Aussondern und Kürzen des Materials betont, verweist die Bezeichnung Montage auf das Zusammenfügen der Einstellungen. Mit Montage ist das Konzept gemeint, nach dem dies geschieht.

→ S. 168 Montage

Die Berufsbezeichnungen **Cutter** und **Editor** werden beide gebraucht, wenn die Tätigkeit im Schneideraum bzw. am Schnittplatz gemeint ist. Wenn man die beiden Tätigkeiten streng sprachlich unterscheidet, dann schneidet der **Cutter** das Material, während der **Editor** es zusammenstellt. In der Praxis werden die Begriffe allerdings nicht so genau unterschieden, für die gleiche Tätigkeit wird regional unterschiedlich die eine oder andere Bezeichnung verwendet.

Beim Schneiden für den **Aktuellen Bereich**, also für Nachrichtensendungen, Berichte und Magazinbeiträge aller Art, müssen oft weitgehend voneinander unabhängige Einstellungen zu einem sinnvollen Ganzen zusammengestellt werden. Das Bildmaterial, das ein **EB-Team** beispielsweise von einer Pressekonferenz mitbringt, ist kaum dazu geeignet, eine szenische Situation unter Beachtung aller Raum- und Zeitverhältnisse daraus zu schneiden. Hier steht die Bebilderung der Nachricht im Vordergrund. Weder die Bildgestaltung noch der Schnitt sollten sich durch große „Kunststücke" in den Vordergrund drängen. Sie stehen im Dienst des Inhalts.

EB steht für „elektronische Berichterstattung". Zum **EB-Team** gehören ein Autor (Journalist), ein Kameramann und ein Assistent, der auch für den Ton zuständig ist.

Bei aktuellen Anlässen kann oft nur unter erschwerten Bedingungen gefilmt werden. EB-Teams vor Ort müssen improvisieren, um ihre Bilder zu bekommen. Interviewpassagen, Aufsager des Berichterstatters, Totalen von einem Podium und einige Außen- und Detailaufnahmen müssen häufig ausreichen, um daraus einen kurzen Nachrichtenbeitrag zu schneiden. Bei einem solchen Schnitt spricht man auch von **Kompilationsschnitt**. Der Begriff betont, dass unterschiedliches und wenig ideales Material zu einer Einheit zusammengefügt (kompiliert) werden muss. Gute Redakteure und Kameraleute vor Ort denken immer auch an das Endprodukt, den geschnit-

Kompilationsschnitt

Ein branchenüblicher Begriff für Kompilationsschnitt ist **EB-Schnitt.**

tenen und vertonten Beitrag. Sie verschaffen dem Cutter dementsprechend genügend Schnittmaterial. Dennoch bieten die zeitlichen und organisatorischen Umstände selten Gelegenheit für perfektes Material, das komplikationslos zusammen geschnitten werden kann.

Ein **Kompilationsschnitt** ist die Kombination von unterschiedlichem Bildmaterial zu einem zusammenhängenden Beitrag.

→ S. 139 Magazinbeitrag

Selbst bei längeren Magazinbeiträgen kommt es vor, dass oft sehr verschiedenes Material in eine Ordnung gebracht werden muss und dass aus einem Wirrwarr von neuen Aufnahmen, szenischen Nachstellungen, Archivmaterial und Grafiken ein einheitlich erscheinender, gut nachvollziehbarer Beitrag werden soll.

Beiträge dieser Art werden fast immer von einem Sprecher begleitet. Der begleitende Kommentar hält den Bericht zusammen und verbindet die Bilder, die allein weniger aussagekräftig wären. Der Bildschnitt sollte deshalb vor allem den reibungslosen Informationsfluss unterstützen. Um das zu gewährleisten, haben sich eine ganze Reihe von Schnittkonventionen herausgebildet, nach denen „im Tagesgeschäft" gearbeitet wird.

In den letzten Jahren hat sich die technische Arbeitsumgebung für einen Cutter vor allem durch die fast komplette Umstellung auf non-lineare Schnittsysteme enorm verändert. Die **inhaltlichen Aufgaben** des Cutters blieben jedoch weitgehend gleich. Zu diesen Aufgaben zählen:

- Misslungene und überflüssige Einstellungen müssen ausgesondert werden.
- Zu lange Einstellungen werden gekürzt.
- Einstellungen werden inhaltlich und optisch aneinander angepasst und zu einem sinnvollen Ganzen zusammengefügt.
- Szenen und Sequenzen werden gestaltet.
- Der Ton wird geschnitten und passend zu den Bildern angelegt.

Die Arbeit am Schnitt wird häufig in **Rohschnitt** und **Feinschnitt** unterschieden. Während zum Rohschnitt die Auswahl des verwendeten Materials und dessen Positionierung gehören, arbeitet man im Feinschnitt an den Übergängen zwischen den einzelnen Einstellungen.

6.1 Rohschnitt

Bei der Arbeit im Schneideraum bzw. am Schnittcomputer ist eine systematische Abfolge von Arbeitsschritten notwendig, damit der Überblick über das oft sehr umfangreiche Bild- und Tonmaterial gewährleistet ist.

Die gestalterische Arbeit beim Rohschnitt umfasst folgende Tätigkeiten:

1. **Sichtung** des Materials, um sich einen Überblick zu verschaffen.
2. **Ausmusterung** unbrauchbarer Aufnahmen.

3. **Auswahl** brauchbarer Bilder.
4. **Ordnung** der ausgewählten Aufnahmen in eine möglichst sinnvolle Reihenfolge.

6.1.1 Ausmustern

Für die Auswahl und Kürzung der Einstellungen sind deren Verständlichkeit und Aussagekraft wichtige Kriterien. Zunächst müssen unbrauchbare Bilder ausgesondert werden. Dazu gehört technisch fehlerhaftes Material, beispielsweise Bilder, die **Spratzer** oder andere Störsignale aufweisen. Nicht verwenden sollte man verwackelte und unscharfe Aufnahmen. Längere Einstellungen müssen oft so stark gekürzt werden, dass nur wenige eindeutige Sekunden Bildinformation übrig bleiben.

Spratzer sind kleine Fehler im Bild, die durch Verunreinigungen des Bandmaterials, der Kamera oder eines anderen Zuspielgerätes verursacht werden können.

→ S. 53 Kadrierung

Der Cutter sollte natürlich immer die besten vom Kamerateam aufgenommenen Bilder auswählen. Für die Verwendung im Schnitt muss deshalb darauf geachtet werden, dass die Bilder nicht nur technisch einwandfrei sind, sondern dass sie auch gestalterischen Kriterien genügen. Der Cutter muss **Bildaufbau** und **Bildinhalt** komplett erfassen, um **Ablenkungen** im Bildvordergrund oder -hintergrund auszuschließen. Hierzu gehören vor allem auffällige Motive und Bewegungen im Bild, die nicht zum eigentlichen Inhalt des Beitrags gehören, beispielsweise in die Kamera winkende oder Grimassen schneidende Personen (Abb. 1). Auch auf unfreiwillig komische Verschmelzungen von Bildebenen muss geachtet werden (Abb. 2), etwa wenn der Gesprächspartner vor einem Geweih an der Wand steht oder ein Lampenschirm im Hintergrund im Bild plötzlich als exotische Kopfbedeckung erscheint.

Abb. 1 Ablenkung

Alle nicht im Zusammenhang mit dem Inhalt des Beitrags stehenden lesbaren Schriften im Bild sollte man, wenn möglich, ebenfalls aussondern. Der Zuschauer wird immer versuchen, alles Erkennbare zu lesen. Werbeplakate im Straßenbild, auffällige Buchrücken oder Zeitschriftentitel können bei Interviewsituationen schnell vom eigentlichen Inhalt einer Einstellung ablenken.

Abb. 2 Unglückliche Verschmelzung von Bildebenen

Beim **Rohschnitt** gilt es, technisch und handwerklich fehlerhafte Einstellungen auszusondern. Ebenso sollten vom Thema ablenkende und verwirrende Aufnahmen ausgemustert werden.

Die Ausmusterung überflüssigen Materials fällt erfahrungsgemäß besonders schwer, wenn es sich um persönliche Projekte handelt. Sichtet man sein selbst gedrehtes Bildmaterial, so ist die kritische Distanz dazu eher gering. Vor allem, wenn es sich um gelungene, für sich genommen sehr schöne Aufnahmen handelt, kostet die Entscheidung diese zu kürzen oder wegzulassen einige Überwindung. Eine noch so gelungene Aufnahme kann sich als unpassend oder störend erweisen. Wenn der Schnittrhythmus oder die klare gedankliche Abfolge der Bilder dadurch unterbrochen werden, sollte man zugunsten des Gesamteindrucks darauf verzichten.

6.1.2 Ordnen des Materials

Es gibt Einstellungskombinationen, die verständlich sind und funktionieren, andere Kombinationen wirken verwirrend auf den Zuschauer und haben sich deshalb als unbrauchbar herausgestellt. Ziel des Schnitts ist die Schaffung eines zusammenhängenden Beitrags. Deshalb gilt es, nicht nur motivische Ablenkungen zu vermeiden, sondern auch dafür zu sorgen, dass die verwendeten Einstellungen das Thema des Beitrags möglichst folgerichtig und klar transportieren.

! Die Grundregeln des Schnitts haben sich vor allem deshalb etabliert, weil sie gefällig sind und den Zuschauer nicht überfordern: Im Schnitt sollen die Einstellungen so miteinander kombiniert werden, dass sie inhaltlich und optisch als zusammengehörig wahrgenommen werden.

Inhaltliche Kriterien

Vor allem beim Schnitt von Bildmaterial für informierende Beiträge muss gelten: Alle Irritationen des Zuschauers müssen vermieden werden, damit sein Interesse auf den Inhalt konzentriert bleibt und er nicht mit der Entschlüsselung konfuser Bildfolgen beschäftigt ist.

Für den Bildschnitt von Beiträgen gibt es den Grundsatz, dass der Inhalt im Vordergrund steht und der Beitrag so gestaltet sein sollte, dass sämtliche Informationen klar strukturiert vermittelt werden. Beim Schnitt sollte deshalb jede verwendete Einstellung darauf hin überprüft werden, ob sie eine klare Aussage hat und ob diese Aussage in den Gesamtkontext passt. Zwischen den ausgewählten Einstellungen sollten dann möglichst logisch-kausale Verbindungen bestehen.

Sequenz

! Das vorhandene Bildmaterial sollte im Schnitt möglichst logisch und folgerichtig geordnet werden.

Eine inhaltlich zusammenhängende Einstellungsfolge nennt man **Sequenz**. Eine typische einfache Sequenz besteht aus drei Schritten:

1. Eine Totale etabliert die Situation.
2. Eine Halbtotale oder Halbnahe führt zum Objekt bzw. zur Person des Interesses.
3. Eine Naheinstellung konzentriert sich auf das Objekt oder die Person.

Ein konkretes Beispiel für einen solchen Ablauf ist die Bildfolge bei der Berichterstattung über eine Bundestagsdebatte:

1. **Totale** außen: Bundestag in Berlin (langsamer Schwenk)
2. **Halbtotale** innen: Plenarsaal
3. **Halbnah** oder **Nah**: Redner am Pult
4. **Halbnah** oder **Nah**: Reaktionen der Zuhörer

Diese Abfolge folgt dem bekannten Prinzip „vom Allgemeinen zum Besonderen". Die allmähliche Verdichtung der Einstellungsgrößen von 1 bis 3 erscheint als logische Bildfolge, die den Zuschauer an das Geschehen Schnitt für Schnitt näher heran bringt. Die stufenweise Annäherung ist eine logische und harmonische Vorgehensweise. Würde man an eine Totale des Gebäudes direkt eine Nahaufnahme des Redners anschließen, entstünde ein radikaler Bildunterschied, der als zu hart empfunden wird.

Abb. 1 a) – d) Vom Allgemeinen zum Besonderen

Die umgekehrte Reihenfolge in einer Sequenz, also „vom Besonderen zum Allgemeinen", ist ebenfalls eine mögliche Schnittfolge. Hier werden Details allmählich in ihren größeren Zusammenhang gestellt. Derartige Sequenzen finden sich häufig in Berichten über Ausstellungen und Museen. Mit einem typischen Ausstellungsstück wird direkt und stimmungsvoll auf das Thema der Ausstellung hingewiesen, Informationen (in Text und Bild) über den Veranstaltungsort folgen erst danach:

1. **Groß**: Antike Vase
2. **Halbnah**: Besucher der Ausstellung vor dem Exponat
3. **Halbtotal**: Besucher, schlendernd in den Räumen des Museums
4. **Totale**: Gebäude von außen

Abb. 1 a) – d) Vom Besonderen zum Allgemeinen

Solange das **Prinzip der allmählichen Verdichtung oder Öffnung** im Schnitt eingehalten wird, funktioniert die Einstellungsfolge als Sequenz. Die Einstellungsfolge 1-2-3-4 ist genauso harmonisch wie 4-3-2-1. Andere Kombinationen sind weniger folgerichtig, sie würden deshalb eher irritieren und als wenig sinnvoll erscheinen.

Antextbild

Für den reibungslosen Ablauf und das Verständnis von Informationen ist auch die Einbeziehung von **Antextbildern** wichtig. Bevor sich ein Betroffener oder ein Sachverständiger vor der Kamera äußert (O-Ton), wird die Person mit einer kurzen Einstellung vorgestellt, die sie in einer typischen Situation zeigt: Der Forscher arbeitet in seinem Labor, der Rechtsanwalt blättert in seinen Akten oder die geprellte Kundin steht vor einem Schaufenster. Die Abfolge von einführender Situation und dem anschließenden Statement der Person bettet das Gesagte in einen Kontext ein, der die Gesamtaussage unterstützt.

O-Ton ist die übliche Abkürzung für **Originalton**. Damit sind alle am Drehort aufgezeichneten Schallereignisse (also Sprache, Geräusche und Musik) gemeint.

! Ein **Antextbild** leitet eine Interviewpassage oder ein Statement ein, indem eine Person kurz in ihrem Umfeld vorgestellt wird.

Motivierte Schnitte

Bildimpulse

Tonimpulse

Jeder Schnitt sollte einen Grund haben. Die Motivation, einen Schnitt zu machen, kann durch die Bild- oder Tonebene begründet sein. Man spricht in diesem Zusammenhang auch von **Bildimpulsen** oder **Tonimpulsen**. Wenn in einer Einstellung inhaltliche, optische oder akustische Aspekte auf das Geschehen außerhalb des Bildrahmens verweisen, dann sollte ein Schnitt erfolgen, der auf diese Impulse mit einer neuen Einstellung antwortet. Zeigt ein Reporter mit der Hand in die Umgebung, in der er sich befindet, sollte im Bildschnitt darauf reagiert werden. Das entsprechende Umfeld muss dann auch zu sehen sein. Sieht man die Aufnahme einer Person, die lächelt oder überrascht reagiert, muss auch hier ein Schnitt folgen, der den Anlass dieser Reaktion erklärt (Abb. 1a – b). Selbst kleinste Gesten können den Impuls für einen erläuternden Schnitt liefern.

Abb. 1 a), b) Schnitt nach einem Bildimpuls

Good Bye Lenin! (D 2003, Wolfgang Becker)

Abb. 2 a), b) Schnitt nach einem Tonimpuls

Im Zeichen des Bösen (Touch of Evil, USA 1958, Orson Welles)

Auf der Tonebene sind Geräusche, wie eine Stimme aus dem szenischen Off, ein Telefonläuten oder eine Türglocke, typische Auslöser für einen Schnitt. In Abbildung 2a führt eine Explosion im szenischen Off dazu, dass sich das Paar alarmiert umdreht, dann erfolgt der Schnitt auf Einstellung 2b, in der die Geräuschquelle gezeigt wird. Verweise in einem Dialog- oder Sprechertext können ebenfalls zu einem entsprechend informierenden Schnitt führen. In allen diesen Fällen ist die Motivation für einen Schnitt die Beantwortung und Erläuterung von entstandenen Fragen. Es werden also neue Informationen zum Verständnis des dargestellten Geschehens geboten.

→ S. 93 Tongestaltung

! Jeder Schnitt sollte motiviert sein. Anlass für einen Schnitt können Bildimpulse sein, als auch Tonimpulse im Text oder auf der Geräuschebene.

Irritierende Schnitte

Wenn sich die Bilder, die man aneinander schneidet, zu sehr ähneln, dann ist der Zuschauer irritiert. Zwei Totalen lassen sich beispielsweise nur selten aneinanderfügen. Unser Auge ist es gewohnt, in „harten Schnitten" von einem Objekt zum andern zu springen (Sakkaden). Sind sich die Umrisse der Motive in zwei aufeinander folgenden Einstellungen allzu ähnlich, muss der Betrachter sie genauer prüfen, um sie zu unterscheiden und beide verstehen zu können. Dieser Vergleich ist nur schwer möglich, da beim Schnitt jede Einstellung üblicherweise nur einmal verwendet wird.

Beim Betrachten eines Bildes führen die Augen eine Reihe von ruckartigen Bewegungen aus, die als **Sakkaden** bezeichnet werden.

Aufeinander folgende Aufnahmen sollten deshalb aus einer deutlich anderen Kameraposition aufgenommen sein. Bei Gebäuden oder Landschaftsaufnahmen sollten unterschiedliche Blickwinkel und Einstellungsgrößen miteinander kombiniert werden.

Ein **Konturensprung** entsteht, wenn allzu ähnliche Einstellungen aneinander geschnitten werden und sich deshalb dominante grafische Linien, etwa die Umrisse von Personen, in den Einstellungen kaum unterscheiden.

Steht der Cutter vor der Aufgabe, sechs kurze Statements einer Straßenumfrage aneinander zu schneiden, dann sollte das Bildmaterial in Bezug auf den Abbildungsmaßstab der Personen (Nahaufnahmen oder Amerikanische), auf ihre Positionierung innerhalb des Bildrahmens und ihre Blickrichtung möglichst abwechselnd gestaltet sein. Schneidet man allzu ähnliche Bilder von sprechenden Personen in Nahaufnahmen hintereinander, entsteht ein **Konturensprung** im Bild, der irritierend wirken kann.

Abb. 1 a) – f) Abfolge von sechs Statements bei einer Umfrage

> Ähnliche Bilder, die man aneinander schneidet, irritieren den Betrachter. Ein Schnitt sollte ein eindeutig neues Bildangebot schaffen.

➔ S. 168 Kontinuität

Schnitte irritieren, wenn die Kontinuität der Darstellung nicht gewahrt wird. Wenn zwei aufeinander folgende Einstellungen keinen logischen oder optischen Zusammenhang aufweisen, spricht man von einem **Anschlussfehler**.

Jump Cut

In bestimmten Zusammenhängen können solche Fehler aber auch als Stilmittel verwendet werden. Bewusst herbeigeführte Motivsprünge zwischen zwei oder mehreren Einstellungen werden als **Jump Cut** bezeichnet. Es sind auffällige Effektschnitte, die Unruhe, oder Hektik erzeugen oder die dargestellten Vorgänge durch harte Schnitte deutlich abkürzen. Als Gestaltungsmittel findet man sie z. B. in Clipmontagen oder in den Dogma-Filmen. Beim Einsatz im Kompilationsschnitt muss bedacht werden, dass Jump Cuts oft einen etwas spielerischen Effekt haben. Deshalb muss man genau abwägen, ob der Effekt zum Inhalt des Beitrags passt.

➔ S. 192 Aspekte der Clipmontage

➔ S. 69 Dogma 95

> Schnitte, die einen Sprung des Motivs innerhalb des Bildrahmens erzeugen werden **Jump Cut** genannt.

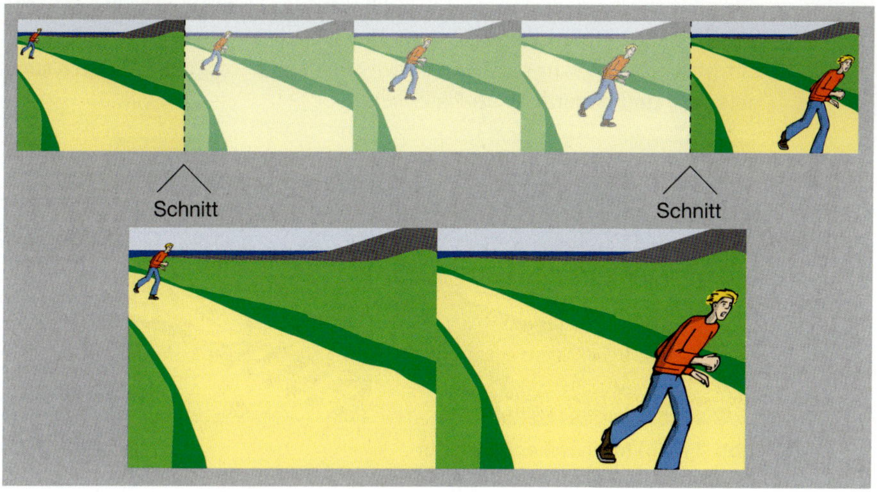

Abb. 1 Jump Cut

Ein Jump Cut entsteht beispielsweise, indem man aus einer längeren Einstellung, die eine Bewegung zeigt, einige Frames herausschneidet. Hierdurch entsteht ein auffälliger Motivsprung im Bild (Abb. 1).

Der Zuschauer sollte die Absicht, mit der man den Jump Cut einsetzt, auf jeden Fall erkennen können. Schneidet man zwei Panoramaaufnahmen von Großstädten aneinander, so gilt dies wegen der Ähnlichkeit der Motive als Fehler. Wenn aber fünf oder mehr ähnliche Einstellungen hintereinander zu sehen sind, dann wird der Zuschauer ein Prinzip erkennen und eine Absicht vermuten: Die Gleichartigkeit oder Unterschiedlichkeit von solchen Ansichten soll betont werden.

Ein bewusst auffälliger Schnitt, der zwei sehr ähnliche oder gleiche Bildmotive oder Situationen über einen Szenenwechsel hart und direkt miteinander verbindet, wird auch **Match Cut** genannt. Beispielsweise wird am Ende einer Szene in Großaufnahme von zwei Händen gezeigt, wie ein Kind sein Taschengeld bekommt; nach dem Schnitt wird dieselbe Banknote, wieder in Großaufnahme, einer erpresserischen Schulhofbande ausgehändigt. Der harte Übergang zur zweiten Einstellung hat in diesem Fall einen stark demonstrativen Charakter: Das Geld wird sofort weitergereicht.

Motivischer Match Cut

Wenn die Ähnlichkeiten der beiden Einstellungen Bildmotive betreffen, dann spricht man auch von einem **motivischen Match Cut**. Werden Einstellungen mit sehr ähnlichen oder gleichen Kamerabewegungen aneinander geschnitten (etwa zwei Einstellungen mit einem gleichmäßigen langsamen Schwenk von links nach rechts), dann spricht man von einem **technischen Match Cut**.

Technischer Match Cut

! Ein **Match Cut** bezeichnet eine Schnittfolge, bei der zwei auffällig ähnliche Bildinhalte aufeinander folgen, die zeitlich oder räumlich auseinanderliegen.

Grundsätzlich gilt der Match Cut als besonders elegante Schnittfolge. Zuweilen hat er allerdings auch etwas Verspieltes. Da er auffallen soll, kann der Match Cut in sehr sachlichen oder ernsthaften Zusammenhängen auch ablenken und daher fehl am Platze sein.

Abb. 1 a), b) Motivischer Match Cut

Zwischenschnitte

Wenn eine lange Einstellung durch eine andere Einstellung kurz unterbrochen wird, spricht man von einem **Zwischenschnitt**. Zwischenschnitte können sehr unterschiedliche Funktionen erfüllen. Die häufigsten sind:

- Sie konkretisieren das Gezeigte durch Detailaufnahmen.
- Sie kaschieren Kürzungen des Ausgangsmaterials.
- Sie kaschieren Anschlussfehler.

Insert Schnitt

Um die Einstellungsfolge einer Sequenz inhaltlich genauer zu erläutern, wird häufig mit Einstellungen gearbeitet, die die dargestellte Situation ausschmücken und den Gesamteindruck der Sequenz realistischer machen. Die eingeschnittenen Bilder dienen als eine Art optische Erläuterung. Ein Zwischenschnitt mit dieser Funktion wird auch **Insert Schnitt** genannt.

Als **Insert** werden auch Schrifteinblendungen bezeichnet, mit denen z. B. Orts- und Zeitangaben gemacht werden.

Hierzu ein Beispiel: Eine Totale zeigt die Werkstatt eines Uhrmachermeisters. Der Mann sitzt an einem Arbeitstisch und beschäftigt sich mit etwas, das in der Totalen nicht zu erkennen ist. Der Zuschauer möchte Genaueres wissen, deshalb sollte eine erläuternde Detail- oder Großaufnahme eingeschnitten werden. Es sollte also eine Detailaufnahme folgen: Eine Hand schraubt mit einem Präzisionswerkzeug an einer alten Taschenuhr. Die in Einstellung 1 erzeugte Neugier des Zuschauers („Was macht der da?“) wird in Einstellung 2 befriedigt. Anschließend kann wieder zurück zur Totalen geschnitten werden. In diesem Fall wäre der Wechsel von 1 zu 2 ein klassischer Insert Schnitt.

! **Insert Schnitte** zeigen erläuternde Groß- oder Detailaufnahmen.

→ Abb. S. 151

Am Beispiel einer zu schneidenden Bundestagsrede lässt sich eine weitere wichtige Funktion des Zwischenschnitts verdeutlichen: Vorgänge und Zusammenhänge können durch Zwischenschnitte gekürzt werden. Die Einstellung, die Zuhörer und ihre Reaktion auf die Rede zeigt, bietet dem Cutter die Gelegenheit, ohne optischen Sprung beim Rückschnitt auf den Redner an einer späteren Stelle wieder einzusetzen.

Ein Zwischenschnitt kaschiert die vorgenommenen **Kürzungen** in Ton und Bild.

Die Tonspur kann in der Regel wesentlich unauffälliger gekürzt werden als das Bild. Selbst ein harter Tonschnitt wird durch einen Zwischenschnitt im Bild für den Zuschauer weitgehend kaschiert. Häufig stellt sich dieses Problem wegen des übergelegten Sprecherkommentars des Berichterstatters aber auch gar nicht.

Durch Zwischenschnitte lassen sich Anschlussfehler des Ausgangsmaterials effektiv kaschieren. Bildsprünge bei Interviews etwa, die dem Zuschauer ins Auge fallen würden, lassen sich durch erläuternde Zwischenbilder wirksam verhindern.

Langwierige Vorgänge, die dem Zuschauer nicht in Echtzeit gezeigt werden können, müssen im Schnitt gekürzt werden. Um in der Darstellung keine großen Bildsprünge zu haben, werden Zwischenschnitte eingesetzt. Man kann davon ausgehen, dass der Zuschauer auch sehr knapp dargestellte Zusammenhänge versteht. Die Tendenz der allgemeinen Beschleunigung in Film und Fernsehen ist in allen Bereichen der Darstellung vorhanden. Wenn Vorgänge allzu ausführlich gezeigt werden, erzeugt das schnell Langeweile; der Griff zur Fernbedienung ist dann nicht weit. Der Zuschauer sollte nie unterfordert werden, im Zweifel gilt das Motto der Werbebranche, bei der jede Sekunde zählt: Reduce to the max! – Im Zweifel eher weglassen.

Wenn optische Zusammenhänge stark vereinfacht und verkürzt dargestellt werden, spricht man auch von **Funktionsschnitt**. Die Fahrt von einem Ort zum anderen kann z. B. durch lediglich zwei Einstellungen (Abfahrt und Ankunft) allgemein verständlich gezeigt werden.

Interviews und Statements kürzen

Eine typische Aufgabe für den Cutter besteht darin, zu lang geratene Interviews oder Statements für einen Beitrag zu kürzen. Neben der redaktionellen Aufgabe, die getroffenen Aussagen nicht zu verfälschen, also inhaltlich sinnvoll zu kürzen, steht der Cutter vor der Aufgabe, die belassenen Passagen optisch zu verbinden.

Als eleganteste Lösung gilt ein **Insert-Schnitt**, bei dem die Hände des Redners oder eine Ansicht oder ein Detail aus seiner Umgebung zwischengeschnitten werden (Abb. 1).

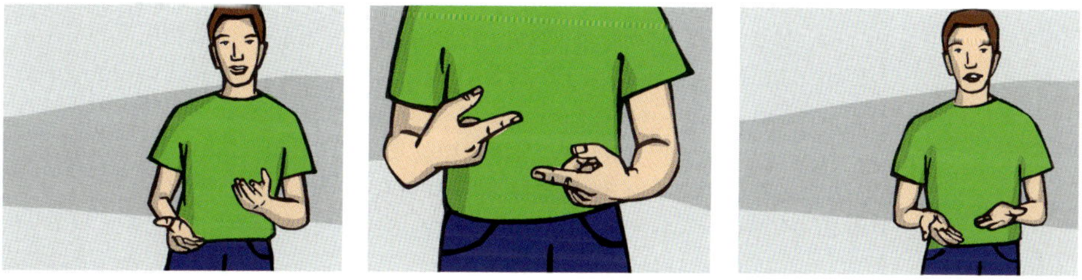

Abb. 1 a) – c) Einstellungsfolge mit Insert-Schnitt

Weitere oft beobachtete Möglichkeiten sind:

- Der Umschnitt auf den Fragesteller. Seine Reaktionen werden nicht selten erst im Nachhinein von der gleichen Kamera aufgenommen.

- Die Kürzung wird dem Zuschauer durch kurze Weiß- oder Schwarzblitze signalisiert. Hier werden ca. 3 bis 5 Frames Weiß- oder Schwarzbild eingeschnitten. Diese Methode hat sich neben den Zwischenschnitten in den letzten Jahren als Standard etabliert, gilt aber dennoch als wenig ästhetisch.
- Der Rücksprung von einer Nahaufnahme des Interviewten auf eine Totale oder Halbtotale von der Interviewsituation. Oft erweist sich die Methode als **Fake**. Wenn man auf die Mundbewegungen des Redners achtet, zeigt sich, dass zwischen dem hörbaren Text und dem Bild (Lippenbewegung) die Synchronität nicht gegeben ist. Wenig überzeugend ist diese Methode auch wegen des starken Bildsprungs.
- Bild und Ton werden im Schnellvorlauf (Fast Forward) gezeigt: Diese Methode hat einen komischen oder albernen Effekt. Deshalb fällt sie als ernsthafte Alternative weg und ist höchstens als ironischer Gag akzeptabel. (Aussage: „Was hier vorgespult wird, ist unwichtiges Blabla.")

Fake heißt eigentlich „Fälschung", in der Branche wird der Begriff häufig benutzt, um kleinere Täuschungen zu beschreiben, die der Zuschauer nicht bemerken soll.

6.2 Feinschnitt

Die Ordnung der verwendeten Einstellungen erfordert vom Cutter eine inhaltliche Auseinandersetzung mit dem Bildmaterial. Daneben sind aber auch Kenntnisse ästhetischer Kriterien im Bereich der Bildgestaltung unverzichtbar. Nicht alle inhaltlich zueinander passenden Bilder können einfach hintereinander gesetzt werden. Auch optische und allgemein ästhetische Aspekte müssen berücksichtigt werden. Diese entscheiden darüber, ob ein Schnitt funktioniert oder nicht.

Trimmen

Die genaue Anpassung der zuvor ausgewählten Aufnahmen ist die Aufgabe des Cutters im **Feinschnitt**. Hier steht der genaue Übergang beim Schnitt im Zentrum der Arbeit. Das zum Teil Frame-genaue Kürzen und Anpassen der Einstellungen wird auch als **Trimmen** bezeichnet.

! Beim **Feinschnitt** werden die in ihrer Reihenfolge bereits festgelegten Einstellungen auf ihre endgültige Länge gebracht.

Oberstes Ziel der meisten Arbeiten ist hier, den Zuschauer möglichst ohne große Bildsprünge von einer Einstellung zur nächsten zu führen. Je harmonischer der Schnitt ist, desto „unsichtbarer" ist er für den Zuschauer und desto mehr kann er sich auf den Inhalt des Beitrags oder Films konzentrieren. Um dieses Ziel zu erreichen, muss der Cutter einen geübten professionellen Blick für das zu schneidende Material haben. Er analysiert die Aufnahmen bezüglich der Blickführung des Zuschauers, um ihn möglichst reibungslos durch den fertigen Film zu leiten. Um dieses Ziel zu erreichen, haben sich verschiedene Prinzipien bewährt, die möglichst flüssige Einstellungsverknüpfungen gewährleisten.

→ S. 168 Kontinuität und „unsichtbarer Schnitt"

6.2.1 Zentrierter Schnitt

Beim Feinschnitt sollte das Blickzentrum des Zuschauers am Ende der ersten und zu Beginn der zweiten Einstellung übereinstimmen. Ist dies der Fall, dann spricht man von einem **zentrierten Schnitt**. Auf diese Weise wird erreicht, dass der Zuschauer der Einstellungsabfolge mühelos folgen kann, ohne das Blickzentrum innerhalb des Bildrahmens zu verlieren und sich nach einem erfolgten Schnitt auf einen neuen Fixationspunkt einstellen zu müssen. Es entsteht ein weicher Übergang. Ein Sprung des Blickzentrum bedeutet dagegen eine zwar kurze, aber für den Stil des Schnitts doch spürbare Unterbrechung des Bildflusses.

Ein Beispiel für einen harten Schnitt, bei dem das Blickzentrum in der zweiten Einstellung nicht zur ersten passt, findet sich in Abbildung 1. Zunächst liegt die Aufmerksamkeit des Zuschauers auf dem Hubschrauber, der sich im rechten oberen Teil des Bildrahmens bewegt. Bei der zweiten Einstellung springt das Blickzentrum auf den Wagen im linken unteren Teil des Bildes. Solche Einstellungsverbindungen sollte man vermeiden, weil der Zuschauer nach dem Schnitt erst wieder ein neues Blickzentrum finden muss und deshalb seine Aufmerksamkeit vom inhaltlichen abgelenkt wird.

Abb. 1 a), b) Bildfolge mit springendem Blickzentrum

Abbildung 2 zeigt eine Aufnahme, bei dem der Mond als hellster Punkt im Bild das Blickzentrum bildet. Nach dem Umschnitt befindet sich an dieser Stelle im Bildrahmen die Person, auf der nun die Aufmerksamkeit des Zuschauers liegen soll. Wichtig ist vor allem die Nahtstelle zwischen Einstellung 1 und Einstellung 2: Die **Übereinstimmung des Blickzentrums** muss nur wenige Frames lang andauern. Die Bewegung der Person durch den Raum kann den Blick des Zuschauers sofort nach dem Schnitt wieder in andere Richtungen lenken.

Abb. 2 a), b) Bildfolge mit gleichem Blickzentrum

Beim **zentrierten Schnitt** liegt das Blickzentrum am Ende von Einstellung A im gleichen Bereich des Bildrahmens wie zu Beginn der Einstellung B.

6.2.2 Lineare Verknüpfung von Einstellungen

→ S. 9 Linien

Den Begriff **linearer Schnitt** (analog zu „zentrierter Schnitt") sollte man hier vermeiden, weil damit das Schnittverfahren von Zuspielung und Aufzeichnung von Band zu Band bezeichnet wird.

Eine andere Möglichkeit, einen harten oder springenden Schnitt zu vermeiden, lässt sich durch die **Übereinstimmung von im Bild dominanten Linien** oder Vektoren erreichen. Eine das Bild bestimmende Linie in Einstellung A wird in Einstellung B wieder aufgenommen. Dabei kann es sich um klare **grafische** oder um **virtuelle Linien** handeln. Entscheidend ist hier die Übereinstimmung in Bezug auf die ästhetische Kraft, die durch die Richtung und die Charakteristik der Linie im Bildraum erzeugt wird. Der weiche Übergang von Einstellung A zu Einstellung B wird durch die Verknüpfungen ähnlicher Kompositionsprinzipien erreicht.

! Bei **linearen Einstellungsverbindungen** werden möglichst miteinander harmonisierende Bildkompositionen kombiniert.

Abb. 1 a), b) Die dominante horizontale Linie wird von a) nach b) übernommen

6.2.3 Diffuser Schnitt

Eine häufig angewandte Methode zur weichen Verbindung von Einstellungen ist der Schnitt über einen diffusen Bildinhalt. Immer dann, wenn eine Einstellung kein konkretes Blickzentrum (mehr) aufweist, spricht man von einem **diffusen Bild**. Das Auge des Betrachters hat keinen Fixationspunkt mehr und „wartet" gewissermaßen auf ein neues Blickangebot. **Diffuse Schnitte** können unterschiedlich aussehen:

- Einstellung A endet diffus.
- Einstellung B beginnt diffus.
- Sowohl das Ende von Einstellung A ist diffus, als auch der Anfang von Einstellung B.

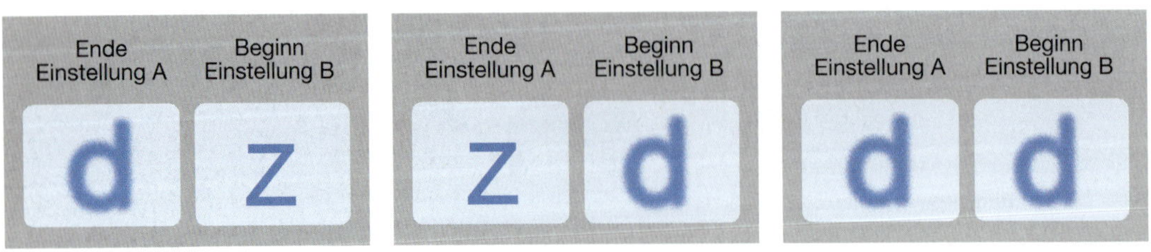

Abb. 2 a) – c) Möglichkeiten des diffusen Schnitts

Bei einem **diffusen Schnitt** weist mindestens eine Nahtstelle der verwendeten Einstellungen kein deutliches Blickzentrum auf.

Diffuse Schnitte werden auch **natürliche Blende** genannt. Typische Beispiele sind der Schnitt in einer Unschärfe bei einem Reißschwenk oder ein Schnitt, wenn ein **neutraler Bildinhalt** zu sehen ist (Laub, Wasser, Himmel usw.). Die Kamera kann am Ende einer Einstellung auch in die Unschärfe gehen, um eine natürliche Blende für den Schnitt vorzubereiten. Wenn der Kameramann beim Dreh die Anweisung bekommt, „neutral raus" zu gehen, dann wird dies immer auch im Hinblick auf den Schnitt gemacht.

Die Anweisung **„neutral raus"** bedeutet eine Vorgabe für den Kameramann, eine Einstellung möglichst ohne konkretes Blickzentrum zu beenden, damit sie im Schnitt flexibel verwendet werden kann.

Die Abbildungen 1 und 2 zeigen ein Beispiel für einen Schnitt über neutrale Bilder: In Einstellung 1 a) – b) fährt die Kamera auf ein Kaminfeuer und endet mit der bildfüllenden Aufnahme der Flammen, Einstellung 2 a) – b) beginnt mit einem Blick in den Sternenhimmel. Die Einstellung könnte durch einen Vertikalschwenk auf eine Stadtkulisse bei Nacht fortgesetzt werden und ein neues konkretes Blickzentrum anbieten.

Abb. 1 a) – b) und 2 a) – b): Beispiel für einen diffusen Schnitt

6.2.4 Bewegungen schneiden

Wird eine Objekt- oder Personenbewegung (**Bewegung 1. Art**) in mehrere Einstellungen aufgelöst, müssen die Übergänge zwischen den Einstellungen genau stimmen. Hier gilt: Möglichst in die Bewegungen schneiden! Das bedeutet im Einzelnen:

→ S. 56 Bewegungen 1. Art

- Die Bewegungsrichtung muss in der Folgeeinstellung wieder aufgenommen und möglichst weitergeführt werden. Verlässt ein Läufer das Bild am rechten Rand (Bewegung von links nach rechts), so muss er in der nächsten Einstellung in das Bild wieder von links eintreten.

- Bewegungsabläufe dürfen durch Schnitte nicht unterbrochen werden. Kontinuität bei der Bewegung entsteht dadurch, dass die Person oder das Objekt den Bildraum nicht ganz verlassen haben darf, bevor der Schnitt erfolgt. Folgerichtig muss die Person sich in der beginnenden nächsten Einstellung bereits im Bildraum befinden. Spätestens wenn die Person den Bildrand berührt, sollte der Umschnitt erfolgen.

Abb. 1 a), b) Schnitt in der Bewegung

Man sollte möglichst innerhalb von Bewegungen 1. Art schneiden.

Gelungene Bildanschlüsse sind bei Bildern, die mit **bewegter Kamera** aufgenommen wurden, komplizierter zu erreichen als bei stehenden Einstellungen. Eine Grundregel lautet: Gegenläufige oder allgemein unterschiedliche Kamerabewegungen (z. B. Schwenks, Fahrten, Zooms) sollte man nicht hart aneinander schneiden. Wenn als Effekt gewünscht, dann sollten möglichst gleiche Schwenk- oder Fahrtgeschwindigkeiten in beiden Einstellungen am Schnittpunkt vorhanden sein und die Bewegungsrichtung sollte übereinstimmen. In diesem Fall handelt es sich um einen Schnitt zwischen zwei auffällig ähnlichen Einstellungen, also einem **technischen Match Cut**.

→ S. 155 Match Cut

Unterschiedliche Kamerabewegungen sollte man im Schnitt nicht direkt aneinander setzen.

6.2.5 Einstellungsdauer und Schnittfrequenz

Ein wichtiger Aspekt für die Qualität des Schnitts ist die richtige Einschätzung des Cutters, wie lange eine Einstellung zu sehen sein muss (im Fachjargon: „wie lange sie steht"). Die **Einstellungsdauer** hängt vor allem mit dem dargestellten Inhalt zusammen: Je nach Komplexität der Aufnahme ist für den Zuschauer eine unterschiedlich lange Betrachtungszeit notwendig.

Abb. 2 Komplexes, unübersichtliches Motiv

Grundsätzlich gibt es eine Abhängigkeit der Schnittgeschwindigkeit von der **Einstellungsgröße**. Detail-, Groß- und Nahaufnahmen müssen nicht so lange stehen wie Halbtotalen oder Totalen. Das hängt mit der Fülle an vorhandenen Bildinformationen zusammen. Während sich große Einstellungen üblicherweise auf ein oder wenige Objekte konzentrieren, stellen totalere Einstellungen häufig komplexere Situationen dar. Totalen erfassen meistens mehr Objekte und Aktionen. Dementsprechend braucht der Zuschauer länger, um alles Gesehene zu verarbeiten.

→ S. 40 Einstellungsgrößen

Auch der **Bekanntheitsgrad** der abgebildeten Motive oder Situationen bestimmt die Einstellungsdauer.

Abb. 1 Bekanntes Motiv

Ein Gebäude wie der Eifelturm in Paris (Abb. 1) oder das Brandenburger Tor dürfte fast allen Zuschauern bekannt sein. Die Dauer einer solchen Einstellung kann deshalb begrenzt werden; in kürzester Zeit wird ein solches **Signalbild** verarbeitet und verstanden.

Stellt ein Magazinbeitrag allerdings ein neues, architektonisch interessantes Gebäude vor, dann muss der Cutter dem Zuschauer genügend Gelegenheit dazu geben, das noch unbekannte Objekt genauer kennen zu lernen. Ein solches Bild wird nicht als Signal erkannt, mit bereits gemachten Erfahrungen abgeglichen und schnell verstanden, sondern der Zuschauer will es in Ruhe betrachten. Er braucht die Gelegenheit, um die neuen Informationen in ihrer Gesamtheit zu erfassen.

! Die Einstellungslänge ist abhängig vom Inhalt der Bilder. **Einstellungsgrößen**, **Bekanntheitsgrad** der Motive und die **Komplexität** der Bilder sind hierbei bestimmend.

Schnittfrequenz

Beim Schnitt besteht in der Einschätzung der richtigen Einstellungsdauer eine Hauptaufgabe für den Cutter (und den Redakteur). Darüber hinaus muss für jeden Beitrag und jedes Thema die richtige **Schnittfrequenz** gefunden werden. Unter Schnittfrequenz versteht man die Häufigkeit der Schnitte innerhalb eines bestimmten Zeitraums. Eine hohe Schnittfrequenz bedeutet also viele Schnitte, eine niedrige Schnittfrequenz bedeutet entsprechend wenige Schnitte und damit eine entsprechend längere Einstellungsdauer.

Bei der Arbeit mit dem Bildmaterial müssen sich Cutter und Redakteur immer wieder in die Rolle des Zuschauers zu versetzen, der die Bilder zum ersten Mal sieht. Hierzu kann man sich eines Tricks bedienen, der zumindest einen Anhaltspunkt für die geeignete Länge einer Einstellung bietet: Indem man alle wichtigen Bildinformationen laut vor sich herspricht, vergeht gerade so viel Zeit, wie der Zuschauer zur vollständigen

Erfassung der Einstellung braucht. Daraus ergibt sich beispielsweise für Einstellungen mit wenigen Bewegungen (1. Art) eine in der Regel kürzere Dauer als bei Aufnahmen mit viel Bewegung im Bild. Durch solche dynamischen Bilder wird die Aufmerksamkeit des Zuschauers entsprechend länger gefesselt.

Tempowechsel

Vor allem Industrie- und Lehrfilme, bei denen es um die Vermittlung von nicht oder nur wenig bekannten Sachverhalten geht, benötigen ein gedrosseltes Schnitttempo. Dynamische Passagen, in denen bereits Gezeigtes noch einmal zusammengefasst wird, können immer wieder für den gebotenen **Tempowechsel** sorgen, der die Aufmerksamkeit des Zuschauers aufrechterhält.

Für besonders schnell geschnittene Beiträge gilt ebenso die Vorgabe, durch einen Wechsel des Schnitttempos die Aufmerksamkeit des Publikums neu zu erregen: Durch das kurzzeitige Verlangsamen des Tempos wird die ansonsten vorherrschende Dynamik umso bewusster wahrgenommen.

! Durch einen **Tempowechsel** beim Schnitt kann die Aufmerksamkeit des Publikums gesteigert werden.

Steht eine Einstellung länger als es für das Erfassen des Bildinhalts eigentlich notwendig ist, so kann sich der Effekt ergeben, dass sie vom Zuschauer eine besondere, vielleicht sogar symbolische Bedeutung zugesprochen bekommt. Lässt man z. B. am Ende eines Interviews die Einstellung vom Interviewten noch etwas länger stehen, obwohl er nichts mehr sagt, dann lenkt man die Aufmerksamkeit des Zuschauers weg vom Inhalt des Gesagten hin zum Sprecher. Ein solches Vorgehen kann durchaus eine (kritischen) Wertung bedeuten. Lässt der Kontext eine solche Schlussfolgerung nicht zu, dann sind allerdings Ratlosigkeit und schnell auch Langeweile des Zuschauers die Folge.

6.3 Blenden

Neben den Varianten des harten Schnitts gibt es die **Blende** als weitere Möglichkeit, zwei Einstellungen miteinander zu verbinden. Die gängigsten Varianten sind:

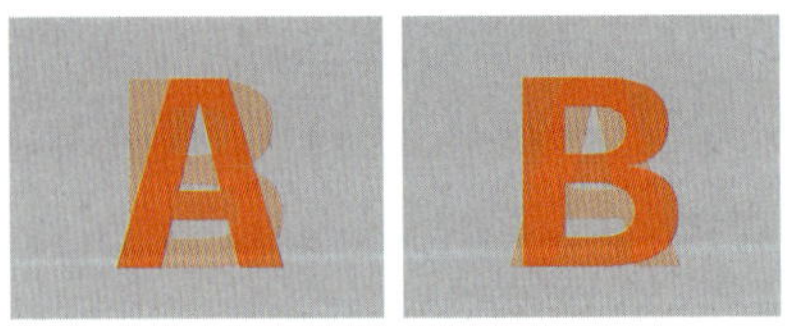

Abb. 1 a), b) Überblendung

Überblendung: Dissolve

- **Überblendung**
  Dies ist ein allmählicher Übergang von Einstellung A zu B. Die erste Einstellung „löst sich langsam auf“, während im gleichen Maße die zweite Einstellung sichtbar wird. Der englischsprachige Begriff „Dissolve“ (Auflösung) ist für diesen Effekt sehr gebräuchlich. Durch diese Art der Blende wird der Zusammenhang zwischen den beiden Einstellungen stark betont. Die Geschwindigkeit der Blende ist stark vom beabsichtigten Effekt abhängig: Eine nur wenige Frames umfassende Überblendung wird vom Zuschauer eventuell gar nicht bewusst wahrgenommen, es entsteht lediglich der Eindruck eines

weichen Übergangs. Eine lange Überblendungszeit wird den Übergang dagegen sehr deutlich herausstellen und entsprechend wahrgenommen. In diesem Fall spricht man auch von einer **weichen Blende**.

Weiche Blende

- **Auf- und Abblende**
  Die Einstellung erscheint langsam aus einem Schwarzbild oder sie verschwindet allmählich ins Schwarzbild.
  Durch solche Blenden werden größere Erzähl- oder Sinnabschnitte gekennzeichnet. Ab- und Aufblenden haben im Gegensatz zu Überblendungen einen eher trennenden Charakter. Eine sehr langsame Abblende hat üblicherweise eine große dramatische Wirkung.

Abb. 1 a) – c) Aufblende

Abb. 2 a) – c) Abblende

Aufblende: Fade In
Abblende: Fade Out

- **Wischblende**
  (auch: **Wischer** oder **Wipe**)
  Die neue Einstellung „schiebt" die vorige Einstellung aus dem Bildrahmen. Daher auch der nicht mehr sehr häufig verwendete Begriff **Schiebeblende**. Die Bewegungsrichtung von links nach rechts ist die gebräuchlichste Variante der Wischblende. Andere Richtungen, etwa diagonale Wischer, sind heute unüblich und gelten bereits als auffällige Effektblende. Da Wischblenden vor allem im klassischem Hollywoodfilm der dreißiger und vierziger Jahre verwendet wurden, haftet dieser Blendenform immer etwas Nostalgisches an.

Abb. 3 a), b) Wischblende

Wischblende: Wipe

! Bei erzählenden Darstellungen signalisiert die Blende Zeit- oder Ortswechsel.

Innerhalb einer szenischen Darstellung, die durch die Einheit von Zeit und Ort gekennzeichnet ist, wäre der Einsatz einer Blende ein Fehler. Außerhalb erzählender Darstellungen, etwa beim Bildschnitt einer Fernsehshow, können Blenden auch bei Echtzeit-Darstellungen eingesetzt werden. Bei der Interpretation eines langsamen Musikstücks beispielsweise können Blenden zwischen verschiedenen Kamerapositionen verwendet werden, um den Charakter der Musik durch die weichen Bildübergänge bildlich zu unterstreichen.

Effektblenden

Die Möglichkeiten, Einstellungsübergänge durch **Effektblenden** zu gestalten, sind sehr zahlreich. Jedes digitale Schnittprogramm, unabhängig davon, ob es sich um ein teures professionelles System oder um eine Software

Effektblenden werden auch **Trickblenden** genannt.

für den Hobbyfilmer handelt, weist heute eine fast endlose Anzahl an Blendeffekten auf.

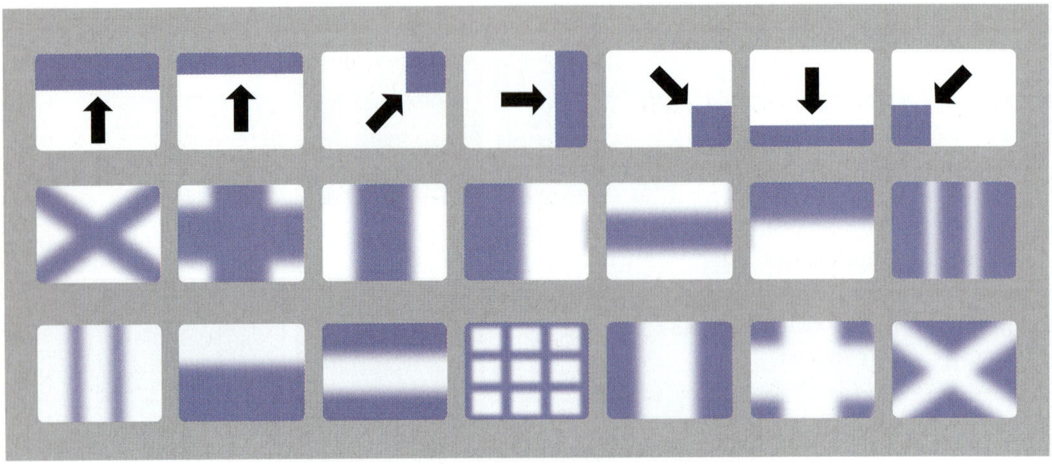

Abb. 1 Auswahl von typischen Effektblenden

Von der großen Anzahl angebotener Effekte sollte man sich allerdings nicht verführen lassen. Viele der zur Verfügung stehenden Blenden-Varianten sind sehr auffällig und lenken eher vom Inhalt ab. Einen Amateurschnitt oder eine Anfängerarbeit erkennt man häufig daran, dass zu viele Effektblenden verwendet werden. Es entsteht leicht der (oft auch berechtigte) Verdacht, dass von schlechtem Ausgangsmaterial abgelenkt werden soll. Wie alle übermäßig eingesetzten Effekte lenken sie die Aufmerksamkeit auf sich selbst und damit vom Inhalt des Gezeigten ab. Auch für den Einsatz von Effektblenden gilt: Weniger ist mehr!

! Mit Effektblenden sollte man äußerst sparsam und bewusst umgehen.

Natürliche Blende

Neben auffälligen Blendeneffekten, die häufig erst bei der Arbeit im Schneideraum ihre konkrete Ausgestaltung erfahren, gibt es auch die Möglichkeit der **natürlichen Blende**. Hierunter ist eine Einstellungsverbindung zu verstehen, die mit den Elementen der Schnittbilder arbeitet. Eine natürliche Blende entspricht einem diffusen Schnitt: Am Ende der Einstellung A ist ein möglichst neutrales, diffuses Frame zu sehen, das mit einem entsprechend neutralen Anfangsframe von Einstellung B verbunden werden kann.

→ S. 160 Diffuser Schnitt

! Wenn eine Einstellung ohne ein konkretes Blickzentrum endet, spricht man von einer **natürlichen Blende**.

6.4. Aufgaben und Übungen

1. Wann spricht man von Schnitt, wann von Montage?

2. Was sind Arbeitsschritte im Rohschnitt?

3. Nennen Sie die Hauptaufgaben im Feinschnitt!

4. Was sind typische Bildinhalte, die gezeigt werden, wenn eine Einstellung neutral beendet wird?

5. Was versteht man unter:
   a) einem technischen Match Cut,
   b) einem motivischen Match Cut?

6. Von welchen Faktoren ist die Einstellungslänge abhängig?

7. Wann spricht man von einer weichen Blende?

8. Zeichnen Sie einen Magazinbeitrag aus dem Fernsehprogramm auf. Welche Aussagen lassen sich zum Schnitt treffen:
   a) Werden diffuse Schnitte verwendet?
   b) Werden zentrierte Schnitte verwendet?
   c) Werden Insert Shots verwendet?
   d) Gibt es Auffälligkeiten im Schnittrhythmus?
   e) Welche Arten von Blenden werden verwendet?
   Versuchen Sie sämtliche Schnitte der ersten Minute des Beitrags zu beschreiben und zu begründen!

7 Montage

Redakteure oder Filmemacher haben eine bestimmte Vorstellung davon, wie ein fertiger Beitrag oder Film aussehen soll. Man spricht in diesem Fall von einem **Konzept**. Die Arbeit im Schneideraum folgt dann in der Regel dieser konzeptionellen Grundvorstellung. Das Bild- und Tonmaterial wird in eine Ordnung gebracht, die für den Zuschauer eine möglichst verständliche und interessante Abfolge an Informationen und Handlungen ergeben soll. Jede Montage arbeitet mit dem Bild- und Tonmaterial in dreierlei Hinsicht: Sie ordnet das Material, sie stellt Verbindungen her und sie erzeugt einen Rhythmus. Dies kann allerdings auf sehr unterschiedliche Arten und Weisen geschehen, die abhängig sind vom Inhalt, der Aussage- und Wirkungsabsicht der Filmemacher sowie vom (Sende-)Format bzw. dem Genre des Films und von der Zielgruppe.

Aus den potentiell unendlich vielen Montagekonzepten sollen hier drei grundsätzliche Formen vorgestellt werden, die sich vor allem hinsichtlich der beabsichtigten Wirkung auf den Zuschauer deutlich unterscheiden lassen:

- der unsichtbare Schnitt,
- intellektuelle Montageformen,
- Clipmontagen.

7.1 Kontinuität und „unsichtbarer Schnitt"

In den weitaus meisten Fällen besteht das Ziel der Montage darin, einen folgerichtig erscheinenden Ablauf von Ereignissen zu gestalten. Die Inhalte sollten logisch aufeinander bezogen sein und im Hinblick auf die dargestellten Raum- und Zeitverhältnisse kontinuierlich ablaufen. Vor allem der Aspekt der **Kontinuität** (engl. Continuity) spielt eine enorme Rolle für die Orientierung des Zuschauers. Die Montage muss den Zusammenhang der dargestellten Verhältnisse verdeutlichen oder gegebenenfalls, z. B. bei fiktionalen Szenen, erst schaffen. Zur Kontinuität zählen vor allem:

Kontinuität

- die Beachtung von richtigen Reihenfolgen bei gezeigten Tätigkeiten,
- die Beibehaltung von Lichtsituationen,
- die Beibehaltung räumlicher Gegebenheiten,
- das unveränderte Erscheinungsbild von Räumen (Ausstattung),
- das unveränderte Erscheinungsbild von Personen (Mimik, Kleidung, Make-Up).

Wenn diese Aspekte beachtet werden und zu einer ununterbrochenen und gleichmäßigen Darstellung des Geschehens führen, dann spricht man auch von einem **Continuity System**.

Continuity System

! Unter **Kontinuität** im Film versteht man die lückenlose, logisch zusammenhängende und daher leicht nachvollziehbare Darstellung von Sachverhalten.

Brüche in der Kontinuität fallen dem Zuschauer leicht auf, sie verwirren und lenken damit vom Inhalt ab. Werden hingegen die Kriterien der (inhaltlichen und optischen) Kontinuität beachtet, so fallen dem Zuschauer die gesetzten Schnitte in einem Beitrag oder einem Film kaum auf. Genau dies ist die Absicht der meisten Montagen, deshalb spricht man auch vom **unsichtbaren Schnitt**.

Unsichtbarer Schnitt

Oberstes Ziel des unsichtbaren Schnitts ist die Schaffung einer perfekten Illusion für den Zuschauer: Die Montage schafft den Eindruck einer kontinuierlich ablaufenden Handlung. Der Zuschauer soll durch alle Gestaltungsmittel in die dargestellte Welt eingebunden werden, sein Interesse soll sich auf die reibungslos erzählte Geschichte beschränken. Dass es sich bei jeder Filmszene um ein synthetisch hergestelltes Produkt handelt, soll dem Publikum nie auffallen. Folgt man im Schnitt diesen Prämissen, so ergeben sich für alle Einstellungen und Schnittfolgen eine Reihe von klaren Funktionen, die sich als Gesamtsystem verstehen lassen.

! Der Begriff **unsichtbarer Schnitt** beschreibt die Zielvorgabe der Montage, eine für den Zuschauer möglichst reibungsfreie Vermittlung des Inhalts zu erreichen.

7.1.1 Schnitt einer Szene

Eine **Szene** ist eine Darstellung, die durch die Einheit von Raum und Zeit definiert ist. Auch wenn die einzelnen Einstellungen für eine z. B. dreiminütige Szene über einen Zeitraum von mehreren Stunden oder vielleicht Tagen in zahlreichen **Takes** gedreht wurden, muss sie doch nach der Montage für den Zuschauer ununterbrochen, also in Echtzeit, ablaufen. Diese Einheit herzustellen stellt immer eine besondere Herausforderung für den Cutter dar. Am Beispiel einer einfachen szenischen Darstellung sollen hier die typischen Kamerapositionen und deren Funktionen für den unsichtbaren Schnitt erläutert werden: Zwei Personen treffen sich zufällig im Park. Sie unterhalten sich und nach wenigen Minuten trennen sie sich wieder. Generell gilt, dass Szenen hart geschnitten werden, also keine Blenden verwendet werden sollen.

Take ist die Bezeichnung für eine gedrehte Einstellung während der Produktion, die in mehreren Versionen vorliegen kann.

! Innerhalb von Szenen werden ausschließlich harte Schnitte verwendet.

Master Shot

Die Szene wird mit einem **Master Shot** eröffnet. Diese erste Einstellung gibt einen **Überblick** über die äußeren Verhältnisse der Szene, sie zeigt den Handlungsraum und die handelnden Personen in ihrer räumlichen Position zueinander. Entsprechend dieser Funktion ist der Master Shot in der Regel eine Totale oder Halbtotale. Eine neue Szene beginnt häufig mit dem Auftritt einer Person, wodurch die Handlung in Gang gesetzt wird.

Der Master Shot steht in der Regel mindestens so lange, bis die handelnden Charaktere ihren Platz im Handlungsraum eingenommen haben (S. 170, Abb. 1 und 2).

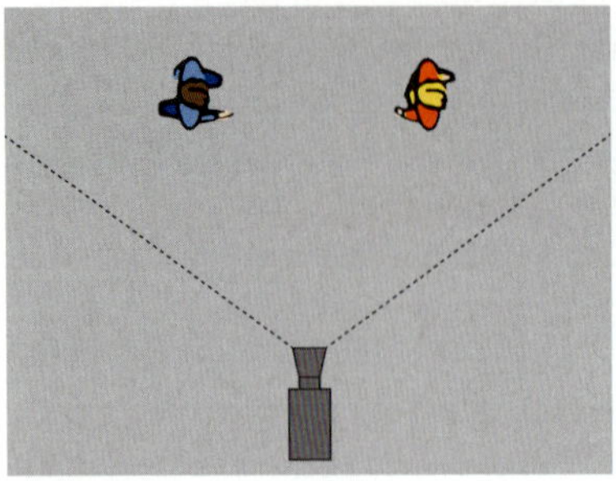

Abb. 1 Kameraposition bei einem Master Shot

Abb. 2 Bildbeispiel Master Shot

Ransprung: Cut In

Nach der allgemeinen Begrüßung nimmt der Inhalt des Gespräches an Wichtigkeit zu. Die Kamera nähert sich den Personen (z. B. auf eine Amerikanische), die Umgebung ist für den Zuschauer etabliert, es geht zunehmend um die Charaktere und deren Emotionen (zu erkennen an deren Mimik). Wird die Annährung durch einen Schnitt in die neue Einstellungsgröße erreicht, so spricht man von einem **Ransprung** oder englisch **Cut In** (Abb. 3 und 4).

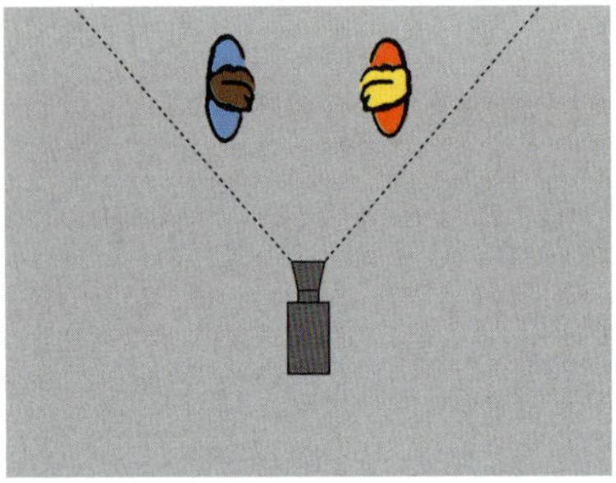

Abb. 3 Kameraposition beim Cut In

Abb. 4 Bildbeispiel Cut In

Schuss-Gegenschuss: Shot-Reverse Shot (SRS)

Während des Gesprächs werden nun die beiden Protagonisten abwechselnd in Nahaufnahmen gezeigt. Die Kamera ist dabei jeweils schräg vor ihnen platziert (Abb. 5). Die Abfolge von sich abwechselnden Nahaufnahmen wird als **Schuss-Gegenschuss** bezeichnet. Geläufig ist auch die Abkürzung **SRS** für englisch: **Shot-Reverse Shot**.

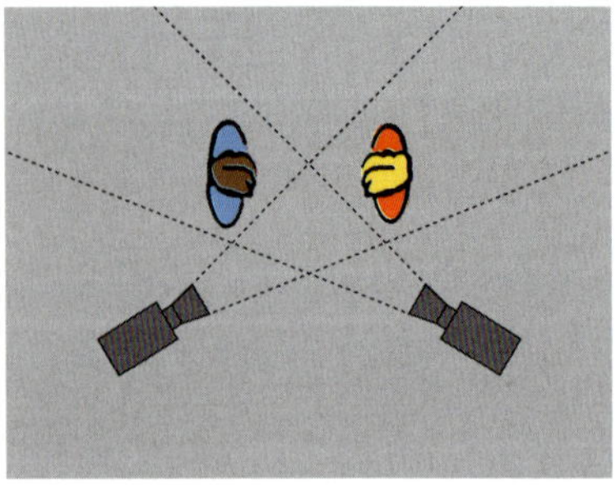

Abb. 5 Kamerapositionen bei Schuss-Gegenschussaufnahmen

→ S. 53 Kadrierung

Bei der Kadrierung einer Schuss-Gegenschuss-Situation muss auf die Beibehaltung räumlicher Gegenbenheiten geachtet werden. Eine Person, die sich im Handlungsraum rechts befindet, wird in den Nahaufnahmen, wenn sie allein zu sehen ist, immer eher am rechten Bildrand (mit Blick nach links) platziert sein, während die links positionierte Person auch in den Nahaufnahmen eher links im Bild erscheint (mit der Blickrichtung nach rechts, Abb. 1 a) und b), S. 171).

Abb. 1 a), b) Schuss- Gegenschuss

Ebenso wird eine Person, die sich im Handlungsraum erhöht befindet (oder einfach größer ist als ihr Gegenüber), in den Schuss-Gegenschuss-Aufnahmen oft leicht untersichtig gezeigt. Entsprechend werden kleinere Personen häufig leicht aufsichtig gezeigt. Auch hier unterstützen die Blickvektoren der Abgebildeten die jeweiligen Höhen- bzw. Größenverhältnisse.

→ S. 9 Linien

Eine Variante in der Kameraposition des SRS-Schemas ist der **Over Shoulder Shot**, bei dem das jeweilige Gegenüber so aufgenommen wird, dass der Gesprächspartner angeschnitten im Bildvordergrund zu sehen ist. Die Kamera schaut über die Schulter des Zuhörers auf den Sprecher (Abb. 2). Durch die Art der Kadrierung werden auch hier die räumlichen Positionen der Personen zueinander verdeutlicht. Die typischen Einstellungsgrößen liegen ebenfalls zwischen nah und amerikanisch (Abb. 3).

Over Shoulder Shot:
Die wörtlich übersetzte Bezeichnung „Über-Schulter-Einstellung“ ist weitaus weniger üblich als die englische.

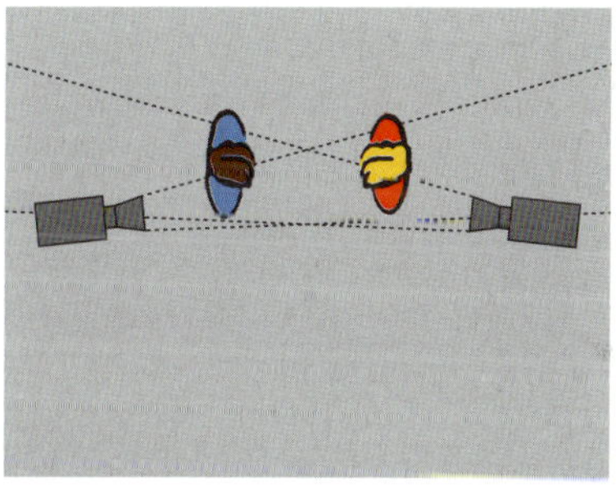

Abb. 2 Kamerapositionen beim Over Shoulder Shot

Abb. 3 a), b) Beispiel für Over Shoulder-Einstellungen

Beim Schnitt von Schuss-Gegenschuss-Aufnahmen können Over Shoulder-Einstellungen mit Aufnahmen ohne angeschnittenes Gegenüber kombiniert werden, also etwa Abb. 1 b) und 3 a). Voraussetzung ist natürlich, dass die Kontinuität gewahrt ist. Vor allem sollte der Zuschauer das Gefühl haben, dass sich die Blicke der Protagonisten treffen. In diesem Fall spricht man auch von **Eyeline Match**.

Eyeline Match

Anschlussfehler entstehen, wenn die Kontinuität in Bezug auf Gestik, Mimik, Make-Up und Garderobe der Darsteller nicht gewahrt wird und wenn sich räumliche Verhältnisse, Licht oder Requisite unvermittelt ändern.

Durch die Verwendung von Over Shoulder Shots wird die Gefahr von **Anschlussfehlern** enorm erhöht, wenn die angeschnittene Person mit ihrer Mimik im Bild zu erkennen ist. Dann muss darauf geachtet werden, dass der Gesichtsausdruck im Umschnitt gleich bleibt. Da bei vielen Produktionen die Einstellungen von Person A und Person B separat aufgenommen werden und erst im Schnitt kombiniert werden, entstehen hier leicht Sprünge in der mimischen Ausdrucksweise von Schauspielern. Dieses Phänomen ist sogar bei Großproduktionen relativ häufig. Wenn man diese Kontinuitätsfehler ausschließen will, sollte man den Anschnitt der Personen so wählen, dass der Gesichtsausdruck nicht zu erkennen ist.

Das SRS-Schema kann nicht beliebig lange andauern. Der ständige Wechsel zwischen Aufnahmen gleicher oder ähnlicher Größe wirkt nach einiger Zeit ermüdend und langweilig auf den Zuschauer. Wenn es die dramatische Situation erfordert, ein langes Gespräch zu zeigen, dann muss die optische Auflösung in Schuss-Gegenschuss-Einstellungen variiert werden. Üblicherweise nach ca. fünf bis sechs Schnitten wird deshalb eine Öffnung des filmischen Raumes durch einen **Rückschnitt** (englisch: **Cut Back**) nötig. Es handelt sich um einen Schnitt zurück von einer Position im SRS-Schema auf eine entferntere Einstellung. Hierbei kann die gleiche Position wie beim Cut In oder beim Master Shot eingenommen werden oder aber eine neue, an die Handlung angepasste offenere Einstellung gewählt werden (Abb. 1).

Rückschnitt: Cut Back

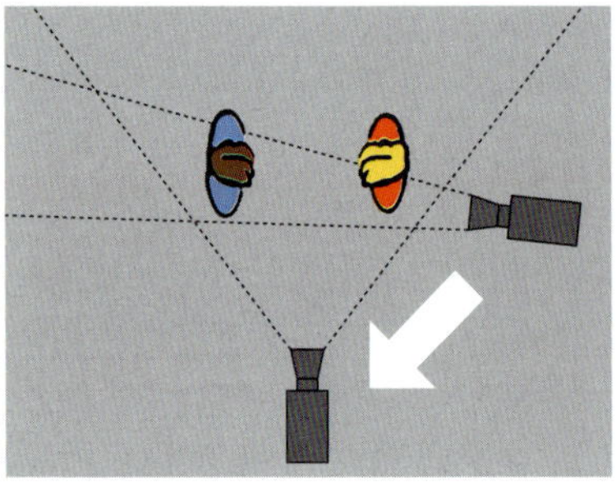

Abb. 1 Veränderung der Kameraposition beim Cut Back

Der Wechsel ist nicht nur geboten, um Monotonie bei der szenischen Auflösung zu vermeiden. Nach einiger Zeit braucht der Zuschauer auch einen erneuten Blick auf das räumliche Umfeld der handelnden Charaktere, um die Orientierung in der Szene zu behalten. Ein allzu langes Beharren auf engen Bildausschnitten erzeugt eine irritierende Situation. Im Lauf der Zeit entsteht ein zunehmend irrealer Eindruck der Darstellung. Der Rückschnitt „erdet" die Nahaufnahmen wieder, indem er die Umgebung für den Zuschauer präsent erhält.

> Ein **Cut Back** ist ein Rücksprung innerhalb einer Szene in eine offenere Einstellung. Der Cut Back bietet dem Zuschauer eine erneute Orientierung in der Szene.

Oftmals ist der Cut Back inhaltlich motiviert. Bei Positionsänderungen der handelnden Figuren muss man beim Schnitt mit einem Cut Back reagieren. Der Zuschauer sollte immer sehen, wenn sich die zu Anfang der Szene etablierte räumliche Situation ändert. Beschließt beispielsweise ein Paar nach einem Essen das Restaurant zu verlassen, dann wird die daraufhin folgende Bewegung durch eine entsprechend offenere Einstellung gezeigt (Abb. 1, S. 173).

Abb. 1 a), b) Beispiel für einen Rückschnitt

In der Regel wird bei der Inszenierung von langen Szenen darauf geachtet, dass Positionswechsel vorgenommen werden. In vielen szenischen Darstellungen sind die Bewegungen der Personen inhaltlich völlig sinnlos, sie dienen oft nur dazu, eine Abwechslung in eine ansonsten zu statisch wirkende Situation zu bringen.

Eine konventionelle Szene endet häufig mit einem Cut Back (oft in die Master Shot-Position). Damit wird ein deutlicher Abschluss signalisiert, inhaltlich wird dies nicht selten mit dem Verlassen des Handlungsraumes einer oder mehrerer Personen abgerundet.

Point of View Shots

Die Kamerapositionen sind beim SRS-Schema immer an die Positionsverhältnisse der Protagonisten angepasst. Sie imitieren allerdings nicht exakt deren Position und den Blick des jeweiligen Gesprächspartners, sondern nähern sich diesem nur an. Eine Einstellung, die tatsächlich den Blick eines Protagonisten nachahmt und genau das zeigt, was er gerade sieht, wird **Point of View Shot** genannt. Wenn man mit solchen Kamerapositionen bei einer Gesprächsszene arbeiten würde, dann müssten die Gesprächspartner jeweils direkt in die Kamera und damit in die Augen des Zuschauers blicken. Dadurch würde aber eine wichtige Voraussetzung des unsichtbaren Schnitts verletzt, nämlich die Illusion des Zuschauers, als unsichtbarer Beobachter das Geschehen zu verfolgen.

Vor allem in schriftlicher Form ist die Abkürzung **POV** üblich.

Trotzdem werden Point of View Shots in szenischen Darstellungen häufig verwendet, nämlich immer dann, wenn das Publikum das Erleben eines Charakters besonders intensiv teilen soll. Sie dienen also der **Identifikation** mit den Protagonisten. Beobachtet ein Protagonist das Geschehen um sich herum und sollen die Zuschauer seine Situation oder Erfahrung teilen, dann wird mit Point of View Shots gearbeitet.

→ S. 132 Charakterisierung

! Ein **Point of View Shot** ist eine kurze Einstellung aus einer subjektiven Perspektive.

Die Einstellungsfolge bei einem Point of View Shot sieht beispielsweise so aus:

Einstellung 1: Blick des Protagonisten auf ein Ereignis außerhalb des Bildrahmens (S. 174, Abb. 1 a).

Einstellung 2: Der Zuschauer sieht, was der Protagonist sieht (Abb. 1 b).
Einstellung 3: Der Protagonist reagiert auf das Gesehene (Abb. 1 c).

Abb. 1 a) – c) Abfolge bei einem Point of View Shot

Die Bilder stammen aus dem Film *Das Fenster zum Hof* (Rear Window, USA 1954, Alfred Hitchcock). Der Thriller gilt als Musterbeispiel für die Verwendung von Point of View Shots: Hitchcock erzählt den gesamten Film aus der Perspektive eines Mannes, der, an den Rollstuhl gefesselt, seine Umgebung permanent beobachtet und dabei einem Verbrechen auf die Spur kommt.

Der eigentliche Point of View Shot bei der Einstellungsfolge in Abbildung 1 ist die mittlere Einstellung. Um sie aber als POV zu interpretieren, muss ihr in jedem Fall die Einstellung A vorausgehen. Abgeschlossen wird die Einstellungsfolge üblicherweise noch mit einer Aufnahme, die eine Reaktion auf das Gesehene zeigt. Diese Einstellung wird auch als **Reaction Shot** bezeichnet. Erst durch diese Einstellung kann der Zuschauer die Identifikation mit dem Protagonisten aufbauen: Reagiert er so, wie man auch selber auf das Gesehene reagieren würde, dann ergibt sich eine identifikatorische Nähe. Der Protagonist steht dem Zuschauer nahe, weil man seine Erfahrungen teilen und verstehen kann. Damit ist der Zuschauer in das filmische Geschehen mit einbezogen.

Reaction Shot

! Die Einstellungsfolge bei einem **Point of View Shot** schafft Identifikation mit den dargestellten Personen.

Räumliche Orientierung: 180°-Regel

Die Kamerapositionen, die im Schnitt zu einer Szene zusammengefügt werden, müssen in ihrem Verhältnis zur aufgenommenen Handlung so platziert sein, dass die räumlichen Verhältnisse dem Zuschauer jederzeit klar sind. Hierbei sind zwei gedachte Linien am Set von besonderer Bedeutung: die **Kameraachse** und die **Handlungsachse** (Abb. 2, 3).

Die **Handlungsachse** wird auch optische Achse oder Bildachse genannt.

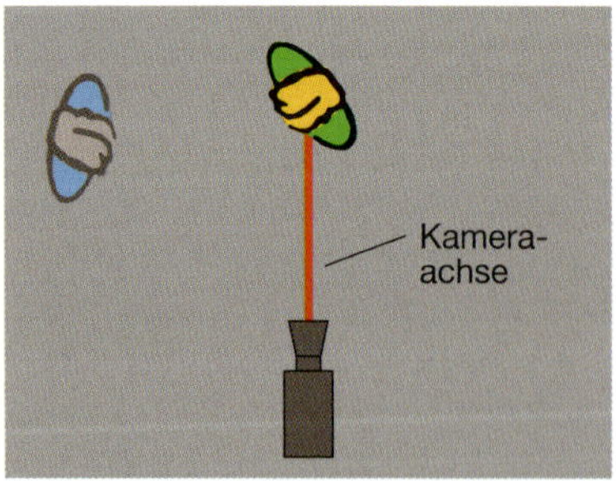

Abb. 2 Kameraachse

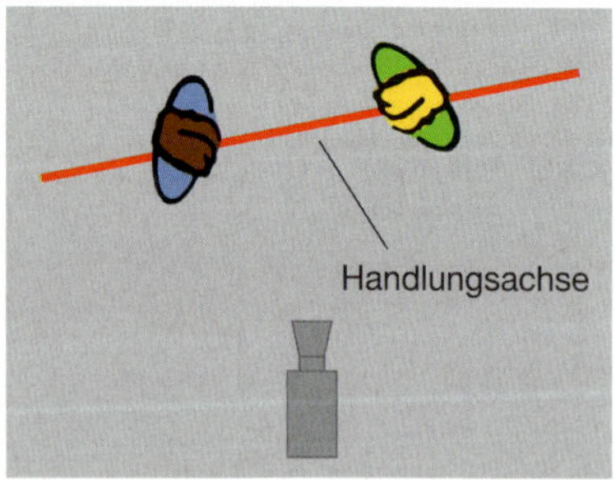

Abb. 3 Handlungsachse

Kameraachse und Handlungsachse

Unter **Kameraachse** versteht man die gedachte Linie zwischen der Kamera und der Handlung, die sie aufnimmt. Unter **Handlungsachse** versteht man die gedachte Linie zwischen den handelnden Personen.

Für das System der szenischen Auflösung ist es von Bedeutung, dass sich die Kamera immer auf der gleichen Seite der Handlungsachse befindet,

Achssprung (auch: Achsensprung)

da ansonsten die Personen im Bildraum von einer auf die andere Seite hin- und herspringen würden: Es entstünde ein **Achssprung**. Überspringt die Kamera die Handlungsachse (Abb. 1), so wird die rechts etablierte Person nach links rücken und umgekehrt. Die Bildseiten werden vertauscht und der Zuschauer verliert die Orientierung (Abb. 2 a) und b).

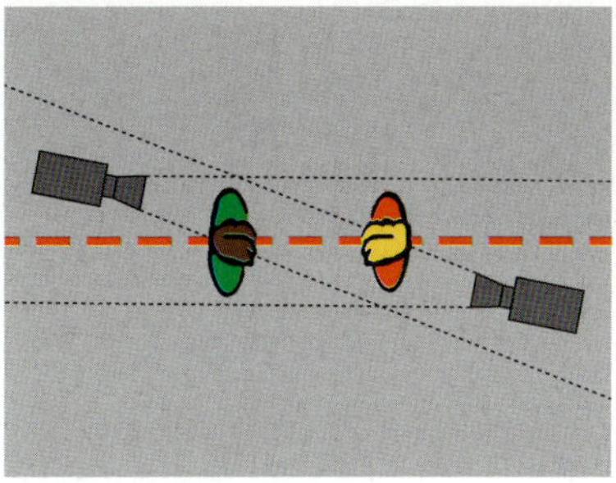

Abb. 1 Kamerapositionen, die einen Achssprung erzeugen

Abb. 2 a), b) Bilder, die einen Achssprung zeigen

Beim Schnitt ist darauf zu achten, dass die verwendeten Kamerapositionen die Handlungsachse im Bild nicht unvermittelt überspringen, ansonsten entsteht ein **Achssprung**.

180°-Schema oder 180°-Regel

Alle Bildkombinationen, die im Schnitt erstellt werden, müssen also aus Kamerapositionen kommen, die sich in einem Radius von 180° auf einer Seite der Handlungsachse befinden. Deshalb spricht man auch vom **180°-Schema** oder der **180°-Regel**.

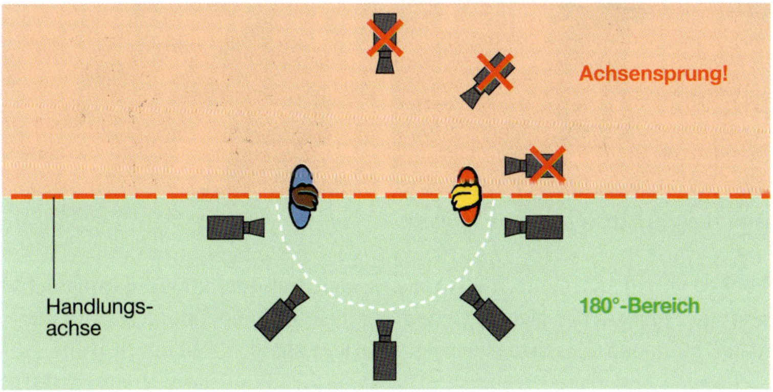

Abb. 3 Die typischen Kamerapositionen im 180°-Schema

Ein einfaches Beispiel, das die Bedeutung einer stabilen Handlungsachse unterstreicht, ist die Übertragung eines Fußballspiels. Der Fernsehzuschauer sieht das gesamte Spiel von einer Seite des Spielfeldes aus, alle Kameras sind in einem Radius von 180° auf das Spielfeld gerichtet. Nur so ist sichergestellt, dass jederzeit klar ist, welche Mannschaft auf welches Tor spielt. Wären auf beide Seiten des Spielfeldes Kameras platziert und würde die Bildregie diese Positionen beliebig abwechseln, könnte man dem Spiel nicht folgen. In den seltenen Fällen, wenn es tatsächlich nötig erscheint die Achse zu überspringen, wird dies zur Klärung für den Zuschauer als Einblendung („gegenüberliegende Seite" o. ä., engl.: Reverse Angle) mitgeteilt.

Unter **Multiperspektivität** versteht man die Möglichkeit des Films in kürzester Zeit unterschiedliche Ansichten eines Geschehens zu zeigen.

Natürlich funktioniert ein Film nicht wie ein Theaterstück, bei dem sich der Zuschauer fest auf einer Seite des Geschehens befindet und alles immer aus der gleichen Perspektive wahrnimmt. Ein Vorteil des Films besteht gerade in seiner **Multiperspektivität**. Die Kamera kann auch auf die andere Seite der Handlungsachse wechseln. Wichtig ist hierbei allerdings, dass dieser Positionswechsel dem Zuschauer verdeutlicht wird. Überfährt eine Kamera während der Aufnahme (im **On**) die unsichtbare 180°-Linie und blickt also von der anderen Seite auf das Geschehen, so wird dem Zuschauer der Positionswechsel keine Probleme bereiten. Die Orientierung bleibt erhalten. Wenn die Szene dann weiter durch Schnitte aufgelöst wird, muss die 180°-Regel wieder bei den neu etablierten Achsenverhältnisse beachtet werden.

Es gibt allerdings auch immer wieder Beispiele für Achssprünge, die bewusst aus dramaturgischen Gründen vorgenommen werden. In den Filmen des Regisseurs Stanley Kubrick beispielsweise suggerieren die Sprünge über die Achse, wie scheinbar eindeutig ablaufende Situationen kippen können und sich die Sachlage oder die vom Protagonisten wahrgenommene Realität schlagartig ändern. So wird die Schizophrenie des Protagonisten in *Shining* mehrfach durch krasse Sprünge über die Achse verdeutlicht.

Shining (USA 1979, Stanley Kubrick)

Abb. 1 a), b) Achssprung aus *Shining*

Ebenso wie die Kameraachse kann sich natürlich auch die Handlungsachse ändern. Hier gilt der gleiche Grundsatz: Die Verschiebung der Handlungsachse muss dem Zuschauer gezeigt werden. Häufig wird durch weite Einstellungen eingeleitet, wenn die Personen ihre Position im Raum ändern, z. B. durch einen Rücksprung von einer Nahen auf eine Halbtotale. Bei Gesprächen ist die Blickachse zwischen den Gesprächspartnern eine wichtige Orientierungslinie für den Zuschauer. Schon eine Veränderung des Blickvektors in einer Nahaufnahme kann genügen, um die Veränderung der Handlungsachse zu veranschaulichen.

Die Verschiebung von Kameraachse oder Handlungsachse muss dem Zuschauer im Bild gezeigt werden, um räumliche Desorientierung zu vermeiden.

In Abbildung 1 ist ein Gespräch zwischen drei Personen mit den entsprechenden Kamerapositionen skizziert. Wenn sich die Gesprächssituation innerhalb der Szene nun ändert, und sich entsprechend der Blickvektor von Person B von C nach A verlagert (vgl. Einstellungen 3 a und 3 b), dann ist damit bereits eine **neue Handlungsachse** etabliert. Folglich sind andere Kamerapositionen notwendig und möglich als zuvor. Die Einstellungen 5 und 6 wären bei dem Gespräch zu dritt (obere Skizze) nicht möglich gewesen. Schon eine minimale Augen- oder Körperbewegung kann also ausreichen, um neue Achsenverhältnisse zu etablieren.

Die Bilder in der Skizze stammen aus dem Film *Desert Fury* (USA 1947, Lewis Allen). Der eigentlich unbedeutende Trivialfilm gilt als Paradebeispiel für eine typische Studioproduktion. Filme dieser Art haben die Regeln der szenischen Auflösung durch ihre immer gleiche Schnittfolge bis heute als Standard etabliert.

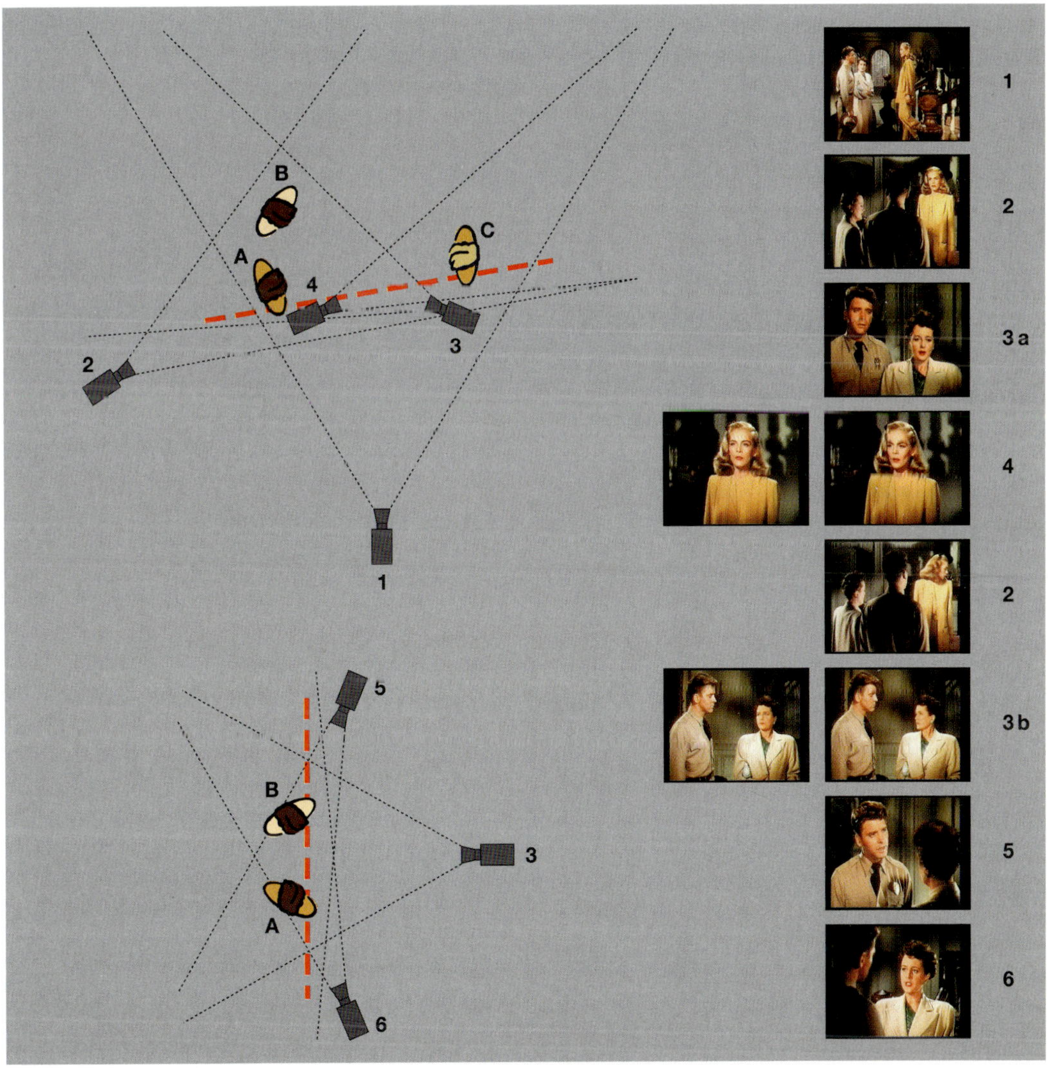

Abb. 1 Veränderte Handlungsachsen und daraus resultierende mögliche Kamerapositionen

30°-Regel

Bei der szenischen Montage muss man darauf achten, dass Schnitte jeweils zu einer neuen Ansicht der Situation führen. Bei einem Wechsel der Kameraposition von Over Shoulder zu einer Position im SRS-Verfahren ist dies nicht der Fall (Abb. 1). Der Schnitt von 2 a) zu 2 b) würde lediglich zu einer geringfügig anderen Ansicht des Sprechers führen, es entsteht ein irritierender Bildeindruck. Der Bildinhalt springt, die Position von Kopf- und Schulterpartie wird im Bildrahmen nur geringfügig versetzt. Dieses Phänomen wird auch **Konturensprung** genannt.

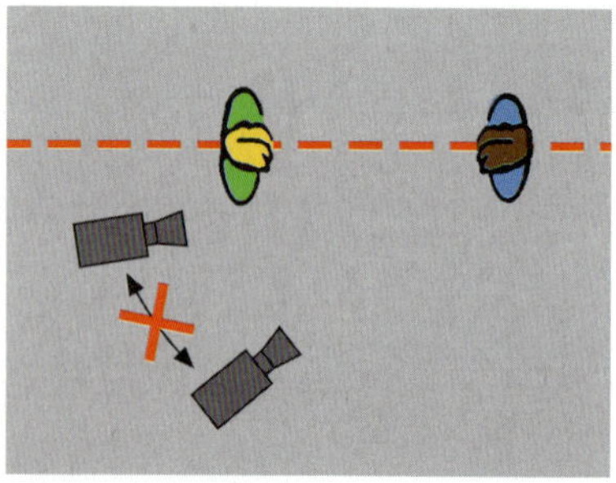

Abb. 1 Kamerapositionen, die nicht hintereinander geschnitten werden sollten

Konturensprung

Abb. 2 a), b) Konturensprung

30°-Regel

Das Verbot, innerhalb des Continuity Systems diesen Schnitt einzusetzen, wird auch **30°-Regel** genannt. Sie besagt allgemein, dass Einstellungen, die in ihrem Verhältnis zur Handlungsachse weniger als 30° auseinanderliegen, im Schnitt nicht kombiniert werden sollten.

Besonders deutlich erscheint der Bildwechsel als verwirrender Sprung in der Szene, wenn die gleiche Einstellungsgröße verwendet wird. Je weiter sich die Einstellungsgrößen allerdings voneinander unterscheiden, desto weniger fällt der Sprung noch auf. Die 30°-Regel bezieht sich also vor allem auf die Kombination von Einstellungen gleicher oder ähnlicher Größe.

! Kameraachsen müssen sich um mehr als 30° voneinander unterscheiden, wenn die entstehenden Bilder im Schnitt miteinander kombiniert werden sollen.

Die folgende Abbildung zeigt am Beispiel einer Vortragssituation zusammenfassend, wie die typischen Kamerapositionen des 180°-Schemas optimal verteilt sind. Die entstehenden Einstellungen können im Schnitt unter Beachtung aller Regeln der räumlichen Kontinuität kombiniert werden.

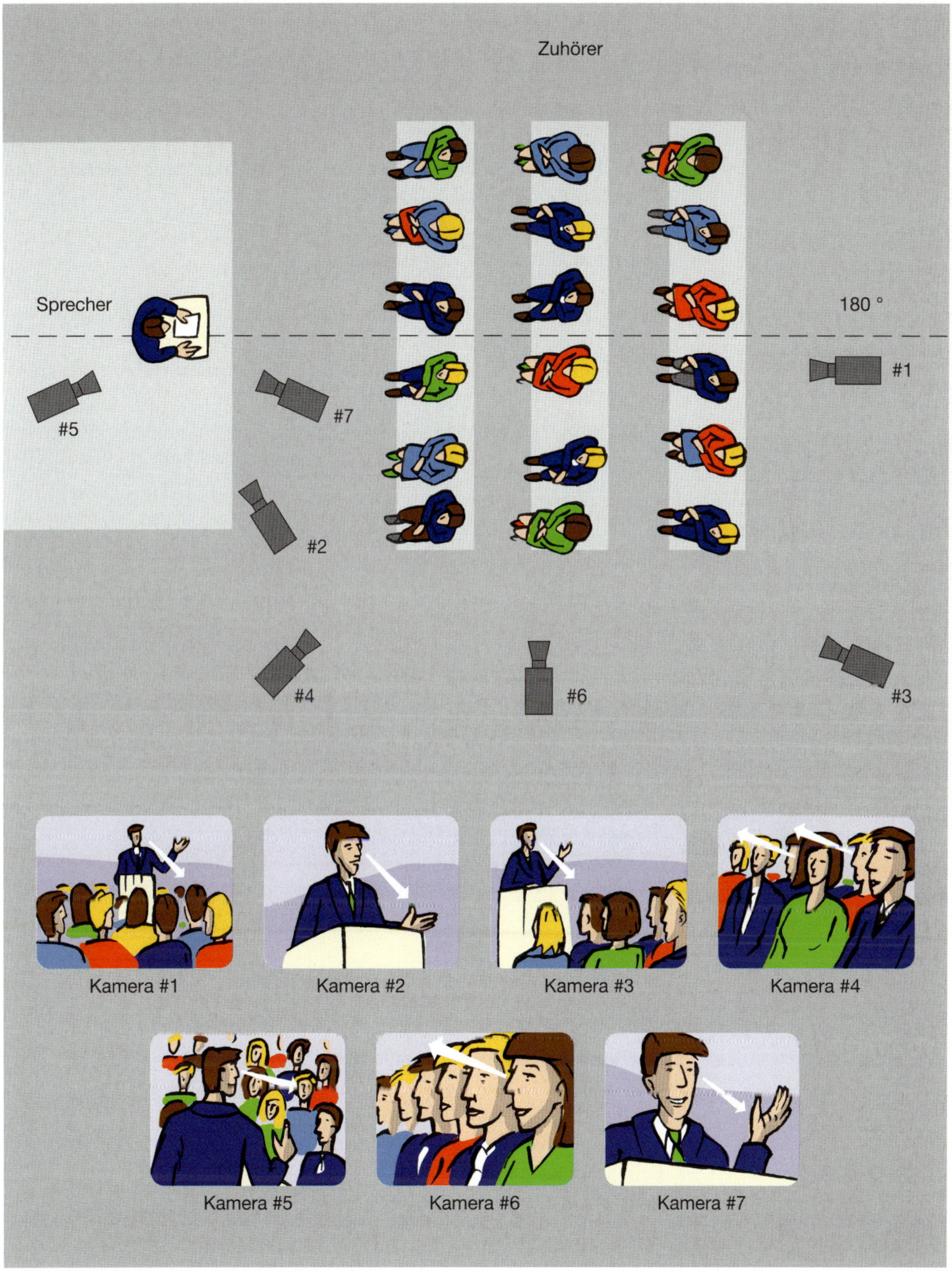

Abb. 1 Beispiel für Positionierung der Kameras und entsprechende Einstellungen bei einer Vortragssituation

7.1.2 Montagesequenzen

Inhaltlich zusammenhängende Darstellungen, die nicht wie eine Szene die Einheit von Zeit und Ort wahren, nennt man **Sequenzen**. Sehr häufig müs-

→ S. 150 Sequenzen

sen Sachverhalte gezeigt werden, bei denen eine Einheit von Zeit und Raum nicht eingehalten oder beachtet werden kann. In schneller Abfolge werden dann Bilder und Töne montiert, die einen größeren Zusammenhang oder ein Thema darstellen. Man spricht hier auch von **Montagesequenzen**.

Generell kann unterschieden werden zwischen **zusammenfassenden und beschreibenden Montagesequenzen**.

Zusammenfassende Montagesequenzen

Elliptisches Erzählen

Wenn Ereignisse geschildert werden, die länger dauern als es filmisch möglich oder sinnvoll wäre, dann muss die erzählte Zeit gerafft werden. Man spricht in diesem Fall auch von **elliptischem Erzählen**. Es werden Ereignisse geschildert, die über einen längeren Zeitraum stattgefunden haben, als sie gezeigt werden. Dabei wird notwendigerweise erzählerisch tote Zeit weggelassen, d. h. alles, was nicht zum Fortgang und zum Verständnis der dargestellten Handlung beiträgt, wird auch nicht gezeigt. Solche Auslassungen (**Ellipsen**) sind dramaturgisch notwendig, denn sie raffen uninteressante Aspekte der Handlung und halten dadurch die Spannung und das Erzähltempo hoch. Ellipsen können sehr unterschiedlich ausfallen: einzelne Vorgänge können nur um wenige Sekunden, kaum merklich verkürzt werden, ebenso können lange Zeiträume (Jahre, Jahrhunderte) durch einen Schnitt überbrückt werden.

Ein typisches Beispiel für eine elliptische Darstellung ist eine Reise: Ein Zeitraum von mehreren Stunden, Tagen oder Wochen muss stark komprimiert, oft in nur wenigen Sekunden, gezeigt werden. Der Zuschauer sollte stets in der Lage sein, sich die ausgelassenen Vorgänge oder Zeiträume aus dem angebotenen Bildmaterial zu erschließen.

! Wenn die für das Verständnis der Handlung unnötigen Sachverhalte ausgelassen werden, spricht man von **elliptischem Erzählen**.

Ein einfaches Beispiel für eine solche **zusammenfassende Montagesequenz** ist folgende Einstellungsfolge:

Einstellung 1: Totale. Eine Straße in einer Großstadt wird gezeigt.
Einstellung 2: Halbtotale. Ein Auto hält vor einem Bürogebäude. Der Fahrer steigt aus und geht in Richtung Eingang.
Einstellung 3: Halbtotale innen. Der Mann geht zum Aufzug und drückt auf einen Knopf.
Einstellung 4: Halbnah. Die Tür geht auf, er betritt den Aufzug.
Einstellung 5: Halbtotale. Die Tür öffnet sich im 15. Stock. Der Mann verlässt den Aufzug und betritt ein Großraumbüro.

Im Ablauf dieser fünf Einstellungen, die zusammen nicht länger als vielleicht fünfzehn Sekunden filmischer Zeit in Anspruch nehmen müssen, bietet bei jedem Einstellungswechsel Gelegenheit, den tatsächlichen Vorgang, der mehrere Minuten in Anspruch nehmen würde, zu raffen. Zwischen der zweiten und dritten Einstellung spielt es keine Rolle, wie lange der Protagonist tatsächlich gebraucht hätte, um von seinem Wagen in das Gebäude zu gelangen. Der Umschnitt von außen nach innen stellt hier eine Kontinuität der Bewegung und der Handlung her, bei der die Realzeit keine Rolle spielt. Der Zuschauer versteht die Verbindung der beiden Einstellungen problemlos.

Auch der Übergang von Einstellung 3 zu Einstellung 4 verlangt geradezu die Raffung der Handlung. Wenn nicht gerade durch das Warten auf den Aufzug die Ungeduld des Protagonisten besonders betont werden soll, sondern nur der Weg nach oben kurz vermittelt werden soll, dann ist die Ellipse nach dem Ransprung auf die Halbnahe notwendig, um den Fluss der Erzählung nicht sinnlos aufzuhalten.

Der letzte Übergang, von Einstellung 4 nach 5, verdeutlicht nochmals die Notwendigkeit des elliptischen Erzählens: Sofern sich im Aufzug nichts Relevantes für den Fortgang der Handlung abspielt oder die Gelegenheit genutzt werden soll, die Nervosität des Protagonisten vor einem wichtigen Termin herauszustellen, wäre es für den Erzählrhythmus des Films äußerst störend, dem Zuschauer die Aufzugsfahrt über 15 Stockwerke hinweg zu zeigen.

! **Zusammenfassende Montagesequenzen** raffen die erzählten Vorgänge, indem sie für die Handlung unnötige Informationen weglassen.

Dieses Beispiel zur elliptischen Montage rafft nur relativ wenig erzählte Zeit zu einer Sequenz zusammen. Montagesequenzen werden jedoch auch oft dazu eingesetzt, komplexere Vorgänge darzustellen, die sich über einen langen Zeitraum erstrecken. Alle Handlungen, die sich über einen Zeitverlauf vollziehen, der nicht mehr in Echtzeit darzustellen ist, fallen darunter. Typisch sind Sequenzen in Sportlerfilmen, die das Training der Protagonisten zum Inhalt haben (beispielsweise in allen Teilen der *Rocky*-Saga): Von den mühsamen Anfängen über Bilder von ersten Erfolgen und gelegentlichen Rückschlägen wird der Weg bis zur Wettkampfkondition geschildert.

Rocky (USA 1976, John G. Avildsen); weitere Teile folgten 1978, 1982, 1985 und 1990.

→ S. 199 Beispielanalyse

Solche Montagesequenzen sind durch eine Reihe typischer Elemente geprägt:

- **Indizes für das Vergehen von Zeit**: Bilder, die den Zeitverlauf unterstreichen, werden in den Sequenzen wiederholt eingeschnitten. Ganz traditionell und klischeehaft sind dies Kalenderblätter oder Uhren. Auch rotierende Zeitungen, deren Schlagzeilen den Fortlauf der Erzählung kommentieren sind altbekannte Motive, die heute allerdings nur noch als Zitat traditioneller Filmsprache zu verstehen sind.
- **Prinzip des Typischen oder Eindeutigen**: Da der Zuschauer bei der Sequenz nur wenige Sekunden Zeit hat, um den Handlungsverlauf zu erfassen, wird mit klaren Bildinformationen, oft auch mit Klischees gearbeitet. Unübersichtliche Bilder würden den Rezeptionsfluss stören.
- **Prinzip von Wiederholung und Variation einzelner Motive und Situationen**: Am Beispiel der Trainingssequenz könnte das morgendliche Aufstehen mehrfach wiederholt werden. Anhand der Reaktionen des Sportlers auf seinen schrillenden Wecker kann der Fortgang des Trainings verdeutlicht werden: 1. Weckerklingeln, müder Sportler quält sich aus dem Bett. 2. Weckerklingeln, Sportler kommt schneller auf

die Beine. 3. Weckerklingeln, Sportler springt aus dem Bett. 4. Weckerklingeln, Sportler ist schon vorher wach… Der erfolgreiche Verlauf des Trainings und die steigende Motivation werden so verdeutlicht.

- **Verknappung von Handlungen innerhalb der Sequenz**: Im Verlauf der Montagesequenz können die einzelnen Motive immer stärker verkürzt dargestellt werden. Bilder bekommen durch ihren wiederholten Einsatz bei der Montage eine Signalwirkung und können immer kürzer eingeschnitten werden. Soll in der Trainingssequenz gezeigt werden, dass der Sportler ein ihm unangenehmes Proteingetränk zu sich nehmen soll, so wird der Widerwillen anfangs noch deutlich ausgespielt und entsprechend lange gezeigt. Will man weiterhin betonen, dass er sich beim Trinken immer wieder überwinden muss, dann reicht es, die nächsten Einstellungen dieser Situation immer kürzer einzuschneiden. Ein komischer Effekt wäre es, gegen Ende der Sequenz die entsprechenden Einstellungen stakkatoartig mit nur wenigen Frames einzuschneiden.

Pars pro toto: Darstellungsweise, bei der ein Teil (bildliches Detail) für das größere Ganze steht.

- **Darstellungsprinzip Pars pro toto**: Dadurch, dass bei Montagesequenzen Bilder häufig eine starke Signalwirkung bekommen, wird auch häufig mit dem Darstellungsprinzip gearbeitet, dass Detailaufnahmen symbolhaft für ganze Situationen stehen. Für eine Trainingssequenz könnte etwa eine Großaufnahme der Trainingsschuhe dazu dienen, den Verlauf des Zeitraums von einem Jahr zu signalisieren: Anfangs sind die Schuhe neu und sauber, in weiteren Einstellungen werden sie zunehmend verdreckter und abgetragener, mal hängt Laub daran, mal Schneereste, mal Staub.
- **Blende als konventionelle Einstellungsverbindung**: Bei zusammenfassenden Montagesequenzen werden häufig weiche Blenden eingesetzt, da sie Raum- und Zeitsprünge signalisieren. In der Praxis sind jedoch harte Schnitte mindestens genauso üblich, da die klassische Blende (Überblendung) als veraltetes Stilmittel gilt. Oft wird die Blende eher als Zitat eingesetzt, etwa in den *Indiana Jones*-Filmen, die sich damit auf klassische Abenteuerfilme der dreißiger Jahre beziehen.
- **Akustische Klammer**: Die Zusammengehörigkeit der Montagesequenzen wird fast immer auch durch eine akustische Klammer signalisiert. Entweder betont eine linear durchlaufende Musik die erzählerische Einheit der Sequenz oder ein Off-Erzähler kommentiert das Geschehen im Bild.

→ S. 107 Erzähltechnische Funktionen von Musik

Entscheidung in der Sierra (High Sierra, USA 1940, Raoul Walsh)

Die folgenden Abbildungen (S 183, Abb. 1) stammen aus dem Film *Entscheidung in der Sierra*. Sie zeigen Einstellungen und Einstellungsübergänge aus einer typischen zusammenfassenden Montagesequenz. Geschildert wird, wie die Hauptfigur des Films sich im Wagen auf der Flucht vor der Polizei befindet. Innerhalb der knapp zweiminütigen Sequenz wird gezeigt, wie die Polizei durch Absperrungen die Bewegungsfreiheit des Flüchtenden immer weiter einschränkt, bis er schließlich in der Falle sitzt. Dabei wird mit wiederkehrenden Motiven gearbeitet, wie dem Blick auf die Landkarte in der Einsatzzentrale: die Markierungen auf der Karte lassen schnell erkennen, wie der Ring der Kontrollpositionen sich immer weiter um den Verfolgten schließt. Ein weiteres Motiv ist die Kommunikation zwischen den verschiedenen Polizeirevieren: Hier werden hektische Telefonate und geschäftig arbeitende Telefonzentralen gezeigt. Immer wieder ist auch der Flüchtige (Humphrey Bogart) in seinem Wagen zu sehen.

Die Einstellungen der Montagesequenz sind durch Blenden miteinander verbunden. Außerdem werden die Bilder von einer musikalischen Klammer zusammengehalten. In weniger als zwei Minuten wird hier sehr effektiv eine mehrstündige Polizeiaktion dargestellt.

Abb. 1 a) – i) Beispiel für eine zusammenfassende Montage: Die Fahndungssequenz in *High Sierra*

Beschreibende Montagesequenzen

Montagesequenzen, die eine allgemeine Stimmung oder Situation darstellen, ohne eine konkrete Handlung voranzutreiben, nennt man **beschreibende Montagesequenzen**. Hier spielt der Faktor Zeit oft eine untergeordnete Rolle, die Bilder der Sequenz werden bezogen auf ein **Motiv** oder nach einem **Thema** zusammengestellt. Dabei ergibt sich häufig eine Montage, die Impressionen bzw. allgemeine Ansichten in den Vordergrund hebt.

Eine beschreibende Montagesequenz zum Thema „Ein Tag am Strand“ beispielsweise würde unterschiedliche Ansichten und typische Situationen vom Strandleben aneinander reihen und damit ein facettenreiches Gesamtbild erzeugen. Zu sehen wären etwa: Sonnenanbeter, Kinder, die Sandburgen bauen, eine Warteschlange vor dem Eisstand, ein Rettungsschwimmer auf seinem Hochsitz, Jugendliche beim Beach Volleyball usw. Insgesamt ergibt sich durch die Aneinanderreihung von Ansichten eine Sequenz, die in diesem Fall eine leichte Urlaubsstimmung erzeugt und die beispielsweise die Vorteile eines Ferienortes in einem Reisemagazin deutlich machen will.

Beschreibende Montagen werden etablierend eingesetzt, wenn eine allgemeine Situation, ein Ort oder ein Gebäude vorgestellt werden sollen.

Bei **beschreibenden Montagesequenzen** steht ein Thema, nicht eine konkrete Handlung im Vordergrund.

Einige Gestaltungsaspekte der zusammenfassenden Montage sind auch hier charakteristisch:

- Die Bilder werden nach dem Charakter des Typischen und Eindeutigen ausgewählt.
- Die einzelnen Einstellungen werden durch eine musikalische Klammer miteinander verbunden und als zusammengehörig gekennzeichnet.
- Konventionelle Einstellungskonjunktion ist die Blende. Sie wird auch heute noch häufig bei ruhigen Sequenzen eingesetzt (Vorstellung einer ländlichen Idylle, Rundgang durch eine kunstgewerbliche Ausstellung oder Ähnliches). In anderen Fällen sind allerdings harte Schnitte angemessener, etwa bei schnell geschnittenen Sequenzen, die einen Trendsport vorstellen. Hier könnten ebenso Effektblenden zum Einsatz kommen oder es kann mit auffälligen Jump Cuts oder Match Cuts gearbeitet werden. Je nach Schnittfrequenz und Effektdichte haben solche Montagesequenzen dann den Charakter einer Clipmontage.

→ S. 192 Aspekte der Clipmontage

Die Bilder einer beschreibenden Montagesequenz sollten nicht willkürlich, sondern **strukturiert** miteinander kombiniert werden. Es ist ein häufiger Irrtum, dass bei solchen Sequenzen das Material einfach beliebig hintereinander geschnitten wird. Gerade, wenn keine äußere Handlung die Ordnung der Montage bestimmt, ist der Gestaltungswille des Cutters gefragt, eine nachvollziehbare Ordnung in das Material zu bringen. Ein Ordnungs- bzw. Gestaltungsprinzip sollte in jedem Fall erkennbar sein.

Bei beschreibenden Montagesequenzen muss ein **Ordnungsprinzip** deutlich werden, nach dem die Einstellungen zusammengestellt sind.

Für das Beispiel der Strand-Impressionen besteht also die Aufgabe darin, die Ansichten vom bunten Treiben am Strand zu strukturieren. Das kann nach den verschiedensten Kriterien geschehen:

- Man kann sich am **zeitlichen Ablauf** orientieren, indem man grob einen Tagesablauf schildert: Anfangs wird das Ausbreiten der Handtücher gezeigt, am Ende sieht man die letzten Besucher zusammenpacken.
- Man kann das Material nach **Themen** ordnen: z. B. Essen, Schlafen, Spiele im Wasser.
- Man kann **Gegensätze** in den Bildmotiven herausarbeiten: Alt und Jung, Dick und Dünn, Faul und Aktiv usw.

7.1.3 Parallelmontage

Sowohl bei erzählenden als auch bei dokumentierenden Programmformen kommt es vor, dass nicht ein Sachverhalt allein geschildert wird, sondern, dass mehrere gleichzeitig ablaufende Vorgänge verdeutlicht werden müssen. Wenn solche simultanen Vorgänge durch die Montage gestaltet werden sollen, dann geschieht dies mit Hilfe einer **Parallelmontage**: Abwechselnd werden Einstellungen aus zwei oder mehreren Handlungssträngen gezeigt.

Um die Gleichzeitigkeit dieser Ereignisse filmisch nachvollziehbar zu machen, wird die Technik des **Cross Cutting** verwendet. Abwechselnd werden Einstellungen aus Handlungsstrang A und Handlungsstrang B gezeigt. Durch den ständigen Wechsel wird dem Zuschauer das Verhältnis zwischen den beiden Situationen verdeutlicht.

Cross Cutting

Cross Cutting ist eine Schnitttechnik, bei der Einstellungen aus zwei oder mehr Handlungssträngen abwechselnd gezeigt werden.

Seltener wird für **Cross Cutting** der deutsche Begriff **Kreuzschnitt** verwendet.

Eine einfache Parallelmontage mit zwei Handlungssträngen kann beispielsweise schildern, dass ein Angestellter sich morgens sehr beeilen muss, um die Bahn zur Arbeitsstelle noch zu erwischen. Er kommt in letzter Sekunde am Bahnhof an. Der zweite Handlungsstrang zeigt die langsame Einfahrt der Bahn in ihr Gleis. Durch einen ständigen Wechsel zwischen Einstellungen von dem sich hetzenden Protagonisten und der sich langsam nähernden Bahn kann eine Spannung aufgebaut werden: Wird er die Bahn noch erreichen?

Fast immer laufen die Handlungsstränge am Ende der Parallelmontage in einer Situation zusammen. Bezogen auf das Beispiel: Der Angestellte erwischt die Bahn in letzter Sekunde und er steigt noch eben durch die sich schließende Tür ein. Oder er verpasst sie knapp und flucht der wegfahrenden Bahn hinterher. In beiden Fällen haben sich die beiden Handlungsstränge in einem Höhepunkt, auf den sie zugelaufen sind, getroffen und sind zu einem positiven oder negativen Ende gekommen.

Abb. 1 a) – f) Parallelmontage

Bei einer **Parallelmontage** werden zwei oder mehr gleichzeitig ablaufende Handlungsstränge durch Cross Cutting miteinander verbunden.

Eine Parallelmontage dient meist der Spannungssteigerung. Durch die Verknüpfung von zwei Situationen durch den Faktor Zeit wird der Zuschauer sehr eng an die Handlung gefesselt. Er kann an zwei oder mehr Handlungsorten gleichzeitig sein, deshalb hat er häufig einen Informationsvorsprung vor den dargestellten Figuren. Auch dadurch wird Spannung erzeugt.

→ S. 131 Spannung

Seltener findet sich auch die Bezeichnung **Simultanmontage.**

In der Fachliteratur wird gelegentlich unterschieden zwischen „Parallelmontage" und „parallelisierender Montage". Es ist dabei allerdings nicht immer deutlich, welcher Begriff nun die Zeitgleichheit (Simultanität) und welcher die Ähnlichkeit beschreibt, hier widersprechen sich die Autoren. In der Praxis wird diese begriffliche Unterscheidung kaum getroffen, deshalb soll hier ausschließlich der allgemein gebräuchlichere Begriff „Parallelmontage" verwendet werden.

Folgende typische Gestaltungsmuster haben sich herausgebildet, mit denen die Wirkung der Parallelmontage noch effektiver wird:

- Die **Schnittfrequenz** steigert sich im Verlauf der Sequenz: Die Einstellungen stehen am Anfang der Montage relativ lange und verkürzen sich gegen Ende immer mehr. Durch das anziehende Tempo wird die zeitliche Bedrängnis und der nahende Höhepunkt im Schnittrhythmus umgesetzt.
- Mit dem gesteigerten Tempo geht oft eine **Verengung der Einstellungsgrößen** einher. Sind am Anfang der Sequenz z. B. Halbtotalen des hetzenden Protagonisten und der Bahn zu sehen, können später Nah- oder Detailaufnahmen von laufenden Füssen und von bremsenden Rädern auf Schienen eingeschnitten werden.
- Passend dazu betonen **Match Cuts** Ähnlichkeiten oder inhaltliche Parallelen. Beispiel: Die Bahn hält an einem Signal bevor sie anfährt, der Protagonist muss an einer roten Fußgängerampel warten usw.
- Häufig finden sich **unterschiedliche Rhythmen** in den Handlungssträngen. Wenn sich der Protagonist abmüht, die Bahn noch rechtzeitig zu erreichen und wenn gleichzeitig die langsam (aber unaufhaltbar) fahrende Bahn gezeigt wird, dann entsteht ein reizvoller Gegensatz hinsichtlich des Tempos der beiden Handlungsstränge.
- Auf der Tonspur werden zunächst unterschiedliche musikalische Motive allmählich zusammengeführt, es entsteht eine **akustische Klammer**.

Rocky IV – Der Kampf des Jahrhunderts (Rocky IV, USA 1985, Sylvester Stallone)

→ S. 199 Filmanalyse

Üblicherweise wird durch die Parallelmontage eine Gleichzeitigkeit suggeriert, durch Cross Cutting können aber auch Ähnlichkeiten zwischen zwei Handlungssträngen betont werden. Dann spielt der Faktor Zeit keine Rolle, sondern es geht um den filmischen Vergleich von Vorgängen oder Situationen, die durch eine abwechselnd gezeigte Gegenüberstellung verdeutlicht werden sollen. Ein Beispiel hierfür sind die parallel montierten Trainingssequenzen aus *Rocky IV*, die auf sehr polemische Art und Weise das Training des guten, aufrichtigen amerikanischen Helden gegen seinen sowjetischen Widersacher setzen.

7.2 Assoziative Montageformen

Bei einer Bildfolge beeinflusst eine Einstellung immer die nachfolgende. Ein einfaches Beispiel ist der Point of View Shot. Die Nah-Einstellung einer Person, die aus dem Bildraum schaut, wird kombiniert mit einer beliebigen zweiten Einstellung. Der Zuschauer wird aus dieser Einstellungsfolge immer folgern, dass es eine Beziehung zwischen den Aufnahmen gibt, in diesem Fall: Die Person schaut etwas an. Was die gezeigte Person wahrnimmt, liegt in der Hand des Cutters. Ein und dieselbe Blickeinstellung kann in unterschiedlichsten Kombinationen auftauchen.

Abb. 1 a) – c) Point of View Shot: Variante 1

Abb. 2 a) – c) Point of View Shot: Variante 2

Schon an diesem kleinen Beispiel wird die enorme Bedeutung der Montage klar. Im ersten Fall sieht der Mann den Hund und lächelt. Die Schlussfolgerung für den Zuschauer heißt hier: er freut sich über den treuen Gefährten. Im zweiten Fall wird die mittlere Einstellung ersetzt durch eine Flasche Bier. Schlussfolgerung: Er freut sich auf einen kühlen Schluck! Beim Schnitt entscheidet sich erst, wie die einzelnen Einstellungen (a) und c) zu verstehen sind. Sie sind lediglich das Ausgangsmaterial, mit dem eine Aussage erst im Schnitt formuliert wird.

Ein weniger harmloses Beispiel verdeutlicht die Macht der Montage durch die Veränderung der Reihenfolge von Bildern. Ursache und Wirkung können durch den Schnitt spielend leicht verändert werden. Zeigt man im Rahmen einer aktuellen Berichterstattung über eine gewalttätige Demonstration zunächst einen Polizisten beim Schlagstock-Einsatz gegen Demonstranten und in der nächsten Einstellung Steine werfenden Demonstranten, dann scheint diese Bildfolge Ursache und Wirkung zu beschreiben. Die Frage „Wer hat angefangen?“ kann durch schlichtes Vertauschen der Reihenfolge aber auch ganz anders beantwortet werden. Werden zuerst die gewalttätigen Demonstranten gezeigt, dann wird dem Zuschauer suggeriert, dass die Polizisten auf deren Aktionen reagieren und sich verteidigen.

Abb. 3 a), b) Ursache und Wirkung: Variante 1

Abb. 1 a), b) Ursache und Wirkung: Variante 2

7.2.1 Der Kuleschow-Effekt

Lew Kuleschow (1899-1970): russischer Regisseur und Filmwissenschaftler

Das berühmteste Experiment der Filmgeschichte befasst sich mit den Manipulationsmöglichkeiten der Montage. Lew Kuleschow, der Leiter der weltweit ersten Filmhochschule, kombinierte in seinem Experiment die Aufnahme eines neutral blickenden Mannes mit je unterschiedlichen weiteren Einstellungen, die ursprünglich in keiner Verbindung zu dem abgebildeten Mann standen. Die Einstellungen zeigten einen Teller Suppe, eine nackte Frau und einen Sarg. Die Zuschauer, denen diese Einstellungsfolgen dann vorgeführt wurden, glaubten einmal im Gesicht des Schauspielers Hunger, einmal Begierde und einmal Trauer als Ausdruck zu entdecken. Die Zuschauer projizierten also eine Aussage in den Gesichtsausdruck hinein, die nachweislich bei der Aufnahme nicht vorhanden war. Der **Kuleschow-Effekt** bezeichnet diese Kraft der Montage, durch Kombination unterschiedlicher Bilder eine neue Bedeutung zu schaffen.

Kuleschow-Effekt: Die Bedeutung der einzelnen Aufnahmen entsteht erst im Kontext mit anderen Aufnahmen.

Director's Cut: Alternative Schnittfassungen, vor allem von großen Produktionen, belegen die Wichtigkeit der Endkontrolle bei der Montage. Nachdem ein Regisseur selbst eine gewisse Machtposition in der Filmindustrie erreicht hat, kann er einen älteren Film so schneiden, wie er sich ihn ursprünglich gedacht hat, wozu ihm aber aus oft kommerziellen Erwägungen vom Produzenten zunächst keine Gelegenheit gegeben wurde.

Nach Kuleschows Experiment kommt es also nicht so sehr auf die Leistung und Ausdruckskraft des Schauspielers an, als vielmehr auf den Zusammenhang, in dem die Bilder des Darstellers zu sehen sind.

Montage ist die Manipulation von Bedeutung.

Der Kuleschow-Effekt macht deutlich, wie entscheidend die Montage für die Aussage eines Films ist. Bei großen Produktionen gilt deshalb das Recht auf den **Final Cut** als eine entscheidende Position. Derjenige, der bis zum Ende der Produktion die Kontrolle über den Schnitt hat, bestimmt letztlich die Aussage des Werks. In der Regel liegt diese Macht eher beim Produzenten (dem Geldgeber) als beim Regisseur.

7.2.2 Die Rolle des Zuschauers

Die hier geschilderten Beispiele und der Kuleschow-Effekt verdeutlichen die Rezeptionshaltung des Publikums: Im Film nimmt der Zuschauer aufeinander folgende Bilder als zusammengehörig wahr. Die Kombination mehrerer Einstellungen veranlasst den Zuschauer gewissermaßen automatisch nach dem Zusammenhang oder der Bedeutung in einer Bildfolge zu suchen. Es fällt regelrecht schwer, zwei aufeinander folgende Bilder nicht in Beziehung zueinander zu setzen.

> **!** Der Zuschauer nimmt aufeinander folgende Bilder als zusammengehörig wahr.

Die erzählende Montage kann sich auf diesen Mechanismus verlassen, z. B. in der Folge von Establishing Shot und Master Shot: Jeder Zuschauer wird die Innenansicht eines Hauses mit der zuvor gezeigten Außenansicht eines Gebäudes in Verbindung setzen und es als das gleiche Haus verstehen. Eine räumliche und zeitliche Kontinuität wird fast immer durch den Schnitt erst geschaffen. Zwei im Ablauf des Films unmittelbar aufeinander folgende Szenen könnten in Wirklichkeit in umgekehrter Reihenfolge, in verschiedenen Studios, zeitlich Wochen oder Monate auseinander liegend gedreht worden sein.

> **!** Montage ist die Manipulation von Raum und Zeit.

Das Schweigen der Lämmer (The Silence of the Lambs, USA 1990, Jonathan Demme)

Im Film *Das Schweigen der Lämmer*, und in vielen Nachahmerfilmen seither, wird mit den Schnittkonventionen, also gewissermaßen mit der „Gutgläubigkeit" der Zuschauer gespielt:

Im Handlungsstrang A wird gezeigt, wie die Polizei das Haus eines Verdächtigen umstellt. Um in das Haus zu gelangen wird unter einem Vorwand mehrmals an der Tür geläutet. Handlungsstrang B zeigt den Täter in seinem Haus, wie er nervös auf die läutende Türglocke reagiert, sich ankleidet und zur Tür geht. Die beiden Situationen werden im **Cross Cutting Verfahren** geschnitten. Das Läuten des Polizisten (Detail vom Daumen auf dem Knopf) und Detailaufnahmen der Türglocke innen verbinden die beiden Ebenen. Erst als der Verdächtige öffnet, wird dem Zuschauer klar, dass nicht die Polizei aus Handlungsstrang A an der Tür steht, sondern eine Agentin, die sich dadurch unvermeidlich in große Gefahr begibt. Die beiden Handlungsstränge der Parallelmontage treffen sich hier nicht an einem gemeinsamen Höhepunkt, sondern sie laufen unerwartet wieder auseinander. Eine solche irreführende Montage mit überraschendem Ende ist deshalb so effektiv, weil der Zuschauer aufgrund seiner **Seherfahrung** etwas anderes erwartet hat. Dadurch wird eine überraschende Wende im Handlungsverlauf erreicht.

→ S. 135 Fiktionale Produktionen

→ S. 184 Parallelmontage

7.2.3 Intellektuelle Montageformen

Sergej M. Eisenstein (1898 – 1948), russischer Regisseur, bekannteste Filme:

Streik (Statschka, UdSSR 1925),

Panzerkreuzer Potemkin (Bronenosec Potjomkin, UdSSR 1925),

Oktober (Oktjabr, UdSSR 1928)

Die Bedeutungssuche des Zuschauers kann bei Einstellungsfolgen auch zu anspruchsvolleren, dann eben nicht mehr „unsichtbaren" Montageformen genutzt werden. Wenn nicht mehr leicht nachvollziehbare Raum-Zeitbeziehungen dargestellt werden, sondern die Bilder erst auf einer abstrakteren Ebene miteinander in Beziehung gesetzt werden können, dann spricht man auch von **intellektueller Montage**. Hier ist der Zuschauer regelrecht aufgefordert, aus dem angebotenen Bildmaterial eine Bedeutung zu erschließen. Solche experimentellen Montageformen wurden vor allem im sowjetischen Revolutionsfilm systematisch erforscht und in Filmen eingesetzt. Der bekannteste Vertreter des sowjetischen Revolutionsfilms ist Sergeij M. Eisenstein. Das Publikum sollte nicht in Illusionswelten entführt werden,

Kollisionsmontage

sondern durch harte Bildgegensätze, „die Kollision" (Zitat von Eisenstein) von einzelnen Bildeindrücken, zum Nachdenken und Handeln gebracht werden. In diesem Sinne spricht man auch von **Kollisionsmontage**.

Assoziationsmontage

Eine typische Anwendungsweise intellektueller Montage ist die vergleichende **Assoziationsmontage**, die nach dem Prinzip „so wie" funktioniert: Dem Zuschauer wird durch das Zusammenschneiden von Einstellungen unterschiedlichsten Inhalts ein Vergleich angeboten, den er durch einfache oder auch anspruchsvolle Abstraktion selbst zu einer Aussage verknüpfen soll.

Das berühmteste Beispiel hierfür ist eine Schnittfolge aus Eisensteins Film *Streik*. Die Sequenz, in der die aufständische Bevölkerung von den Truppen des Zaren niedergemetzelt wird, ist unterschnitten mit Einstellungen von der Tötung und Ausblutung eines Rinds im Schlachthof.

Die Aussage dieser Gegenüberstellung ist deutlich: „Die Bevölkerung wird von den zaristischen Truppen wie Vieh abgeschlachtet". Die Brutalität gegen die streikenden Arbeiter wird nicht direkt gezeigt; in der Sequenz sind lediglich fliehende Menschen, ausgestreckte Hände und am Ende leblos daliegende Körper zu sehen. Die Grausamkeit der Schlachthof-Bilder überträgt sich aber auf die Massenszenen, sie wird vom Zuschauer assoziiert (Abb. 1).

Abb. 1 a) – f) Bildfolge aus *Streik*

In ganz anderem Kontext als Eisensteins politisch-propagandistisch eingesetzte Montagen wird die Assoziationsmontage heute verwendet. Vor allem in der **Werbung** wird stark mit assoziativen Bildfolgen gearbeitet, die einen Vergleich oder eine Übertragungsleistung vom Zuschauer fordern. So werden etwa Bilder eines neuen Automodells mit den geschmeidigen Bewegungen eines Panthers unterschnitten, um Assoziationen wie Eleganz, Kraft, Geschwindigkeit usw. auf das Produkt zu übertragen.

Assoziationen sind Mittel der Filmsprache.

Der Einsatz von Assoziationsmontagen in der Werbung ist gewöhnlich recht eindeutig und verfolgt stets das Ziel, ein Produkt mit möglichst positiven Eigenschaften zu belegen. Andere Formen der intellektuellen Montage hingegen lassen keine eindeutige Aussage zu, sondern sie erzeugen lediglich eine gewisse Stimmung oder eröffnen eine ganze Reihe von möglichen Verbindungen, die aber nicht zwangsläufig, quasi wie eine mathematische Formel oder ein Rätsel, zu nur einem Ergebnis führen müssen. Solche Montageformen wollen den Zuschauer in bestimmte Stimmungen versetzen, Themen andeuten oder das Publikum für eine Thematik sensibilisieren.

Walkabout (Australien 1970, Nicolas Roeg)

Der Beginn des Films *Walkabout* beginnt mit einer solchen **suggestiven Montage**, die das Thema „Zivilisation und Natur" durch harte Kontraste sowohl in den Bildfolgen wie auch im Verhältnis von Bild zu Ton vorgibt. Bilder von Uniformen, zugebauten Stadtlandschaften, Beengung und Stress werden mit Aufnahmen des australischen Hinterlandes zusammen montiert. Einstellungsfolgen zeigen, wie die Natur und natürliche Formen immer deutlicher zurückgedrängt und vernichtet werden. Die Abfolge der Einstellungen wird mit einer Toncollage aus Didgeridoo-Klängen und Großstadtlärm unterlegt (Abb. 1).

Abb. 1 a) – f) Bildfolge aus *Walkabout*

Die Arbeit mit Assoziationsmontagen muss in ihrer Wirkung auf den Zuschauer genau bedacht werden. Assoziativ eingesetzte Bildfolgen sollten das Publikum weder über- noch unterfordern. Setzt eine Montage auf allzu deutliche motivische Parallelen in ihrer Bildfolge, dann wird eine platte Symbolik entstehen, die aufdringlich wirken kann. Die Aussageabsicht erscheint dann belehrend und wird nur widerwillig angenommen.

Arbeitet die Montage hingegen mit allzu abstrakten Bildfolgen, bei denen die Verbindung einzelner Bilder zueinander eher rätselhaft und vage bleibt, wird das Publikum irgendwann frustriert „aussteigen" und sich der gebotenen Kunstanstrengung entziehen. Die Arbeit mit assoziativen Bildfolgen ist immer ein Wagnis. Der Einsatz dieser intellektuellen Montageformen muss im Hinblick auf das Programmformat und die Zielgruppe genau überlegt sein. Im Zweifel sind klare Aussagen zu bevorzugen.

7.3 Aspekte der Clipmontage

Die bislang beschriebenen Montagekonzepte und Schnittkonventionen haben sich im Verlauf der Filmgeschichte immer weiter verändert und ausdifferenziert. Die Regeln der Kontinuität, elliptische Montageformen oder die Assoziationsmontage sind in einem Prozess entstanden, der als eine Art Dialog zwischen Filmemachern und Publikum zu verstehen ist. Erzähl- und Darstellungstechniken, die vom Publikum verstanden und akzeptiert wurden, sind weiter verfeinert worden und haben sich auch mit dem entsprechenden technischen Fortschritt weiterentwickelt.

Seit Beginn der achtziger Jahre hat sich eine neue Form der Montage etabliert, die sich weniger an der Ästhetik des Films orientiert, sondern vielmehr an den Kriterien des Designs und der Werbung: die **Clipmontage**. Der Beginn dieser speziellen Montageform wird in der Regel mit dem Sendestart des Musiksenders MTV 1982 in den USA gleichgesetzt. Erstmals zeigte ein Sender ausschließlich Musikvideos, ein Format, das sich aus Werbefilmen (engl. Promotion Clips) für Interpreten und ihre neuen Produktionen entwickelt hat. Der enorme Erfolg und das Aufsehen, das MTV von Anfang an erregt hatte, führten dazu, dass die Videos zu den neusten Hits der Interpreten immer wichtiger wurden und immer aufwändiger gestaltet wurden.

Die Produzenten und Regisseure der Musikvideos kamen aus unterschiedlichsten kreativen Bereichen wie der Werbung, dem Experimentalfilm oder der bildenden Kunst. Innerhalb weniger Jahre hatte sich über das Fernsehen weltweit eine Ästhetik etabliert, die mit den traditionellen filmischen Formen, die bis dahin existierten, nur wenige Gemeinsamkeiten hatte.

Die Gestaltung von Clipmontagen weist insbesondere folgende Kennzeichen auf:

- Die zum Teil extrem **hohe Schnittfrequenz** liegt weit über dem Durchschnittstempo anderer Montageformen. Die Einstellungen können im äußersten Fall nur wenige Frames lang sein und liegen unter Umständen unter der Schwelle der bewussten Wahrnehmung. Häufig werden die Ausdrücke „MTV-Stil" bzw. „Clipmontage" als Synonym für schnellen Schnitt gebraucht.
- Die Kameraarbeit ist gekennzeichnet durch **hohe Dynamik**. Ungewöhnliche und rasante Bewegungen unterstützen die Wirkung der hohen Schnittfrequenz.
- Clipmontagen weisen ein hohes Maß an **extremen Kameraeinstellungen** auf. Auffällige Kamera- und Bildperspektiven sowie Effekte, die in konventionellen Programmen nur für ganz besondere dramaturgische bzw. emotionale Höhepunkte eingesetzt werden, sind häufiger zu sehen als bei anderen Montageformen.
- In starkem Maße werden **Spezialeffekte** eingesetzt. Bei Clipmontagen lassen sich besonders gut gestalterische Moden erkennen. Die neusten, meist

computergenerierten Effekte werden verwendet, um beim Publikum mit neuartigen Bildern und Bildfolgen große Aufmerksamkeit zu erreichen.
- Clipmontagen arbeiten oft mit stark **verfremdeten Bildern**. Das von der Kamera aufgenommene Bildmaterial wird in der Postproduktion nicht nur geschnitten, sondern vielfach manipuliert, beispielsweise durch extreme Farbkorrekturen und Filter, durch Effektblenden, **Compositing** und alle denkbaren Bildbearbeitungsprogramme.
- Clipmontagen sind oft sehr designorientiert. Sie stellen **grafische Aspekte** der Bildgestaltung oft über die inhaltliche Aussage. Formen, Farben oder auch die verwendete Typographie prägen einen Clip oft stärker als ein nacherzählbarer Inhalt.
- **Musik ist dominant**, es wird auf Musik geschnitten. Impulse im Bild werden auf Impulse der Musik gesetzt. Der Schnittrhythmus orientiert sich stärker am Rhythmus der Musik als an dramaturgischen Notwendigkeiten.
- Als Bildmotive dienen oft **Reizbilder**, also beispielsweise Motive oder Situationen, die mit besonderer emotionaler oder symbolischer Bedeutung aufgeladen sind. Die Verwendung von solchen Reizbildern, besonders aus dem Bereich der Sexualität oder der Religion, geht nicht selten bis zum Tabubruch.
- Es wird häufig mit **Handlungsfragmenten** gearbeitet. Andeutungsweise wird eine Handlung erzählt, die allerdings selten nach den klassischen Regeln des filmischen Erzählens funktioniert. Vielmehr werden lediglich einige Situationen dargestellt, die der Zuschauer selbst miteinander in Beziehung setzen muss, ohne dass eine abgeschlossene Handlung im Clip ausformuliert wird. Oft zitieren die Handlungsfragmente bekannte Filme oder populäre Bilderwelten, etwa der Science-Fiction oder des Film Noir.
- Der Schnitt setzt die Fragmente häufig durch eine auffällige **Diskontinuität** in der Darstellung um. Jump Cuts und harte Schnitte, die man in konventionellen Programmformen als Anschlussfehler ansehen müsste, werden bewusst in Kauf genommen oder prägen sogar den Stil.
- Bei Musikclips wird häufig mit Andeutungen gearbeitet, die ein **Insiderwissen** von einer Musikszene oder einem Interpreten voraussetzen.

Unter **Compositing** versteht man das Zusammenfügen verschiedener Bildelemente zu einem neuen Bild. Hierbei können beispielsweise Elemente aus unterschiedlichen Quellen (etwa Realaufnahmen und Animationen) kombiniert werden.

Reizbilder

Weitere Formate, die mit der Ästhetik der Clipmontage arbeiten sind **Trailer**, **Teaser** sowie Titelsequenzen von Serien und Filmen. Fast allen diesen Formaten ist gemeinsam, dass sie durch eine relative Kürze und durch ihre **häufige Wiederholung im Programm** gekennzeichnet sind.

Unter **Trailer** versteht man einen Programmhinweis. Üblich ist hierbei ein Zusammenschnitt einiger Höhepunkte und Attraktionen aus dem beworbenen Programm. Im Gegensatz zum **Teaser** kann die Ausstrahlung der beworbenen Sendung noch einige Tage entfernt sein.

Vor allem die Werbung und der Musikclip sind immer wieder auf den unterschiedlichsten Sendern und zu unterschiedlichsten Zeiten zu sehen. Deshalb sind die oft kaum komplett zu erfassende **Dichte an Bildern und Reizen** sowie die vielen Andeutungen inhaltlicher Art als bewusste Überforderung des Zuschauers zu verstehen. Bei häufiger Wiederholung eines Films stellt sich üblicherweise Langeweile oder Überdruss beim Zuschauer ein. Clipmontagen hingegen fordern den Betrachter oft regelrecht dazu heraus, beim erneuten Sehen mehr zu entdecken oder andere Bezüge oder Strukturen in der Reizflut wahrzunehmen. Weil man beim erstmaligen Sehen oft gar nicht alles verstehen kann, wird die Aufmerksamkeit beim nächsten Auftauchen des Clips im Programm besonders erhöht sein. Nur selten wird es allerdings gelingen, einen funktionierenden „Schlüssel" zum Verständnis aller Ebenen eines Clips zu finden. Clipmontagen beinhalten Handlungsfragmente und visuelle Andeutungen aller Art, die den Zuschauer zu ständig neuen und anderen Zusammensetzungen der Bedeutungen veranlassen. Die Einstellungen aus *China Girl* geben einen Eindruck von der Bildsprache eines Musikclips. Es wird mit grafischen Mustern, Compositing-Effekten, entsättigten Farben und emotionalen Reizbildern gearbeitet (Abb. 1).

China Girl (USA 1983, David Bowie und David Mallet)

! Bei **Clipmontagen** geht es nicht in erster Linie um Informationsvermittlung und Verstehen. Stimmungserzeugung, die Schaffung eines Images und der spezielle Look des Clips stehen im Vordergrund.

Abb. 1 a) – f) Clipmontage aus *China Girl*

Die Ästhetik der Clipmontage hat sich natürlich nicht isoliert von der Geschichte des konventionellen Filmschnitts entwickelt, sie steht vielmehr in einer deutlichen Wechselbeziehung damit. Anfang der achtziger Jahre arbeiteten vermehrt Regisseure und andere Kreative aus der Werbebranche auch für die Filmindustrie und beeinflussten so die Gestaltung großer kommerzieller Filmprojekte. Adrian Lynne oder Ridley Scott können für diese Generation genannt werden. Filmregisseure wie Julian Temple oder David Fincher arbeiteten vor ihren Filmdebüts als Regisseure und Cutter von Musikclips.

In vielen kommerziellen Produktionen der achtziger und neunziger Jahre werden konventionelle Muster des Schnitts zugunsten einer effektreichen Clipmontage vernachlässigt. Die Kenntnis des Publikums von traditionellen Schnittformen wird allerdings oft stillschweigend vorausgesetzt, wenn Effektschnitte zum Einsatz kommen. Unter dem Einfluss der Clipmontage hat sich das Erzähltempo in Film und Fernsehen generell erhöht.

Snatch (USA 2000, Guy Ritchie)

Ein Beispiel hierfür ist eine wiederholt eingesetzte Einstellungsfolge aus dem Film *Snatch*: Die Reise von New York nach London wird auf wenige Signalbilder und begleitende Effektgeräusche reduziert. Die konventionelle Form der zusammenfassenden Montagesequenz wird auf weniger als fünf

Sekunden filmischer Erzählzeit „eingedampft". Zu sehen sind nur wenige Signalbilder: z. B. New Yorker Taxi, startendes Flugzeug, Pass wird gestempelt, Londoner Taxi.

Abb. 1 a) – d) Einstellungsfolge aus *Snatch*

In extremen Fällen wie *Natural Born Killers* oder *The Crow* sieht man sich mit einem ununterbrochenen Stakkato schnell geschnittener und effektreicher Einstellungen konfrontiert. Fernsehserien wie *N.Y.P.D. Blue* oder *CSI* übernehmen Elemente der Clipmontage und erzeugen damit eine sehr dichte und atmosphärische Grundstimmung. Die Intensität des Gezeigten soll durch die **extrem elliptische und knappe Erzählweise** spürbar werden. Oft werden solche Produktionen als Effekthascherei oder „visueller Overkill" kritisiert. Die Veränderung, vor allem die Beschleunigung, des Erzähl- und Effekttempos lassen sich allerdings nicht so generell verdammen.

Natural Born Killers (USA 1994, Oliver Stone)

The Crow (USA 1993, Alex Proyas)

N.Y.P.D. Blue (TV-Serie USA 1993 ff.)

CSI (TV-Serie, USA 2000 ff.)

Hulk (USA 2003, Ang Lee)

Auch hier gilt es, die Angemessenheit von Inhalt, Technik und Wirkung zu bedenken. Bei einer Comic-Adaption wie *Hulk* lässt sich die Fülle an verwendeten Effektblenden (Abb. 2 sowie S. 196, Abb. 1) beispielsweise als Umsetzung des grellen Stils der Vorlage als angemessenes Stilmittel verstehen. Bei anderen ernsthafteren Themen können formale Spielereien vom Publikum allerdings sehr störend und sogar als kontraproduktiv empfunden werden.

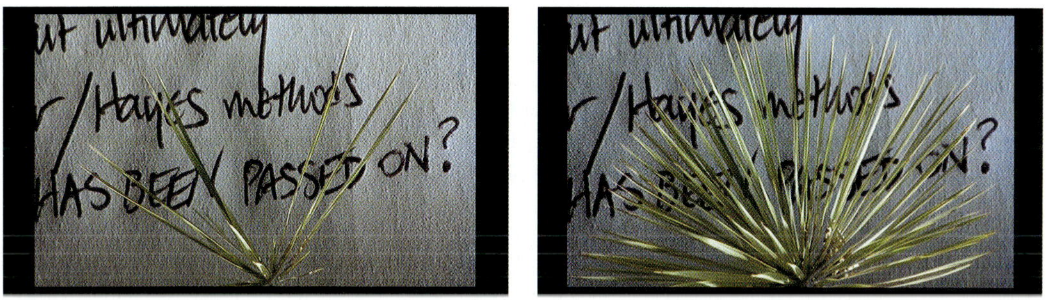

Abb. 2 a), b) Effektblende aus *Hulk*

Abb. 1 a), b) Effektblende aus *Hulk*

Komposition in Blau (Deutschland 1935, Oskar Fischinger)

Fantasia (USA 1940, verschiedene Regisseure, Produktion Walt Disney)

The Jazz Singer (USA 1927, Alan Crossland)

Die Goldgräber von 1935 (Gold Diggers of 1935, USA 1935, Busby Berkekey)

Performance-Video ist die Bezeichnung für Musikclips, die den Auftritt der Interpreten (Bühnenauftritt oder Studiosituation) zum Inhalt haben und bei denen auf andere Aspekte, z. B. Spielhandlung oder visuelle Effekte weitgehend verzichtet wird.

Hi-Hi-Hilfe (Help, Großbritannien 1965, Richard Lester)

Die Traditionen des Musikvideos und der Clipmontage

Obwohl der Begriff der Clipmontage eng mit dem Start des Senders MTV verbunden ist, gehen die filmischen und künstlerischen Einflüsse des Musikclips bis in die Anfänge des Tonfilms zurück. Sie reichen vom frühen Experimentalfilm bis zum Filmmusical.

In den frühen dreißiger Jahren experimentierte Oskar Fischinger mit den Möglichkeiten der Visualisierung von Musik. In seinen abstrakten Kurzfilmen (z. B. *Komposition in Blau*) signalisieren Farben und rhythmische Bewegungen von geometrischen Figuren die Tonhöhen, Instrumentalisierung und Dynamik der Musik. Fischinger arbeitete mit verschiedenen Formen der Animation und des Stopptricks, um die Eigenschaften der Musik in Bilder zu übersetzen. Auch wirkte er auf Einladung Hollywoods an *Fantasia* (1940) mit. Das Projekt Walt Disneys hatte ebenfalls die Visualisierung von Musik zum Ziel, war allerdings ein weitaus kommerziellerer Animationsfilm als Fischingers eigene Arbeiten.

Seit Beginn der Tonfilmära (allgemein wird der Film The *Jazz Singer* von 1927 als Beginn des Tonfilms definiert) war das Genre des Musicals darum bemüht, Musik und Tanz in den Filmen effektiv einzusetzen. Vor allem die Choreografien von Busby Berkeley in Filmen wie *Gold Diggers of 1935* gingen weit über das übliche Maß an abgefilmten Show-Auftritten (Performance) hinaus. Das Zusammenspiel von Tanz und Musik mit der ungewöhnlichen Kameraarbeit ist immer noch erklärtes Vorbild für viele heute arbeitende Regisseure und Choreografen. Berkeley ließ die Kamera „unmögliche" Perspektiven einnehmen, etwa eine 180°-Untersicht auf die Tänzer, gefilmt durch einen Glasboden. Er arbeitete mit ornamental angeordneten Massen von Tänzerinnen und bediente sich oft einer sexuell stark aufgeladenen Symbolik.

Einen deutlichen Schritt in die Richtung heutiger Clipästhetik gab es Anfang der sechziger Jahre mit den Beatles-Filmen des Regisseurs Richard Lester (*Help*, 1965). Lester verwendete gerade neu entdeckte filmische Ausdrucksmittel wie beispielsweise Jump Cuts, nutzte Formen des Slapstick (Zeitraffer-Aufnahmen), grafische Elemente (etwa eingeblendete Noten, die durch das Bild springen) und kombinierte all dies in hohem Tempo mit den Auftritten der Gruppe.

Neben dem kommerziellen Film blieben auch der Experimentalfilm und vor allem seit den sechziger Jahren die **Videokunst** die Bereiche, in denen mit der Symbiose von Musik und Bild gearbeitet wurde. Der Videokünstler Nam June Paik beispielsweise setzt sich in seinen Werken auf vielfältige Weise mit populären und abstrakten Bildern auseinander, indem er sie nach musikalischen Kriterien neu ordnet (rhythmisiert) und präsentiert.

Für alle diese unterschiedlichen Bemühungen, musikalische Formen in bewegte Bilder zu übersetzen gilt vor allem eines: Wenn nicht, wie sonst üblich, die Musik die Bilder nur begleitet, sondern sie diese dominiert, dann sind die gestalterischen Freiheiten in der Anwendung filmischer Mittel so groß wie nirgendwo sonst.

7.4 Aufgaben und Übungen

1. Schauen Sie sich beliebige Episode einer Seifenoper (Daily Soap) an und beantworten Sie folgende Fragen:
   a) Wann und warum werden Blenden verwendet?
   b) Welche der oben genannten typischen Kamerapositionen werden verwendet?
   c) Wie oft wechseln die Schuss-Gegenschuss-Aufnahmen, bis eine andere Kameraposition eingeschnitten wird?
   d) Zeichnen Sie einen schematischen Überblick vom Set einer Szene, platzieren Sie alle vorkommenden Charaktere und markieren Sie die verwendeten Kamerapositionen.

2. Erklären Sie das Problem des Achsensprungs!

3. Erläutern Sie drei mögliche Gründe für einen Cut Back!

4. Was versteht man bei einer Szene unter
   a) Kameraachse,
   b) Handlungsachse?

5. Was bedeutet die Einblendung „Reverse Angle Shot"?

6. Erklären Sie die 30°-Regel!

7. Was versteht man unter einer zusammenfassenden Montagesequenz? Wodurch unterscheidet sie sich von einer beschreibenden Montagesequenz?

8. Erläutern Sie das Darstellungsprinzip Pars pro toto!

9. Entwerfen Sie die Einstellungsabfolge für eine zusammenfassende Montagesequenz, die folgende Handlungsverläufe anhand typischer Motive visualisiert:
   a) Sie probte bis zur Erschöpfung für ihr erstes Konzert.

b) In den letzten Tagen vor seinem Vorstellungsgespräch wurde er immer nervöser.
c) Er wartete wochenlang auf die Testergebnisse.

Beschreiben Sie die einzelnen geplanten Einstellungen genau oder fertigen Sie ein Storyboard an!

10. Entwerfen Sie eine beschreibende Montagesequenz:
    a) über ihr Wohnviertel,
    b) über ein großes Gebäude!

    Beachten Sie bei beiden Sequenzen, dass der Ablauf der Motive einer nachvollziehbaren Struktur folgen soll!
    Finden Sie je drei unterschiedliche Möglichkeiten, das Material zu strukturieren!

11. Entwerfen Sie den Ablauf einer Parallelmontage mit drei Handlungssträngen, die simultan ablaufen und auf einen gemeinsamen Handlungshöhepunkt zusteuern anhand folgender Situation:
    - Ein Student ist auf dem Weg zur mündlichen Prüfung.
    - Der Professor macht sich ebenfalls auf den Weg.
    - Eine Sekretärin geht zum Prüfungsraum und hängt ein Schild an die Tür mit der Aufschrift: „Wegen eines Wasserschadens muss die Prüfung auf die nächste Woche verlegt werden“ .

    Beschreiben Sie die einzelnen geplanten Einstellungen genau oder fertigen Sie ein Storyboard an!

12. Nennen Sie typische Kennzeichen einer Clipmontage!

13. Schauen Sie sich die Liste mit möglichen Effektblenden in einem Ihnen zur Verfügung stehenden Schnittprogramm an. Wählen Sie fünf Effektblenden aus und konstruieren Sie Beispiele für einen sinnvollen bzw. angemessenen Einsatz!

14. Zeichnen Sie einen Werbeblock aus dem Fernsehen auf und analysieren Sie die einzelnen Spots:
    a) bezüglich ihrer Montageform. Gibt es konventionelle szenische Elemente oder Assoziationsmontagen? Welche Kriterien der Clipmontage treffen zu?
    b) bezüglich der verwendeten grafischen Elemente: dominante Linien, Farbspektrum, Typographie. Welche Wirkung leiten Sie daraus ab?

Anhang A: Filmanalyse

Eine gute Übung, den eigenen Blick zu schärfen und sich der engen Vernetzung der verschiedenen Gestaltungsmittel beim Film bewusst zu werden, ist die Filmanalyse. Hierzu eignet sich im Grunde jeder Ausschnitt aus einem Film- oder Fernsehprogramm. Man sollte einen relativ kurzen Ausschnitt wählen und sich diesen Ausschnitt dann mehrfach anschauen. Zwischen den einzelnen Durchgängen kann man sich Notizen zu auffälligen Gestaltungselementen machen. Entweder lässt sich der gewählte Ausschnitt dann mit mehreren Personen analysieren – hier hilft es, wenn anfangs jeder Teilnehmer sich auf ein Thema (Licht, Ton, Kamera usw.) konzentriert. Wird die Analyse als schriftliche Übung (z. B. für ein Referat oder eine Hausarbeit) durchgeführt, dann sollte man sich bei jedem erneuten Ansehen des Filmausschnitts auf einen jeweils anderen Gestaltungsaspekt konzentrieren. Die Analyse sollte in jedem Fall die Verzahnung von inhaltlichen-, technischen- und Wirkungsaspekten hervorheben.

Für den Anfang kann man ein simpel gestricktes Beispiel wählen, dessen offensichtliche Gestaltungsprinzipien jedem einleuchten: *Rocky IV* (von und mit Sylvester Stallone) hat eine klare („primitive") Gut-Böse-Handlung, die mit dem Vorschlaghammer jedem Zuschauer demonstriert, wie gut und edel der amerikanische Boxer Rocky ist und wie hinterhältig, böse und verabscheuenswert sein (damals noch) sowjetischer Gegner Drago im Vergleich dazu aussieht. Ein gestalterischer Höhepunkt des Kalten-Kriegs-Dramas ist die Montagesequenz, die zeigt, wie die beiden Boxer für den großen Finalkampf trainieren. Eine gelunge Analyse muss sich der offensichtlich polemischen Absicht der Sequenz durch genau beschreibbare (also nachvollziehbare) Fakten nähern.

Die blau unterlegten Begriffe betreffen die Gestaltung durch filmische Mittel („Technik"), die rot unterlegten Passagen verweisen auf die Wirkung bzw. den erreichten Effekt.

Beispielanalyse I
Rocky IV – Der Kampf des Jahrhunderts

Rocky IV – Der Kampf des Jahrhunderts (Rocky IV, USA 1985, Sylvester Stallone)

Die Montage zeigt, wie die beiden Boxer sich auf den entscheidenden Kampf vorbereiten. Im Cross Cutting-Verfahren wird ständig zwischen Rocky und Drago hin- und hergeschnitten, so dass eine Parallelmontage vorliegt. Dabei wird weniger eine chronologisch eindeutige Handlung vorangetrieben, als vielmehr allgemein das sehr unterschiedliche Training der Kontrahenten beschrieben. Es handelt sich also eher um eine beschreibende Montagesequenz. (Der einzige Hinweis auf einen zeitlich-chronologischen Ablauf ist der Bart, der Rocky am Ende der Sequenz gewachsen ist...)

Besonders auffällig ist, wie unterschiedlich die parallel montierten Trainingsbeschreibungen inhaltlich und gestalterisch aussehen. Miteinander verbunden werden sie durch eine musikalische Klammer und verschiedene Match Cuts, die sie in Beziehung zueinander setzen. Die Kameraarbeit in diesem Ausschnitt ist fast durchgängig von Bewegungen im Bild motiviert, die wenigen Ranfahrten dienen jeweils der Betonung des zentralen Bildinhalts, erzählerisch eigenständige Kamerabewegungen finden ansonsten nicht statt.

Die Rocky-Trainingsbilder zeigen den Boxer meistens in landschaftlicher Umgebung – er trainiert in einer Winterlandschaft (Charakterisierung als Naturbursche), was ihm Gelegenheit gibt, nützliche und gute Dinge mit seinem Trainingsprogramm zu verbinden. Zum Beispiel hilft er einem steckengebliebenden Pferdewagen wieder auf die Strecke oder er entrümpelt eine Hütte von schweren Steinen. Dadurch ist er gleichzeitig als guter, freundlicher und hilfsbereiter Mensch charakterisiert. Die Szenen im Schnee sind sehr hell gehalten, wenn er innen trainiert, ist die Beleuchtung warm (durch Kaminfeuer) und die Farbstimmung freundlich (Holz, natürliche Bauweise der Hütte).

Die parallel montierten Drago-Szenen dagegen sind in vielerlei Hinsicht - formal und inhaltlich - das genaue Gegenstück zu den Rocky-Szenen. Drago trainiert ausschließlich in der Halle, durch die mehrfach eingeschnittenen Groß- und Detailaufnahmen von verschiedenen Messgeräten mit Zeigern und Leuchtanzeigen hat man sogar den Eindruck, Drago arbeite in einem Labor. Dafür sprechen auch die vielen Beobachter („Sportmediziner"), die jeden seiner Trainingsabläufe begleiten, vermessen und kritisch überwachen. Groß- und Nahaufnahmen (mehrfach auch untersichtig) von stets ernst dreinblickenden Gesichtern ergeben den Eindruck eines Retortensportlers, der mit ständiger technischer Kontrolle von anderen getrimmt wird.

Rocky IV, Bildzitate 1 - 4

Rocky scheint aus eigener Motivation zu trainieren. Er schindet sich beim Schlittenziehen, er kämpft offensichtlich sehr individuell (→ amerikanischer Wert) während hinter Drago (auch sehr bildlich) ein ganzes System steht. Farblich ist die Drago-Szenerie eher dunkelrot gehalten (nicht warm, eher bedrohlich oder „kommunistisch"), alles in allem erscheinen die Bilder Low Key (Assoziation: unterirdisch, „geheime Staatsaktion"). Gegen die High Key-Atmosphäre der Rocky-Szenen steht hier die Low Key-Ausleuchtung, die eine eher negative Stimmung beim Betachter auslöst. Außerdem ist in jeder Drago-Einstellung ein den Zuschauer blendendes, also unangenehmes Gegenlicht zu sehen.

Die Unterschiedlichkeit der beiden Trainingsabläufe wird durch verschiedene motivische Match Cuts besonders deutlich: Während Drago beispielsweise bei einem Trainingskampf einen anonymen Gegner sehr brutal niederschlägt (die Tonspur betont die Schläge), fällt Rocky im gleichen Rhythmus mit voller Wucht einen riesigen Baum. Gegner und Baum fallen parallel montiert. Andere Match Cuts betonen ebenfalls die Ähnlichkeit der Trainingsabläufe (mit dem ständigen Unterschied, dass Rocky „natürliche" Dinge tut, während Drago total technisch-fremdbestimmt wirkt). Beispiele sind: Rocky zieht einen Schlitten – Drago trainiert in einer Maschine mit gleichem Effekt; Rockys Dauerlauf (Totale Landschaft: Rocky dunkel, Landschaft weiß) gegen Dragos Dauerlauf (Totale Halle: Drago hell, Umgebung dunkel). Der inhaltliche Kontrast wird durch den optischen Kontrast ausgedrückt.

Die Tonspur weist neben der (sehr monoton wirkenden) Musik vor allem Geräusche auf, die die Anstrengung der beiden Boxer betonen: Ächzen, Stöhnen, Keuchen. Ebenso betonen die Effektgeräusche deren aggressive Aktivitäten: Hauen, Schlagen, Hacken usw.

Durch die krasse Gegenüberstellung in der Montage werden die völlig verschiedenen Charaktere und Systeme stark betont. Durch die augenfälligen Kontraste wird schnell deutlich, dass hier nicht einfach zwei Trainingsmethoden vorgestellt werden, sondern dass Weltanschauungen konfrontiert werden. In den Drago-Einstellungen ist mehrfach die Sowjet-Flagge zu sehen, die diesen Aspekt noch betont. Die Funktionäre verziehen keine Miene, wenn sie Drago beobachten oder seine Leistungen ablesen, während die einzige Großaufnahme von Rockys Trainer ein zufrieden-bewunderndes Lächeln zeigt.

Insgesamt ist die Sequenz sehr schnell geschnitten, sie steigert sich während der Schlag/Baumfäller-Parallele ins Stakkato (Schlag für Schlag ein Schnitt) ist aber ansonsten am Ende nicht schneller als zu Beginn.

Für den Zuschauer ist es aufgrund der gezeigten Szenen nicht deutlich, wer nun der Stärkere ist (Dragos sehr muskulöses Bein wird beunruhigend groß bzw. im Detail gezeigt und betont dessen Kraft und Perfektion noch). Wer der Sympathischere ist (sein soll...) ist aber schnell deutlich: Gegen den Maschinenmenschen Drago kann Rocky, der Naturbursche, nur gewinnen!

Rocky IV, Bildzitate 5 - 6

Beispielanalyse II
Panzerkreuzer Potemkin

Panzerkreuzer Potemkin (Bronenosec Potjomkin, UdSSR 1925, Sergej M. Eisenstein)

Eine der bekanntesten Sequenzen der Filmgeschichte stammt aus dem Film *Panzerkreuzer Potemkin* von Sergeij Eisenstein. Der Film schildert, basierend auf Tatsachen, die Revolte auf einem russischen Panzerkreuzer, wo die Matrosen unter unmenschlichen und entwürdigenden Bedingungen arbeiten müssen. Es kommt zur Revolte. Die Potemkin kommt schließlich in den Hafen von Odessa, wo sich die Bevölkerung mit den meuternden Matrosen solidarisiert. Auf dem Höhepunkt der revolutionären Stimmung (es wird bereits die rote Fahne der Revolution gehisst), schlägt das zaristische Regime zurück. Die gerade noch jubelnde Menge am Hafen wird von den zaristischen Truppen, den Kosaken, brutal massakriert.

Eisenstein stellt das Massaker auf der riesigen Treppe in Odessa als eine Konfrontation zwischen völlig ungleichen Seiten dar: Er zeigt die Bevölkerung, die hilflos der Gewalt, den Gewehren und Bajonetten der Truppen ausgeliefert ist. Die Bevölkerung wird dem Zuschauer durch die Darstellung vieler Einzelschicksale nahe gebracht. Immer wieder wird durch Großaufnahmen von Gesichtern die Individualität der Menschen betont. Es werden unterschiedliche Begebenheiten herausgegriffen, die die Tragödie dieses Massakers für den Zuschauer nachvollziehbar machen. Alte, Gebrechliche, Mütter und Kinder werden besonders hervorgehoben. Dagegen steht deutlich die Darstellung der Soldaten: Sie erscheinen anonym im Bild, man sieht keine Gesichter und keine Großaufnahmen. Die mordenden Soldaten werden lediglich Pars pro toto gezeigt: Gewehrläufe, Stiefel oder nur die vorrückenden Schatten genügen, um die unbeirrte Reihe der schießenden Kosaken zu zeigen. Eisenstein setzt in der Massaker-Szene deutlich zwei Prinzipien der Darstellung innerhalb einer Situation gegeneinander: Individualität gegen Anonymität, Ohnmacht gegen Gewalt, Einzelschicksale gegen den brutalen Staatsapparat. In diesem Sinne, in der harten Konfrontation unterschiedlicher Eindrücke und Darstellungsformen, ist der von ihm geprägte Begriff Kollisionsmontage zu verstehen.

Die große emotionale Wirkung der Sequenz ist neben dem brutalen Inhalt auch deutlich in deren Bildsprache begründet. Der Schauplatz der Treppe spielt dabei eine große Rolle: durch die (in Wirklichkeit 258 Stufen lange) Treppe als Handlungsort erhalten fast alle Bilder automatisch eine dynamische Linienführung. Ein ruhiger, harmonischer Bildaufbau ist gar nicht möglich, die Kamera blickt ständig nach oben oder nach unten, allein dadurch entsteht im Wechsel der Einstellungen eine äußerst dynamische Bildkomposition in fast allen Einstellungen der Sequenz. Die hohe Schnittfrequenz und die schnellen Bewegungen erster Art tragen zur Gesamtwirkung ebenfalls in starkem Maße bei. Auch bei den Bewegungen im Bild arbeitet Eisenstein gezielt mit der Wirkung grafischer Elemente der Bildsprache: Während die Bevölkerung in ungeordneten, chaotischen Bewegungen vor den Soldaten flieht (die Bewegungsvektoren führen generell von links nach rechts, zerstreuen sich dennoch immer wieder in alle Richtungen), erzeugen die Soldaten mit ihrer Bewegung eine geschlossene, sich rhythmisch nach vorne schiebende Linie.

In einer Episode des Massakers wird mit einem Bewegungskontrast gearbeitet: Eine Mutter, deren Kind angeschossen wurde tritt den Soldaten entgegen. Die bis zu diesem Moment alles dominierende Bewegungsrichtung von links nach rechts wird unterbrochen: Die Mutter trägt ihr Kind von rechts nach links, um bei den Soldaten um Gnade zu flehen. Die Soldaten bleiben stehen und für einen kurzen Moment wird die Situation des Massakers unterbrochen, es entsteht ein retardierender Moment. Die Erbarmungslosigkeit der Soldaten wird aber durch die Erschießung der Mutter nur noch unterstrichen und die Dynamik der Sequenz wird anschließend wieder aufgenommen. Der kurze Rhythmuswechsel bzw. die Unterbrechung der chaotisch-dynamischen Sequenz dient Eisenstein einerseits dazu, den dargestellten Konflikt in einer symbolischen Situation zuzuspitzen. Andererseits wird dem Zuschauer durch die Unterbrechung das generelle Prinzip der dynamischen Gestaltung wieder bewusst vor Augen geführt.

Panzerkreuzer Potemkin, Bildzitate 1 - 6

Die Odessa Treppensequenz ist nicht streng nach den Regeln der Kontinuität geschnitten. Die mehr als siebenminütige Darstellung lässt weder eine klare zeitliche noch eine räumliche Orientierung zu: Nie ist wirklich klar, wohin die Menschen vor den Soldaten fliehen, es werden zwar immer wieder Totalen von der Treppe eingeschnitten, sie stehen aber selten in einem direkten Zusammenhang mit den näheren Einstellungen von dem Geschehen. Auch wird nicht deutlich, wie lang die Treppe eigentlich ist (sie erscheint im Film endlos). Die nach konventionellen Maßstäben mangelnde Kontinuität ist aber nicht als „Fehler" zu verstehen. Eisenstein gestaltet das Massaker nicht als linear ablaufendes Geschehen, sondern inszeniert das Geschehen, indem er einzelne Episoden, symbolische Bilder und die oben genannten Gegensätze herausarbeitet. Es wird deutlich, dass nicht allein dieser konkrete Vorfall gemeint ist, sondern dass die gezeigten Vorfälle eine allgemeine Aussage darstellen sollen: Die Brutalität des zaristischen Regimes soll verdeutlicht werden, das seine Bevölkerung zu Opfern macht.

Vor allem der Abschluss der Treppensequenz (im Film das Ende des 4. Akts) macht deutlich, dass Eisensteins Montageprinzip nicht auf eine einfache und konkrete „Ursache-Wirkung-Schnittfolge" abzielt. Die Kanonen des Panzerkreuzers „antworten" auf das Massaker der Kosaken. Zu sehen sind Einstellungen von Kanonenrohren, die in Stellung gehen und schießen. Im Anschluss sind Säulen und Figuren zu sehen, die in der Folge zerschossen werden. Die Montage zeigt hier weniger eine konkrete Handlung („Dieser Schuss zerstört diese Statue.") als vielmehr eine symbolische Bildfolge: Die Bevölkerung wehrt sich gegen ein sie unterdrückendes System.

In diese abschließenden Einstellungen des Odessa-Massakers montiert Eisenstein eine berühmt gewordene Sequenz aus drei Einstellungen: die Statue eines schlafenden Löwen, eine Statue eines sich reckenden Löwen und das Bild einer Steinfigur mit einem brüllenden Löwen. Jedem Zuschauer wird deutlich: Die Einstellungsfolge der drei Löwen ist symbolisch zu verstehen, es handelt sich um eine Assoziationsmontage. Während für Eisenstein der Löwe als Symbol für die sich gegen das Regime wehrende Bevölkerung stand, kann der heutige, mit den Absichten des Regisseurs nicht vertraute Zuschauer den Löwen genauso gut als Symbol für das Regime des Zaren verstehen, das die Bevölkerung durch Angst und Schrecken kontrollieren will. Hier wird deutlich, dass die Form der Assoziationsmontage unterschiedliche Denkprozesse beim Publikum auslösen kann. Ein „richtig" oder „falsch" gibt es nicht. Auch wenn das Symbol des Löwen zweideutig ist, die Aussage der gesamten Sequenz ist natürlich klar: Eisenstein produzierte einen Propagandafilm, der die Ziele der russischen Revolution als richtig und nötig darstellt.

Panzerkreuzer Potemkin, Bildzitate 7 - 12

Anhang B: Stadien der Produktionsplanung

1. Exposee

Ein Exposee ist die erste schriftliche Fixierung eines Vorhabens. Hierbei wird in möglichst klarer Sprache geschildert, welches Thema der geplante Film hat und wie der grobe Ablauf bzw. der Handlungsverlauf aussieht. Das Exposee richtet sich normalerweise an Redakteure oder Produzenten, die über die Realisierung von Projekten zu entscheiden haben.

Um ein erfolgreiches Exposee zu schreiben, ist es wichtig, eine möglichst deutliche und nachvollziehbare Beschreibung des Projektes zu liefern. Das setzt natürlich voraus, dass man sich im Vorfeld möglichst genau mit dem Vorhaben auseinandergesetzt hat und wirklich weiß, was man eigentlich vorhat. Im besten Falle ist man sogar in der Lage, seine Idee in ein oder zwei knappen Sätzen zu umreißen. Diese so genannte **Logline** ist ein guter Indikator für eine klare Grundidee. Fällt es einem schwer, das Filmprojekt in dieser Weise „auf den Punkt" zu bringen, so kann dies ein Hinweis darauf sein, dass das eigene Vorhaben noch etwas ziellos ist.

Logline

Im Mittelpunkt des Exposees sollte der Inhalt des Projektes stehen. Bei fiktionalen Projekten sollten dementsprechend die „wichtigsten Koordinaten" genannt werden:

- Ort und Zeit der Handlung
- Wichtige Charaktere
- Erzählperspektive
- Hauptthemen und dramatischer Konflikt
- Verlauf der Geschichte (Plot) mit zentralen Situationen und Ausgang

Bei Filmprojekten mit dokumentarischem Anspruch sollten ebenfalls die wichtigsten Schauplätze und Protagonisten genannt werden. Ebenso sollten die inhaltlichen Schwerpunkte beschrieben werden und der Standpunkt deutlich gemacht werden, den der Film einnimmt.

Um das Vorhaben möglichst anschaulich darzustellen, können im Exposee neben dem Inhalt einige beispielhafte Informationen zu geplanten technischen, gestalterischen und dramaturgischen Umsetzung mitgeteilt werden. Hierzu sollte möglichst wenig mit Fachjargon gearbeitet werden, ebenso sind komplizierte, extrem verschachtelte oder pseudo-wissenschaftliche Formulierungen zu vermeiden. Man sollte immer davon ausgehen, dass der Leser wenig Zeit hat und möglichst schnell die wesentlichen Aspekte des Vorhabens erfassen will. Ein gutes Exposee ist deshalb immer kurz und präzise, es verliert sich weder inhaltlich noch hinsichtlich der Gestaltung in Einzelheiten.

Ein konkretes Beispiel: Sie nehmen an einem Kurzfilm-Wettbewerb zum Thema „Nichts bleibt, wie es war" teil. Die eingereichten Beiträge sollten nicht länger als 10 Minuten sein und können fiktionalen oder dokumentarischen Charakter haben. Sie entscheiden sich für das Portrait eines Traditionshotels in Ihrer Nähe, das mit neuen Marketingmethoden ums Überleben kämpft.

Schlosshotel Grauenhausen – Nichts bleibt, wie es war (Arbeitstitel)

Logline: Das Schlosshotel Grauenhausen hat sich vom Erholungsort für die High Society zum Anbieter für Event-Wochenenden gewandelt. Es steht symptomatisch für die Veränderungen in der Freizeitindustrie.

Inhalt: Seit fast zwei Jahrhunderten ist das Schlosshotel Grauenhausen am Bodensee in Besitz der Familie Herzog. Grauenhausen ist ein Traditionshaus, das bereits seit Anfang des letzten Jahrhunderts zu den „ersten Adressen" für die internationale High Society und Prominenz zählt.
Katharina Herzog, die das Hotel über 30 Jahre mit strenger Hand führte, legte stets Wert auf Tradition, Diskretion und Luxus. Mit diesem Rezept erreichte sie jedoch immer seltener eine jüngere Generation von Gästen. Mit der Übergabe des Managements an ihren Sohn Gero wurde nicht nur ein Generationswechsel vollzogen, sondern es gab auch einen radikalen Bruch in der Konzeption des Hotels. Seit zwei Jahren werden nun sogenannte „Event-Weekends" angeboten, die neue Gäste ins Hotel locken sollen. So entwarf Gero Herzog das Konzept für ein „Mystery-Weekend", bei dem die Gäste mit verschiedenen „unerklärlichen Phänomenen" konfrontiert werden. Beim „Crime-Weekend" dagegen müssen Hobby-Profiler die blutigen Einzelheiten eines Ritualmords aufklären.
Mit den neuen Konzepten kam auch neue Kundschaft ins Hotel: Gero Herzog gelang es, erfolgreiche Jungunternehmer und Kreative für die Event-Weekends zu interessieren. Die gestressten Yuppies finden in den angebotenen Rollenspielen die ersehnte Abwechslung vom stressigen Alltag.
Herzog plant nun weitere Großereignisse. Seine Mutter Katharina sieht die Entwicklung sehr kritisch, sie beklagt vehement die Verrohung der Sitten und den Ausverkauf ihres guten Namens für geschmacklose Veranstaltungen. Ihr Sohn hält dagegen und argumentiert, nur so könne das Hotel überhaupt noch finanziell überleben.

Umsetzung: Der Film zeichnet die Entwicklung des Schlosshotels Grauenhausen nach. Dabei werden sowohl die Mutter als auch der Sohn in Interviews zu Wort kommen und ihre gegensätzlichen Standpunkte vertreten. Um den radikalen Umbruch des Vermarktungskonzeptes zu dokumentieren, arbeitet der Film mit historischem Bildmaterial (Fotos und Filmaufnahmen von „Prominenten in der Sommerfrische Grauenhausen") und kontrastiert es mit Aufnahmen, die eine Gruppe deutscher und englischer Börsenmakler beim „Slasher-Weekend" begleitet. Dabei werden einige Gäste zu Wort kommen und ihre Meinung zum Angebot des Hotels äußern. Stilistisch soll der Bruch der Tradition durch die Kameraarbeit verdeutlich werden: Präzise, ruhige Dollyshots und weiche Blenden prägen den Stil der „alten Welt", während Handkamera und schnelle, harte Schnitte für das neue Konzept stehen.

Ziel: Der Beitrag soll seinen Reiz durch die Gegenüberstellung der alten und neuen Konzeption von Freizeitvergnügen erhalten. Dabei soll der Konflikt der Generationen deutlich werden, die jeweils für ganz unterschiedliche Vorstellungen von Erholung stehen. Der Beitrag soll Verständnis für beide Seiten wecken und den Konflikt zwischen den Generationen ohne Wertung zeigen.

2. Treatment

Die weitere Ausarbeitung der Geschichte oder des Filmvorhabens erfolgt mit dem Treatment. In der Regel wird es erst verfasst, wenn der Auftraggeber, der Kunde oder der Redakteur grundsätzlich grünes Licht für das Projekt gegeben hat. Ein Treatment ist ausführlicher als das Exposee, es beschreibt im Gegensatz zum Exposee den gesamten Ablauf des Projekts, nicht nur die Grundidee. Der Verfasser beschreibt, was der Zuschauer später sehen und hören wird.

Hier werden also Haupt- und Nebenhandlung genau erzählt, ebenso werden Haupt- und Nebenfiguren mit ihren Charaktereigenschaften vorgestellt. Neben dem möglichst genauen inhaltlichen Ablauf der Handlung wird im Treatment auch die gestalterische Umsetzung beschrieben. Neben der klaren inhaltlichen Vorstellung muss auch eine klare Konzeption zur Umsetzung vermittelt werden. Hierzu gehören vor allem:

- **Arbeit der Kamera**: z. B. Bildaufbau, Bewegungen, Perspektiven, Kamerastil (Hand- oder Schulterkamera, Dolly-Shots usw.) in Bezug zu den geplanten Szenen oder Sequenzen usw.
- **Schnitt, bzw. Montagekonzept**: Wird mit konventioneller szenischer Auflösung gearbeitet, gibt es Sequenzen, die mit starken Ellipsen arbeiten? Gibt es Parallelmontagen oder elliptische Sequenzen, wie und wann verändert sich der Schnittrhythmus usw.
- **Ton**: Wann wird mit Musik erarbeitet? Welche Musik ist zu hören, welche Aussage oder welche Wirkung will man damit erreichen? Welche Stimmung soll über die Tonbearbeitung bzw. das Sound Design erzeugt werden usw.

Im Treatment werden die gestalterischen und dramaturgischen Vorstellungen immer in direkter Verbindung mit dem Inhalt dargestellt. Das Treatment folgt dabei dem Handlungsverlauf (Plot). Durch die Arbeit an einem ausführlichen Treatment werden die noch vorhandenen Schwächen oder Lücken des Projekts aufgedeckt. Da der gesamte Ablauf in Inhalt und Form beschrieben werden muss, wird deutlich, welche Aspekte noch besser herausgearbeitet werden müssen. Die inhaltlichen Aspekte, die bislang vernachlässigt wurden, müssen jetzt geklärt werden.

Das Treatment wird im Präsens geschrieben, es wird meistens in einem erzählerischen, möglichst anschaulichen Stil verfasst. Ganze Dialoge werden im Treatment für szenische Produktionen nicht wiedergegeben. Bei Berichten oder anderen dokumentarischen Produktionen werden Inhalt und Umsetzung häufig in tabellarischer Form verfasst, wobei je eine Spalte für den Bildinhalt und den Text gedacht ist. Eine genaue Festlegung auf gestalterische Aspekte ist bei rein journalistischen Treatments allerdings unrealistisch, es lassen sich schließlich nicht alle Gegebenheiten bei einem Dreh im Voraus festlegen.

Das folgende Beispiel schildert den – inszenierten – Anfang des Beitrags „Grauenhausen – Nichts bleibt, wie es war."

Exposition: Wir sehen eine Totale des Hotels Grauenhausen bei Tag. Die Kamera fährt langsam durch das Eingangstor auf den Haupteingang zu. (Weitwinkeloptik unterstreicht die Größe des Geländes und des Hotels.) Eine ruhige Musik (Klaviersonate) untermalt das imposante Eröffnungsbild. Durch weiche Überblendungen nähern wir uns dem Hoteleingang, fahren die Treppe hinauf und betreten als „unsichtbare Besucher" das klassizistische Gebäude.	Sprecher: Das Schlosshotel Grauenhausen: Seit über 100 Jahren bürgt der Name für gediegenen Luxus und stilvolles Ambiente in ruhiger Abgeschiedenheit.
Immer weiter bewegen wir uns auf die Rezeption zu, die mit ihrer Holzvertäfelung elegant, aber auch ein bisschen veraltet wirkt.	
Die Kamera verdichtet im Folgenden auf das Gästebuch, das auf der Theke der Rezeption liegt. In einzelnen Detaileinstellungen werden verschiedene Eintragungen aus dem Gästebuch abgeschwenkt und überblendet. Bekannte Namen von Schauspielern, Politikern und anderer Prominenz sind zu lesen.	Alle sind hier abgestiegen: die Schönen, die Reichen und Einflussreichen. Das Gästebuch liest sich wie ein „Who is Who" der internationalen High Society vergangener Zeiten.
Harter Schnitt: Eine Gruppe von 20- bis 30-jährigen Männern und Frauen läuft durch die Eingangshalle in Richtung Tennisplatz. Mit Handkamera verfolgen wir die Gruppe bis zum Sportplatz, auf dem eine Leiche liegt.	Und jetzt das: Aufregung in der Hotelhalle, ein Verbrechen ist geschehen...
Einer der Männer untersucht das „Opfer" nach Spuren von Gewalteinwirkung. Mehrere Mitglieder der Gruppe fangen an, sich umzuschauen, sie machen sich Notizen. Das Geschehen auf dem Tennisplatz wird im dokumentarischen Kamerastil verfolgt und von einer typisch treibenden Spannungsmusik untermalt. Die jungen Leute sind voller Begeisterung bei der Sache.	(aufgeregtes Stimmengewirr der Gruppe) (Mann aus der Gruppe: „Er ist tot.") Sprecher (leicht ironisch): Das passiert hier in letzter Zeit öfter und zwar mit voller Absicht!
Audio Advance: Der Hotelmanager Gero Herzog erklärt, dass die Gruppe an einem kriminalistischen Rollenspiel teilnimmt, bei dem der Mord auf dem Tennisplatz aufgeklärt werden muss.	O-Ton Gero Herzog: „Seit zwei Jahren ist das nun so: Auf unserem Gelände oder im Hotel selbst passiert im Schnitt alle zwei Wochen ein grässlicher Mord, den unsere Gäste aufklären müssen. Unsere Slasher-Weekends bringen Spaß für alle Beteiligten..."

3. Storyboard – Von der Idee zum Bild

Ein Storyboard ist Teil der Planung eines Projekts. Es vermittelt die einzelnen Einstellungen eines Films oder einer Szene als Bildfolge in skizzenhafter Form. Ein Sachverhalt oder eine Situation werden in einzelne Bilder **aufgelöst**. Ein Storyboard **visualisiert** also das Drehbuch und legt im optimalen Fall schon alle Einstellungen fest, die bei den Dreharbeiten realisiert werden müssen.

Ein genaues Storyboard spart Produktionskosten, da die teure Zeit am Set durch eine konkrete Vorstellung über die zu drehenden Einstellungen deutlich reduziert wird. Mit einem klaren Plan läuft die Arbeit auf jeden Fall effektiver ab, als wenn man sich erst vor Ort Gedanken über die Auflösung macht. Die Visualisierung durch das Storyboard verhindert außerdem, dass man Einstellungen vergisst oder dass man das falsche Material dreht.

Es gibt unterschiedliche Arten von Storyboards. Bei der Präsentation von Produktionsvorhaben, z. B. für einen Werbespot, dient das Storyboard als wichtiges Kommunikationsmedium, um die visuellen Ideen der Macher zu verdeutlichen und den beabsichtigten „Look“ des Spots vorzustellen. Das Storyboard dient dann dazu, den Auftraggeber von einer Idee zu überzeugen. Für solche Kundengespräche werden die einzelnen Einstellungen farbig auf große Präsentationskarten (Charts) gezeichnet.

Für andere Produktionen, etwa Dokumentationen mit szenischen Darstellungen oder Montagesequenzen, kann das Storyboard dazu dienen, dass sich die Crew über die Zielsetzung der Arbeit am Set die gleichen Vorstellungen macht.

Das Storyboard sollte folgende bildliche Informationen vermitteln:

- Einstellungsgröße
- Kameraperspektive
- Kamerabewegung
- Positionen und Bewegungen von Personen und Objekten im Bildraum
- Bildaufbau bzw. Bildebenen
- Wichtige Details (z. B. bedeutsame Requisiten)

Ein Storyboard im Rahmen einer Produktionsplanung sollte nicht mehr als je 4 oder 5 Bilder auf einer Seite zeigen (üblicherweise DIN A4-Format). Neben den Zeichnungen sollte immer auch Raum für Notizen freigelassen werden. Hier werden beispielsweise Schlüsselwörter aus dem vorkommenden Text (Kommentar oder Dialog) notiert, man kann zentrale Bildelemente und Ideen zu der Einstellung erläutern oder Notizen zum Schnitt machen.

Die Abbildung auf der folgenden Seite zeigt ein leeres Formblatt für ein Storyboard.

Storyboard

Film / Projekt: ____________________

Szene: ____________________ Seite: ____ von ____

Einstellung: ____

Bemerkung: ____________________

____

____

____

Einstellung: ____

Bemerkung: ____________________

____

____

____

Einstellung: ____

Bemerkung: ____________________

____

____

____

Einstellung: ____

Bemerkung: ____________________

____

____

____

Abb. 1 Formblatt für ein Storyboard

Um möglichst allgemein verständlich zu sein, sollten einige Konventionen beim Zeichnen von Storyboards befolgt werden. **Bewegungen im Bild** können durch Pfeile innerhalb des Bildrahmens dargestellt werden (Abb. 1). In diesem Fall zeigt eine lange Einstellung, wie der Fahrer vor der Garage hält und dann zum Haus geht.

Abb. 1 Bewegung im Bild

Bewegungen der Kamera kann man durch Pfeile außerhalb des Bildrahmens andeuten oder indem man den Bildrahmen mit einem Pfeil der Bewegungsrichtung schneidet (Abb. 2).

Abb. 2 Bewegung der Kamera

In Abb. 3 sollen die Pfeile einen **Zoom** innerhalb der Einstellung verdeutlichen. Der geplante Bildausschnitt am Ende der Zoombewegung wird durch den Rahmen innerhalb des Bildes angedeutet.

Abb. 3 Zoombewegung

Wenn sich innerhalb der Einstellung der Bildinhalt stark verändert (durch Bewegungen im Bild oder der Kamera) kann das z. B. durch sich überlappende Bilder dargestellt werden. Alternativ können auch einige Phasen der komplexen Einstellung skizziert werden (Abb. 1).

Abb. 1 Stark veränderter Bildinhalt

Solange der Ablauf einer Szene verständlich ist und die zentralen Elemente der Einstellung skizziert werden, sind zeichnerische Qualitäten (z. B. bei der menschlichen Anatomie) nicht wichtig für die Funktion des Storyboards. Im einfachsten Fall wird der Bildinhalt Einstellung für Einstellung in den Rahmen oder als Shotlist aufgeschrieben und nur die wichtigsten Bildelemente werden skizziert (Abb. 2), eventuell arbeitet man mit Strichmännchen.

Abb. 2 Betonung grafischer Elemente

Abb. 3 Skizzenhafter Bildinhalt

Bei der konkreten Vorbereitung eines Projekts kann ein professionell gezeichnetes Storyboard als Arbeitsgrundlage sehr hilfreich sein und schon eine genaue Vorstellung von einer fertigen Szene oder Sequenz ermöglichen (siehe Beispiel auf der nächsten Seite).

Storyboard

Film / Projekt: Schloßhotel Grauenhausen – „Nichts bleibt, wie es war"

Szene: Eröffnungssequenz Seite: 1 von 25

Einstellung: 1/4

Bemerkung: Text: Vorstellung des Grandhotels „Grauenhausen"
E-Shot / Totale

Einstellung: 2/4

Bemerkung:
Text: noch Vorstellung
Totale: Eingangsbereich

Einstellung: 3/4

Bemerkung: Die Rezeption –
wichtig: man sieht bereits ein altes Gästebuch
Halbnah

Einstellung: 4/4

Bemerkung:
Blick auf das Gästebuch
(bekannte Namen sind zu lesen)
Detail

Abb. 1 Beispiel für die Eröffnungssequenz einer Dokumentation

Ist der Drehort schon vor der Produktion zugänglich, so können auch vor Ort geschossene Fotos (eventuell sogar mit Darstellern oder Stand-Ins) die Planung weiter konkretisieren.

Floorplan

Für die Produktionplanung sind auch schematische Zeichnungen aus der Top Shot-Perspektive hilfreich. Sie zeigen, wo sich Kamera, Objekte und Darsteller am Drehort befinden. Eine solche Aufsicht wird auch **Floorplan** genannt. Hierdurch entsteht ein Überblick vom Drehort sowie von den Möglichkeiten, den vorhandenen Raum zu nutzen und z. B. Handlungsachsen, Bewegungen und den Operationsradius für Kameras festzulegen. Im Fall von Abb. 1 wird die Bewegung einer Person von einer Kamerafahrt (Dolly) festgehalten, kombiniert mit einem Schwenk.

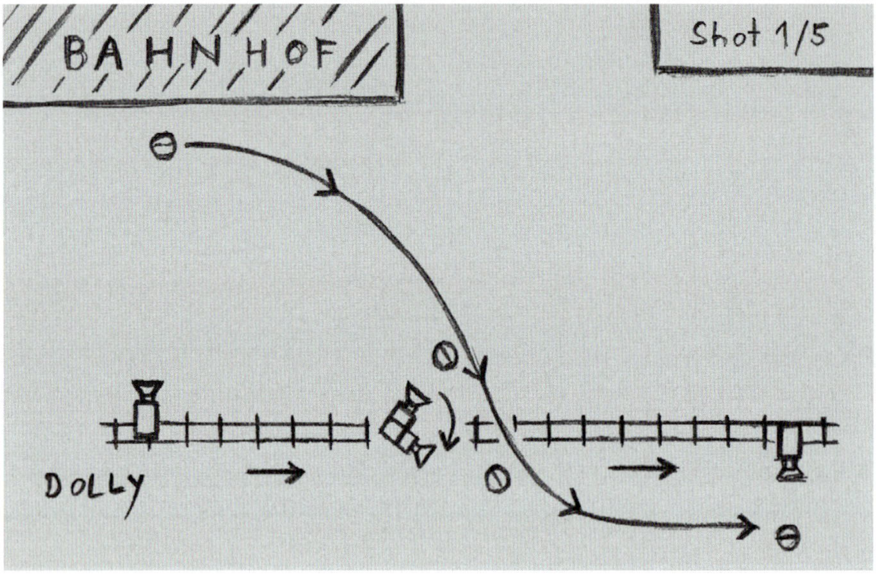

Abb. 1 Beispiel für einen Floorplan

Übungen

1. Fast jede beliebige Szene aus dem Fernsehen oder aus einem Film lässt sich dazu nutzen, das Storyboard-Zeichnen zu trainieren. Eine Minute aus einer Daily Soap, ein Werbespot, eine Montagesequenz aus einem Spiel- oder Dokumentarfilm usw. können dazu dienen, die eigenen, oftmals eingerosteten zeichnerischen Fähigkeiten wieder zu aktivieren. Es geht hierbei um das Skizzieren (Skribbeln) der einzelnen Einstellungen unter Beachtung ihrer jeweils wichtigsten gestalterischen Elemente. Das können im Einzelfall grafische Linien sein, besondere Perspektiven oder auch ein Gesichtsausdruck. Mithilfe des Abzeichnens und der damit verbundenen Vereinfachung des Filmbildes aus der Vorlage kann man seinen Sinn für das Wesentliche schärfen.

2. Um die eigene visuelle Vorstellungskraft zu schulen, können für ein Storyboard ganz alltägliche Situationen herangezogen werden. Skizzieren Sie beispielsweise folgende Inhalte:
   - „Wie man Kaffee zubereitet." – in 7 Einstellungen.
   - „Ein typischer Morgen vom Aufstehen bis zum Verlassen der Wohnung." – in 10 Einstellungen.

3. Eine komplexe Aufgabe, die neben den zeichnerischen und visuellen Talenten auch erzählerische Qualitäten erfordert, ist die Umsetzung eines fiktionalen Textes.
   Wählen Sie eine Passage aus einem beliebigen Roman oder einer Kurzgeschichte und versuchen Sie diese möglichst getreu der Vorlage, in Bezug auf Inhalt, Erzählperspektive und Stil in Bilder umzusetzen.
   Je nach Gehalt der Passage werden Sie feststellen, wie die Visualisierung einer schriftlichen Vorlage bereits eine bestimmte Interpretation des Textes ist und dass für den Film viele konkrete Entscheidungen getroffen werden müssen, die ein Text offen lassen kann.

4. Der Storyboard-Entwurf für einen Lehrfilm (‚Manual') stellt eine besonders anspruchsvolle Aufgabe dar. Erstellen Sie z. B. Manuals zu folgenden Fragen:
   - Wie digitalisiert man Aufnahmen für den Schnitt?
   - Wie wird eine Standardausleuchtung eingerichtet?
   - Wie funktioniert das Videoarchiv der Firma?

Je abstrakter die behandelten Themen sind, desto stärker wird die eigene visuelle Vorstellungskraft gefordert. Die Herausforderung besteht hier darin, die theoretischen Inhalte in konkrete und informative Bildfolgen zu übersetzen.

Anhang C: Einige Grundsätze für die Gestaltung von Projektfilmen

Im Rahmen der Ausbildung für einen Beruf oder ein Studium im audiovisuellen Bereich müssen regelmäßig zur Übung kurze Produktionen realisiert werden. Neben dem technischen Handwerk, das erst einmal beherrscht werden muss, kommen die Fragen zur Gestaltung oft zu kurz. Um die typischen Probleme gestalterischer Art zu minimieren, die in Übungs-, Projekt- oder auch Prüfungsfilmen immer wieder vorkommen, folgt hier eine Reihe gut gemeinter Tipps.

Natürlich ist es wichtig und sinnvoll, zu experimentieren und Neues auszuprobieren, dennoch sollte man bei ernsthaften Projekten die Zuschauer nicht aus den Augen verlieren. Wie mehrfach erwähnt, gelten alle „Regeln" in der Gestaltung solange, bis sie sinnvoll oder effektiv gebrochen werden. Für Anfänger allerdings ist es erst einmal wichtig, bewährte Grundsätze zu kennen, bevor man sie missachtet! In diesem Sinne gilt:

- Jede Einstellung sollte einen Grund haben.
- Feste Einstellungen werden vom Stativ gedreht.
- Bei der Kadrierung sollten Ablenkungen im Bild vermieden werden (Schrift, Kinder, Tiere, Bewegungen usw.).
- Jede Bewegung der Kamera sollte einen Grund haben.
- Kamerabewegungen sollten einen klar definierten Ausgangs- und Endpunkt haben: An Anfang und Ende sollte ein klarer Bildinhalt zu erkennen sein.
- Zooms sollten überlegt und sparsam eingesetzt werden.
- Einstellungsfolgen sollen als Sequenz konzipiert und geschnitten werden (in nachvollziehbarer Reihenfolge: z. B. vom Allgemeinen zum Besonderen oder vom Detail zum Zusammenhang usw.).
- Sequenzen sollten eine erkennbare Struktur haben.
- Durch Licht und Ton schafft man Atmosphäre!
- Beim Schnitt einen Rhythmuswechsel als Kontrast erwägen!
- Grundsätzlich gilt: Im Zweifel weglassen – zeitlich knapp kalkulieren!
- Simple Bild-Text Dopplungen ebenso vermeiden wie Bild–Text Scheren.
- Auffällige Effekte nur einsetzen, wenn sie inhaltlich wirklich gerechtfertigt sind, z. B. Vertigo-Effekt, Kippen der Kamera, Trickblenden usw.
- Bei Tonstücken nicht zuviel Inhalt als Text oder Dialog in die vorhandene Zeit pressen! Zur Übung lieber ein Hörbild als ein Hörspiel produzieren.

Anhang D: Glossar

180°-Schema: Die im Schnitt zusammengefügten Einstellungen sollten von Kamerapositionen aufgenommen werden, die auf einer Seite der Handlungsachse innerhalb eines Radius von 180° angeordnet sind.

30°-Regel: Einstellungen, die in ihrem Verhältnis zur Handlungsachse weniger als 30° auseinanderliegen, sollten im Schnitt nicht kombiniert werden.

Akzentlicht: Alle Lichtquellen, die einzelne Objekte oder einzelne Bildpartien aus der Gesamtansicht noch einmal besonders hervorheben, sind Akzentlichter.

Antagonist: Der Antagonist arbeitet den Zielen des Protagonisten entgegen.

Antextbild: Ein Antextbild leitet eine Interviewpassage oder ein Statement ein, indem eine Person kurz in ihrem Umfeld vorgestellt wird.

Assoziationsmontage: Dem Zuschauer wird durch das Zusammenschneiden von Einstellungen unterschiedlichsten Inhalts ein Vergleich angeboten, den er durch einfache oder auch anspruchsvolle Abstraktion selbst zu einer Aussage verknüpfen soll.

Asymmetrie: Ein asymmetrisches Bild entsteht durch ungleichmäßige Anordnung der Motive.

Asynchroner Ton: Das Bildereignis und der dazugehörige Ton sind zeitlich gegeneinander verschoben.

Atmo: Kurzform für „atmosphärischer Ton“, die akustische Kulisse aus Hintergrundgeräuschen.

Audio Advance: Vorgezogener Ton, der zur nachfolgenden Szene gehört.

Audio Delay: Das Überhängen eines bereits laufenden szenischen Tons in die nachfolgende Szene.

Aufhellung (engl. Fill Light): Lichtquelle oder reflektiertes Licht, das die Schatten abschwächt, die durch die Führung entstehen. Die Aufhellung muss schwächer sein und ist in der Regel auch weicher als das Hauptlicht.

Augenlicht: Lichtreflexion in der Pupille einer aufgenommenen Person.

Bauchbinde: Schrifteinblendung am unteren Rand des Bildes, in der üblicherweise Name und Funktion des Sprechenden mitgeteilt werden.

Beschreibende Montagesequenz: Einstellungen werden bezogen auf ein Motiv oder nach einem Thema zu Impressionen zusammengestellt.

Bewegung 1. Art: Jede Form von Objekt- oder Personenbewegung im Bild.

Bewegung 2. Art: Jede Form der Kamerabewegung.

Bildebenen: Der Bildraum wird so gestaltet, dass ein deutlich erkennbarer Bildvordergrund, ein Bildmittelgrund und ein Bildhintergrund entstehen.

Bildraum: Der im Bild tatsächlich zu sehenden Raum in seiner horizontalen und vertikalen Ausdehnung sowie in seiner Tiefe (x-, y- und z-Achse).

Bildsymmetrie: Prinzip des Bildaufbaus, bei dem sich durch die Anordnung von Objekten oder Personen beiderseits der Mittelachse ein jeweils spiegelgleiches Bild ergibt.

Bild-Text-Schere: Die Inhalte der Bild- und Sprachebene stimmen nicht miteinander überein oder widersprechen sich.

Brennweite: Bezeichnung für die Entfernung zwischen dem Mittelpunkt der Linse und dem Brennpunkt.

Cliffhanger-Prinzip: Dramaturgisches Prinzip, das darin besteht, jede Episode einer Serie mit einer offenen Frage zu beenden, damit die Zuschauer wieder einschalten.

Clipmontage: Montageform, die stark reiz- und effektorientiert ist, um starke Stimmungen zu erzeugen und Gefühle beim Zuschauer auszulösen.

Corporate Design: Das Gestaltungskonzept einer Institution oder eines Unternehmens wird als Corporate Design bezeichnet.

Cross Cutting: Schnitttechnik, bei der Einstellungen aus zwei oder mehr Handlungssträngen abwechselnd gezeigt werden.

Cut Back: Rücksprung auf eine offenere Einstellung.

Cut In: Ransprung auf eine engere Einstellung.

Deus ex machina: Ein „Gott aus der Maschine“, der plötzlich aus der Höhe auf die Bühne abgeseilt wird, um eine unerwartete Lösung anzubieten. Wird im übertragenen Sinn für eine unerwartete und wenig überzeugende Lösung eines dramatischen Konflikts verwendet.

Diffuser Schnitt: Wenn mindestens eine Nahtstelle zwischen zwei Einstellungen kein Blickzentrum aufweist, spricht man von einem diffusen Schnitt.

Diffusschall: (auch: Raumschall): Diffusschall ist Schall, der an Wänden, Decken, Böden usw. reflektiert wurde und deshalb unreiner klingt als Direktschall.

Direktschall: Der Schall, der auf direktem Weg von der Tonquelle zum Hörer bzw. zum Mikrofon gelangt.

Dissolve: Überblendung.

Dokumentarische Tonabmischung: Die verschiedenen Tonereignisse werden so gemischt, wie es ihrem tatsächlichen Verhältnis bezüglich Dynamik und Lautstärke entspricht.

Dolly: Kurzform für Dollysystem. Ein Dollysystem ist ein Fahrstativ oder Kamerawagen, mit dem man sich auf Rädern frei im Raum oder auf Schienen bewegt.

Dramatisches Licht: Der Effekt einer Lichtsituation steht im Vordergrund und nicht deren Nachvollziehbarkeit.

Dutch angle: Gekippte Kameraposition.

Dynamik: Der Unterschied zwischen der leisesten und der lautesten Wiedergabelautstärke eines Schallereignisses oder dessen technischer Aufzeichnung.

EB: Abkürzung für „elektronische Berichterstattung"

Effektgeräusche (engl. Sound Effects): Geräusche, die sich durch die Handlung ergeben.

Eigenständige Kamerabewegung: Die Kamera übernimmt eine selbstständige Rolle. Sie setzt durch ihre Arbeit eigene Schwerpunkte.

Einstellung: Ein kontinuierlich aufgenommenes Stück Film, das durch einen Schnitt begrenzt wird.

Ellipse: Auslassung eines Handlungselements, entweder weil es für den Fortgang der Handlung irrelevant ist oder um durch die vorenthaltene Information Spannung zu erzeugen.

Empathie: Starke emotionale Bindung des Zuschauers an einen Charakter.

Establishing Shot: Überblickseinstellung, die am Anfang einer Darstellung steht, um den Handlungsort vorzustellen.

Fade In: Einblendung auf der Tonspur, Aufblende im Bild.

Fade Out: Ausblenden auf der Tonspur, Abblende im Bild.

Foley Artist: Geräuschemacher.

Frame: Einzelbild

Framerate (auch: Bildwiederholungsrate): Gibt an, wie viele Einzelbilder pro Sekunde gezeigt werden.

Führung (engl. Key Light): Hauptlichtquelle.

Führungs- oder Leitlinien: Eine Führungslinie weist direkt auf ein Bildelement hin und setzt es ins Blickzentrum des Betrachters.

Genre: Gruppe von Filmen mit gemeinsamen Merkmalen.

Geschlossene Bildform: Vektoren und Linienführung sind so angeordnet, dass sie innerhalb des Bildrahmens bleiben und dort ihr Ziel finden.

Geschlossene dramatische Form: Am Ende der Erzählung finden die zuvor geschilderten Konflikte einen eindeutigen positiven oder negativen Ausgang (abgeschlossene Geschichte).

Gloriole (auch: Korona): Lichtsaum, der um den Kopf der ausgeleuchteten Person entsteht, wenn die Spitze übermäßig stark ist.

Goldener Schnitt: Bezeichnung für eine asymmetrische, harmonische Teilung. Die Gesamtstrecke (a) verhält sich zu ihrem größeren Teil (b) so, wie sich der größere Teil (b) zum kleineren Teil (a-b) verhält.

Grafische Linien: Entstehen durch die Abbildung von Personen, Objekten oder Räumen.

Handlungsachse: Die gedachte Linie zwischen den handelnden Personen.

High Key: Beleuchtungsstil, der die Szenerie übermäßig hell erscheinen lässt.

Hörperspektive: Der aufgezeichnete Ton sollte dem entsprechen, was die im Bild gezeigte Person hört. Im fertigen Film sollte der Zuschauer in der Regel das hören, was die im Bild gezeigte Person auch hört.

Hypernaturalismus: Der überzogene oder übergenaue Einsatz gestalterischer Mittel.

Hypernaturalistischer Toneinsatz: Zeichnet sich ein Geräuscheinsatz durch übernatürliche Lautstärke oder Dynamik aus, so spricht man von einem hypernaturalistischen Toneinsatz.

Identifikation: Das Sich-Gleichsetzen mit einem Charakter.

Illustrierender Musikeinsatz: Der Musikeinsatz unterstützt die Bildaussage.

Imaginäre Flächen: Entstehen durch eine gedankliche Anordnung von Bildelementen zu Kreisen, Rechtecken, Dreiecken oder Quadraten.

Insert Schnitt: Zwischenschnitt, der erläuternde Groß- oder Detailaufnahmen zeigt.

Intonation: Die Betonung des Gesagten.

Jib: Ausfahrbarer Stativarm.

Jump Cut: Schnitte, die einen Sprung des Motivs innerhalb des Bildrahmens erzeugen.

Kadrierung: Die Positionierung der Objekte und Personen innerhalb des Bildrahmens.

Kameraachse: Die gedachte Linie zwischen der Kamera und der Handlung, die aufgenommen wird.

Kamerafahrt: Jede Bewegung der Kamera durch den Raum wird als Kamerafahrt bezeichnet.

Kommentierender Off-Ton: Alle Varianten von Ton, der nicht direkt zur dargestellten Situation gehört.

Komplementärfarben: Farben, die sich im Farbkreis gegenüber liegen.

Kontinuität: Die lückenlose, logisch zusammenhängende und daher leicht nachvollziehbare Darstellung von Sachverhalten durch die Montage.

Kontrastierender Musikeinsatz: Musik- und Bildaussage stehen im Widerspruch zueinander.

Kuleschow-Effekt: Die Möglichkeiten der Montage, durch Kombination unterschiedlicher Bilder eine neue Bedeutung zu schaffen.

Lineare Einstellungsverbindung: Möglichst miteinander harmonisierende Bildkompositionen werden kombiniert.

Low Key: Beleuchtungsstil, der die Schattenpartien einer Szenerie betont.

Luftperspektive: Es handelt sich um ein optisches Phänomen. Weit entfernte Gegenstände wirken heller und bläulicher und haben unschärfere Konturen als nahe Objekte.

Master Shot: Erste, Überblick verschaffende Einstellung einer Szene.

Match Cut: Schnittfolge, bei der zwei auffällig ähnliche Bildinhalte aufeinander folgen, die zeitlich oder räumlich auseinanderliegen.

Mickeymousing: Exakte Synchronisierung von Bildimpulsen (fast immer Bewegungen) mit musikalischen Mitteln.

Mindscreen: Bewusstseinsbilder, die die subjektive Wahrnehmung einer Person oder Figur zeigen.

Mischlicht: Bei Mischlicht-Situationen sind Lichtquellen unterschiedlicher Farbtemperatur (Kunst- und Tageslicht) vorhanden.

Mood-Technik: Die Vermittlung emotionaler Zustände und atmosphärischer Eindrücke durch die Musik.

Motivierte Kamerabewegung: Die Kamera dient der möglichst genauen Wiedergabe eines Sachverhalts, der so neutral wie möglich beobachtet wird.

Nachbild-Effekt: Beim Nachbild-Effekt bleibt aufgrund der Trägheit des Auges ein Bild länger auf der Netzhaut abgebildet, als es in der Realität vorhanden ist. Es verschmilzt mit dem nächsten Bild.

Nahbesprechungseffekt: Eine Stimme klingt tiefer, intimer und eindringlicher, wenn der Sprechende sehr nah am Mikrofon sitzt.

Natürliches Licht: Die Lichtsituation einer Szene ist aus der dargestellten Situation heraus nachvollziehbar. Die Lichtlogik ist gegeben.

ND-Filter: Von engl. neutral density, auch neutraldichte Filter oder Graufilter. Sie werden zur gleichmäßigen Abschwächung des einfallenden Lichts eingesetzt.

Neigung: Vertikalschwenk.

NiF: Abkürzung für „Nachricht im Film".

Normalperspektive: Die Kamera befindet sich in Augenhöhe der aufzunehmenden Person.

Normalstil: Personen und Objekte erscheinen im Bild so, wie sie bei normalem Tageslicht gesehen werden.

Offene Bildform: Die Vektoren und Linien im Bild verweisen auf den Raum außerhalb des Bildrahmens.

Offene dramatische Form: Am Ende einer Geschichte bleiben zentrale Konflikte oder Fragen ungeklärt.

Optische Hebelwirkung: Da eine Großeinstellung mit Tele-Objektiv eine Ausschnittsvergrößerung darstellt, wird auch jede Bewegung, der die Kamera ausgesetzt wird, in der entstehenden Aufnahme vergrößert.

O-Ton: Abkürzung für Originalton.

Over Shoulder Shot: Einstellung, bei der das jeweilige Gegenüber so aufgenommen wird, dass der Gesprächspartner angeschnitten im Bildvordergrund zu sehen ist.

Pack Shot: Meist unbewegte Einstellung, die das beworbene Produkt am Ende eines Werbespots noch einmal gut erkennbar und attraktiv abbildet.

Parallelmontage: Zwei oder mehr gleichzeitig ablaufende Handlungsstränge werden durch Cross Cutting miteinander verbunden, um Gleichzeitigkeit oder Ähnlichkeit der Handlungsstränge zu betonen.

Pars pro toto: Darstellungsweise, bei der eine Teilansicht (bildliches Detail) für das größere Ganze steht.

Perspektivische Verkürzung: Parallele Linien, die in die Tiefe führen, nähern sich optisch mit wachsender Entfernung, bis sie sich scheinbar im Unendlichen treffen.

Phi-Phänomen: Es handelt sich um eine Bewegungstäuschung. Das menschliche Gehirn interpretiert aufeinander folgende, ähnlich arrangierte Situationen oder Bilder als Bewegung.

Plansequenz: Eine überdurchschnittlich lang andauernde und kameratechnisch aufwändige Einstellung.

Plot Point: Wendepunkt einer Geschichte.

Plot: Konkreter Handlungsverlauf, so wie er im Film präsentiert wird.

Point of View Shot: Abkürzung POV. Kurze Einstellung aus einer subjektiven Perspektive.

Pointierender Musikeinsatz: Kurzer musikalischer Einsatz, der durch einen Bildimpuls ausgelöst wird.

Polarisierender Musikeinsatz: Neutral gehaltenen Bildern wird durch die Aussage der Musik ein eindeutiger Charakter zugesprochen.

Prägnanzgesetz: Im Prägnanzgesetz ist die allen Gestaltgesetzen zugrunde liegende Erkenntnis zusammengefasst: Einfache Dinge können besser wahrgenommen werden als komplizierte.

Protagonist: Der Protagonist ist die zentrale Figur einer Geschichte, deren Erlebnisse und Erfahrungen der Zuschauer teilen soll.

Reaction Shot: Aufnahme, die eine Reaktion eines Charakters auf das Gesehene zeigt.

Realismus: Mit Realismus bezeichnet man im Allgemeinen den Versuch einer wirklichkeitsnahen Darstellung.

Retardierendes Moment: Ein vom Zuschauer erwarteter Spannungshöhepunkt wird hinausgezögert.

Sakkaden: Beim Betrachten eines Bildes führen die Augen eine Reihe von ruckartigen Bewegungen aus, die als Sakkaden bezeichnet werden.

Schärfefahrt (Schärfeverlagerung): Ein Schärfewechsel innerhalb eines Bildmotivs.

Schwenk: Wenn sich die Kamera an einem festen Standpunkt befindet und von dort aus Bewegungen um ihre eigene Achse ausführt.

Score Musik: Allgemein jede Form von speziell für einen Film komponierter Musik.

Sequenz: Inhaltlich zusammenhängende Einstellungsfolge.

Set: Drehort (Studio oder Außengelände).

Sounddesign: Die Gestaltung der gesamten Tonspur. Sprache, Geräusche und Musik werden in ein wirkungsvolles Verhältnis zueinander gebracht.

Spezialeffekt (Tongestaltung): Frei erfundenes Geräusch, d. h. es kommt nicht in der Realität vor. Spezialeffekte werden auch Special Effects bezeichnet. Abkürzung SFX.

Spitze (engl. Back Light): Kurzform für Spitzlicht. Das Spitzlicht hat die Aufgabe, die ausgeleuchtete Person vom Hintergrund abzuheben und damit für Plastizität im Bild zu sorgen.

SRS: Abkürzung für Shot Reverse Shot, engl. für Schuss-Gegenschuss.

Statement: Äußerung eines Beteiligten oder Betroffenen zu einem Ereignis oder Sachverhalt.

Steadicam: Mechanisches Bildstabilisationssystem, mit dem weitgehend verwacklungsfreie Bilder entstehen.

Stilisierung: Wenn ein Bild von nur wenigen gestalterischen Elementen dominiert wird, spricht man von stilisierter Darstellung.

Stimmführung: Auf- oder abwärts gerichteter Verlauf einer Melodie.

Story: Geschichte, die im Film erzählt werden soll.

Storyboard: Im Storyboard werden die einzelnen Einstellungen eines Drehbuchs wie in einem Comic gezeichnet. Es dient dazu, sich eine visuelle Vorstellung der geplanten Szene zu machen.

Streiflicht: Liegt die Führung im rechten Winkel zur Kameraachse, erhält man ein Streiflicht. Es erzeugt starke Schatten und hat einen dramatisierenden Effekt.

Subjektive Kamera: Die Kamera imitiert das Blickfeld einer Person bzw. einer Figur

Subjektive Tonabmischung: Auf der Tonebene wird das Erleben einer am Geschehen beteiligten Person wiedergegeben.

Subtext: Unausgesprochenes; Stimmung, die über nonverbale Kommunikation „zwischen den Zeilen" vermittelt wird.

Suspense: Spannungsvariante, bei der die Zuschauer mehr wissen als die Protagonisten.

Synchroner Ton: Gleichzeitigkeit von bildlichem und entsprechendem akustischen Geschehen.

Szene: Darstellung, die durch die Einheit von Zeit und Ort gekennzeichnet ist.

Szenischer Off-Ton: Die Tonquelle ist zwar nicht zu sehen, sie hat ihren Ursprung aber in der gezeigten Situation.

Take: Bezeichnung für eine gedrehte Einstellung während der Produktion, die in mehreren Versionen vorliegen kann.

Texturgradient: Die Abstände zwischen Gegenständen scheinen umso geringer zu sein, je weiter sie entfernt sind. Der Bildhintergrund sieht daher sehr viel komprimierter und dichter aus als der Vordergrund.

Top Shot: 90°-Aufsicht, Vogelperspektive, God´s eye: Top Shots erzeugen einen schematischen Überblick von einer Situation.

Unsichtbarer Schnitt: Montage, die eine für den Zuschauer möglichst reibungsfreie Vermittlung des Inhalts zum Ziel hat.

Verstellter Blick: Das Verdecken der weiter hinten liegenden Bildobjekte durch im Vordergrund platzierte Gegenstände oder Personen verdeutlicht die räumliche Anordnung.

Vertigo-Effekt: Die Kombination von gegenläufigen Fahrt- und Zoombewegungen erzeugt einen irrealen Bildeindruck.

Virtuelle Linien: Entstehen durch Bewegungen, Blickrichtungen und Gesten.

Voice Over: Spracheinsatz im kommentierenden Off.

Wipe: Wischblende, Schiebeblende

Wirkliche Flächen: Ergeben sich bei der Abbildung von Gegenständen, Räumen oder Landschaften durch die Verbindung grafischer Linien.

Zentrierter Schnitt: Beim zentrierten Schnitt liegt das Blickzentrum am Ende von Einstellung A im gleichen Bereich des Bildrahmens wie zu Beginn der Einstellung B.

Zoom: Optisch bewirkte Bewegung im Bild, erzeugt durch eine Veränderung der Brennweite.

Zusammenfassende Montagesequenzen: Die erzählten Vorgänge werden gerafft, indem für die Handlung unnötige Informationen weglassen werden.

Sachwortverzeichnis